IT CAN SCARCELY BE DENIED THAT THE SUPREME GOAL OF ALL THEORY IS TO MAKE THE IRREDUCIBLE BASIC ELEMENTS AS SIMPLE AND AS FEW AS POSSIBLE WITHOUT HAVING TO SURRENDER THE ADEQUATE REPRESENTATION OF A SINGLE DATUM OF EXPERIENCE.
ALBERT EINSTEIN

THERE'S NO SUCH THING AS A FREE LUNCH.
MILTON FRIEDMAN

I'M GOING BACK TO THE START
I WAS JUST GUESSING AT NUMBERS AND FIGURES
PULLING THE PUZZLES APART
QUESTIONS OF SCIENCE, SCIENCE AND PROGRESS.
COLDPLAY

Arbitragetheorie und konvexe Steuern

INAUGURALDISSERTATION

zur Erlangung des akademischen Grades eines Doktors der Wirtschaftswissenschaft
des
Fachbereichs Wirtschaftswissenschaft
der
Freien Universität Berlin

Vorgelegt von
Dipl.-Math. Marcus Becker
aus Hamm
Berlin, 2016

Die Deutsche Nationalbibliothek verzeichnet diese Publikation in der Deutschen Nationalbibliografie. Detaillierte bibliografische Daten sind im Internet über www.dnb.de abrufbar.

Gedruckt mit Genehmigung des Fachbereichs Wirtschaftswissenschaft der Freien Universität Berlin.

Dekan: Prof. Dr. Dr. András Löffler

Erstgutachter: Prof. Dr. Dr. András Löffler

Zweitgutachter: Prof. Dr. Helmut Bester

Tag der Disputation: 14. Dezember 2016

Copyright © 2017 Marcus Becker

Herstellung und Verlag: BoD - Books on Demand, Norderstedt

ISBN: 978-3-7431-9302-4

Vorwort

> In the study of investments, taxes are largely a source of embarrassment to financial economists
>
> *Dybvig/Ross (1986)*

Seit der denkwürdigen Arbeit von Modigliani und Miller (1963) wurde die Frage, welchen Einfluss Steuern auf Investitionsentscheidungen haben, schon früh diskutiert. Während zunächst die Unternehmenssteuer (Körperschaftsteuer) mit ihren Vorteilen für die Fremdfinanzierung und die Ermittlung des *Tax Shields* im Vordergrund standen, wendet man sich zunehmend der Unternehmersteuer (Einkommensteuer) zu. Da eine Einkommensteuer auch die Alternativinvestition beeinflusst, ist die Analyse der Steuereffekte hier komplizierter.

Schaut man auf die wichtigsten betriebswirtschaftlichen Arbeiten zum Einfluss der Einkommensteuer auf Wertpapierpreise, so fällt auf, dass in nahezu allen Arbeiten der Finanzierungstheorie ein konstanter Steuersatz unterstellt wird, was einer in der Bemessungsgrundlage linearen Steuerschuld entspricht.[1] Die Linearitätsforderung wird verwendet, weil bequemerweise derselbe formale Apparat wie im Falle ohne Steuer angewandt werden kann.

Steuertarife sind aber nicht Ergebnis einer wissenschaftlichen Abstraktion, sondern werden vom Gesetzgeber festgelegt. Uns ist weltweit keine Steuerschuldfunktion bekannt, die völlig linear verläuft. Existierende Steuerschuldfunktionen sind beispielsweise stückweise linear (die Steuersätze wechseln ab einer bestimmten Bemessungsgrundlage, siehe etwa die amerikanische *Federal Income Tax* im Jahr 2015), oder die Steuersätze sind selbst affin-lineare Funktionen der Bemessungsgrundlage (siehe etwa die Einkommensteuer in Deutschland 2015) oder es gibt Freibeträge, die die Linearität einer Steuerschuldfunktion aufheben (so zum Beispiel bei der Abgeltungsteuer in Deutschland 2015). Linearität bei rechtsgültigen Steuerschuldfunktionen zu unterstellen ist somit eine sehr problematische Annahme.

[1] Zwei Beispiele mögen dies illustrieren. In Brennan (1970) lesen wir: "...we assume for simplicity that each investor has marginal tax rates on dividend and capital gains income t_{di}, and t_{gi} which are constant and independent of his portfolio choice." Analog schreibt Bradford (2000): "Linearity is a desideratum of a tidy tax system."

Die genannten Beispiele rechtsgültiger Steuerfunktionen (Freibeträge, affine-lineare Steuern und Sprünge beim Steuersatz) haben die gemeinsame Eigenschaft, dass der Steuerschuldverlauf konvex ist. Diese Einschränkung werden wir im Folgenden in einer stilisierten Steuerfunktion aufgreifen. Wir werden untersuchen, welchen Einfluss eine nichtlineare, aber *konvexe* Funktion der Bemessungsgrundlage auf die Investitionsentscheidung ausübt. Weitere gravierende Einschränkungen des funktionalen Verlaufes der Steuerschuld werden wir nicht vornehmen. Alle anderen Annahmen werden eher technischer Natur sein.

Die Technik der konvexen Optimierung wird es uns weiter gestatten, eine bislang in der Literatur weitgehend vernachlässigte Frage zu diskutieren: Welchen Einfluss üben nichtlineare (konvexe) Steuersysteme auf die Preise von Wertpapieren aus? Die genaue Natur dieses Einflusses wurde bisher nur in sehr wenigen Arbeiten untersucht. Hier setzen wir an. Wir wollen klären, welche Preise sich mit einer Kapitalmarktsituation vertragen, wenn Freibeträge vorliegen oder Steuersätze nicht konstant verlaufen und, zum Beispiel, Sprünge aufweisen. Dazu bedienen wir uns der Theorie arbitragefreier Kapitalmärkte.

Die Theorie arbitragefreier Kapitalmärkte hat, im Vergleich zur Gleichgewichtstheorie, den Vorteil, mit sehr wenigen Annahmen auszukommen und sie ist aus eben diesem Grund in der Finanzwirtschaft nahezu uneingeschränkt akzeptiert. Während bei einer Gleichgewichtsbetrachtung individuelle Nutzenfunktionen und vor allem Existenz- und Eindeutigkeitsaussagen eines Gleichgewichtes bewiesen werden müssen, argumentiert die Theorie arbitragefreier Märkte zuerst aus dem Blickwinkel eines einzigen Investors und prüft, ob die Preise der handelbaren Titel Inkonsistenzen aufweisen. Dabei werden Strategien und Handelsmöglichkeiten gesucht, die zu einem unbeschränkten Reichtum führen können – solche Strategien nennt man Arbitragen. Wenn derartige Handelsmöglichkeiten existieren, dann verlieren Budgetbeschränkungen durch die Möglichkeit, sein „eigenes Geld zu drucken", ihren Sinn. Ein Kapitalmarktmodell mit Arbitragemöglichkeiten ist nicht mehr in sich konsistent, auch Gleichgewichte können im Allgemeinen so nicht mehr existieren. Daher haben wir uns entschieden, den Einfluss konvexer Steuern in einem Arbitragemodell zu diskutieren.

Konkret beantworten wir in dieser Arbeit die Frage, wann bei konvexen Steuerschuldfunktionen Arbitragegelegenheiten entstehen können und wann man sie ausschließen kann. Insbesondere arbeiten wir heraus, welcher Zusammenhang zwischen den Eigenschaften der Steuerschuldfunktion und dem Fehlen von Arbitragegelegenheiten besteht. In der Literatur konnte diese Frage bisher nicht ausreichend beantwortet werden.

Eine solche Antwort ist von großer praktischer Relevanz. Will man ein Unternehmen bewerten, so können steuerliche Einflüsse und insbesondere die Wirkung einer Einkommensbesteuerung nicht vernachlässigt werden. In Deutschland hat sich das Institut der Wirtschaftsprüfer nach langer und intensiver Debatte entschlossen, im Fall der Bewertung von Unternehmen grundsätzlich die Berücksichtigung einer Einkommensteuer vorzuschreiben (siehe insbesondere Siepe (1997) und Siepe (1998) und die Diskussion dauert bis heute an, wie Ballwieser et al. (2007) zeigt). Da die deutsche Einkommensteuer einen progressiven Tarif besitzt und der, streng genommen, von 0 % bis zu fast 50 % verläuft, begann eine intensive Debatte darüber, welcher Steuersatz oder welche Bemessungsgrundlage denn die korrekte sei. Intuitiv erscheinen sowohl Grenz- als auch Durchschnittssteuersätze angemessen, aber selbst empirische Analysen konnten nicht ohne Weiteres herausarbeiten, ob es einen "natürlichen" Steuersatz gibt, der hier besonders zweckmäßig oder begründet wäre (siehe zum Beispiel Heintzen et al. (2008)).[2] Preise, die Arbitragegelegenheiten ermöglichen, kann man nicht als wissenschaftlich fundiert bezeichnen, da sie ökonomische Gleichgewichte zerstören. Unsere Arbeit wird, aufbauend auf der Arbitragetheorie mit konvexen Steuern, ein theoretisch belastbares Argument dafür liefern, dass der einzige akzeptable, in einer Bewertungsgleichung anzuwendende, Steuersatz derjenige Grenzsteuersatz ist, der die marginale zusätzliche Besteuerung eines Investors bezüglich seiner jeweiligen Anfangsausstattung wiedergibt. Da Auseinandersetzungen zur Unternehmensbewertung bei *Squeeze-Outs* oder *M&As* nicht selten vor Gerichten ausgetragen werden, und es oft um große Summen geht, sind derartige Argumente von unmittelbar praktischer Bedeutung.

Die vorliegende Dissertationsschrift ist im Rahmen meiner Promotion am Fachbereich Wirtschaftswissenschaft der Freien Universität Berlin entstanden. Ich bedanke mich recht herzlich bei meinem Doktorvater Herrn Professor Dr. Dr. Löffler für die Möglichkeit an seinem Lehrstuhl forschen und lehren zu dürfen sowie für das entgegengebrachte Vertrauen. Herr Löffler stand mir stets zur Seite, hat für jede Frage, auch fernab der Promotion, die richtigen Antworten parat gehabt und mir dabei geholfen einen klaren Fokus zu setzen. Die Möglichkeit in einer neuen Stadt studieren zu dürfen hat mir sehr viel bedeutet. Die hier geschlossenen Verbindungen und Freundschaften werden weiterhin ein fester Bestandteil meines Lebens bleiben. Ich kann mit gutem Gewissen behaupten, dass ich die Zeit am Lehrstuhl in vollen Zügen genossen habe.

Darüber hinaus möchte ich mich bei meinen beiden Eltern Werner und Barbara Becker bedanken, dass sie mich in meiner Entscheidung

---

[2] Das Institut der Wirtschaftsprüfer hat sich seinerzeit entschlossen, hier typisierend einen Steuersatz von 35 % vorzugeben. Weshalb dieser Steuersatz angemessen sei, wurde nicht ausgeführt.

Mathematik zu studieren unterstützt haben und dass sie mir immer mit guten Ratschlägen zur Seite gestanden haben. Ohne ihr Wissen hätte ich die Arbeit in dieser Form nicht schreiben können. Meiner Schwester, Kerstin Becker, als gutes Vorbild, bin ich ebenfalls zu Dank verpflichtet.

Ich möchte mich auch bei einer ganz besonderen Person bedanken, mit der ich zusammen die Zeit an der FU durchleben durfte, $αγαπητή$ $μου$ *Nadine*. Du hast bis zum Schluss jede noch so kleine formale und inhaltliche Ungenauigkeit entdeckt, verbessert und immer die richtigen aufmunternden Worte gefunden, vor allem in der letzten Phase meines Schaffensprozesses.

Ich danke all meinen Kollegen am Fachbereich für die fruchtvollen Diskussionen, nicht nur zur Mittagszeit, sondern auch nach der regulären Arbeitszeit. Ich bedanke mich insbesondere bei unserer studentischen Hilfskraft Viviane Throl, die eine Vielzahl von Ti*k*Z-Graphiken für mich erstellt und in regelmäßigen Abständen die nötige Literatur aus unserer Bibliothek beschafft hat.

Zum Schluss bedanke ich mich bei allen anderen Wegbegleitern, die zum Erfolg dieser Arbeit beigetragen haben, unter anderen, bei meinem Zweitgutachter Herrn Professor Dr. Bester, aber auch bei Herrn Professor a.D. Dr. Dr. h.c. Kruschwitz zur kurzfristigen Teilnahme an meiner Disputation. Weiterhin bedanke ich mich bei den Professoren/innen Jochen Hundsdoerfer, Dieter Nautz, Caren Sureth-Sloane, Rainer Niemann und Corinna Treisch für ihre wertvollen Anmerkungen. Auch danke ich meinen beiden Korreferenten Stephan Burggraef und Martina Rechbauer sowie allen anderen Teilnehmern der 12. arqus Tagung in München und den Teilnehmern des 3. Doktorandenworkshops an der WU Wien. Besonderen Dank gilt den Teilnehmern des *Brown Bag*-Seminars an der QUT Brisbane, darunter insbesondere den Professoren Uwe Dulleck, Mark Doolan und Oscar Pavlov, die mir eine sehr große Hilfe während meiner Australienzeit waren. *Thank you guys.*

Berlin, den 4. Januar 2017

Inhaltsverzeichnis

Abbildungsverzeichnis   11

Tabellenverzeichnis   13

Definitionen, Annahmen, Sätze und Beispiele   15

Abkürzungsverzeichnis   17

Symbolverzeichnis   21

1 Arbitragepreistheorie   27

   1.1 Arbitragepreistheorie ohne Steuern   27

   1.2 Status Quo: Arbitragepreistheorie mit linearen Steuern   52

2 Konvexe Steuersysteme   57

   2.1 Grenz- und Durchschnittssteuersatz   57

   2.2 Lineare versus affine Steuerschuldfunktion   59

   2.3 Konvexe Steuerschuldfunktion   61

   2.4 Subdifferential, Subgradient und konjugierte Steuerfunktion   66

   2.5 Strukturverlauf bei konvexen Steuerschuldfunktionen   74

   2.6 Exkurs: Progressionsmaße   76

3 Vergleichende Literatur   81

   3.1 Arbitragetheorie und nichtlineare Einkommensteuern   81

   3.2 Gegenüberstellung   88

   3.3 Ergebnisse der vorliegenden Arbeit   91

4 Arbitragepreistheorie und konvexe Steuersysteme 95
  4.1 Einführendes Beispiel zur Illustration 95
  4.2 Das Modell 102
  4.3 Abgrenzung zu anderen Arbitragemodellen 109
  4.4 Implementierung der optimalen Handelsstrategie 117
  4.5 Modellerweiterungen 121

5 Anwendungsbeispiele 129
  5.1 Allgemeine Vorbemerkungen zur Computersimulation 129
  5.2 Lineare Steuer 132
  5.3 Steuer mit Freibetrag 132
  5.4 Sublineare Steuer 137
  5.5 Stückweise affin-lineare Steuer 139
  5.6 Progressive Steuern 140
  5.7 Vereinfachte Einkommensteuer 143

6 Limitationen & Ausblick 145
  6.1 Limitationen 145
  6.2 Forschungsausblicke 164

7 Zusammenfassung 175

A Appendix 177
  A.1 Beweis des Lemmas über den Definitionsbereich der Konjugierten 177
  A.2 Beweis des Hauptsatzes 179
  A.3 Lemma zur Vergleichbarkeit des Arbitragebegriffes von Dammon/Green 182
  A.4 Folgerungen aus den Karush-Kuhn-Tucker-Bedingungen 183
  A.5 Beweis des Hauptsatzes unter Unsicherheit 185
  A.6 Steuern zu Beginn der Investitionsausgabe 187
  A.7 Beweis des Fundamentalsatzes unter Berücksichtigung einer investorspezifischen Anfangsausstattung 190
  A.8 Auszug aus den HGB-Einzelabschlüssen 2009-2011 der Apple Retail Germany B.V. & Co.KG 192

Literaturverzeichnis 195

Abbildungsverzeichnis

1.1 Veranschaulichung der dualen Lagrangefunktion   36
1.2 Optimaler Lagrangefaktor   36

2.1 Nichtdifferenzierbare Steuer   58
2.2 Beispiel eines Stufentarifs.   61
2.3 Konvexität und Ehegattensplitting   62
2.4 Progressive Steuer, die nicht konvex ist   64
2.5 Grenz- und Durchschnittssteuersätze bei der ESt 2014   65
2.6 Stückweise lineare Steuer   66
2.7 Konjugierte Steuerfunktion   68
2.8 Beispiel einer streng monotonen Steuer   69
2.9 Grenz- und Durchschnittssteuersätze bei konvexen Steuern   76

3.1 Literaturübersicht   81

4.1 Beschränkte Arbitragemöglichkeiten bei einer Steuer mit Freibetrag   98
4.2 Optimale Handelsstrategien bei einer Steuer mit Freibetrag   101
4.3 Beispiel einer eindeutigen optimalen Handelsstrategie   101
4.4 Illustration des Hauptresultats   106
4.5 Vollständige Charakterisierung der Arbitragefreiheit nach Steuern   106
4.6 Strukturverlauf von Grenz- und Durchschnittssteuersätzen   109
4.7 Optimaler Arbitragegewinn in Abhängigkeit der impliziten Steuersätze   109
4.8 Beschränkte Arbitrage bei lncosh-Steuer   120
4.9 Nicht-Existenz optimaler Handelsstrategien   121

5.1 Lineare Steuer   133
5.2 Steuer mit Freibetrag   134
5.3 Beschränkte Arbitragemöglichkeiten am Beispiel einer Steuer mit Freibetrag   135
5.4 Menge aller impliziten Steuersätze mit beschränkter Arbitrage bei einer Steuer mit Freibetrag   135
5.5 Unbeschränkte Arbitrage   137
5.6 Sublineare Steuer   138

5.7 Unterschiedliche Gewinn- und Verlustbesteuerung   139
5.8 Stückweise lineare Steuer   140
5.9 lncosh-Steuer   141
5.10 Menge aller impliziten Steuersätze mit beschränkter Arbitrage bei einer lncosh-Steuer   141
5.11 Lineare Steuersubvention   142
5.12 Quadratische Steuer   142
5.13 Iso-Residualelastische Steuer   143
5.14 Menge aller impliziten Steuersätze mit beschränkter Arbitrage bei einer iso-residualelastischen Steuer   143
5.15 Vereinfachte ESt   144
5.16 Menge aller impliziten Steuersätze mit beschränkter Arbitrage bei einer vereinfachten ESt   144

6.1 Grenzsteuersätze kleiner 0 und größer 100 Prozent   149
6.2 Grenzsteuersätze kleiner 0 und größer 100 Prozent bei einer stetig differenzierbaren Steuer   149
6.3 Berücksichtigung möglicher Verlustvorträge   152
6.4 Beschränkte Arbitrage bei einer negativen Einkommensteuer   153
6.5 Grenz- und Durchschnittssteuersatz ESt 2014   155
6.6 Grenz- und Durchschnittssteuersatz ESt 2014 mit Soli   156
6.7 Beschränkte Arbitrage und Soli   156
6.8 Steuer mit Freigrenze   157
6.9 Streng konvexe Steuer   171
6.10 Residual-koeffizient bei einer streng konvexen Steuer   171
6.11 Beschränkte Arbitrage bei einer streng konvexen Steuer   171

Tabellenverzeichnis

2.1 Steuermaßzahlen im Überblick   73

3.1 Überblick über die verschiedenen Steuerarbitrage-Modelle   90

4.1 Auszahlungsstruktur bei Kupon- und Zero-Bond   96

6.1 Limitationen   146
6.2 Literaturübersicht zum Tax-CAPM   166

A.1 Auszug aus der GuV-Rechnung der Apple Retail Germany B.V. & Co.KG von 2009 bis 2011 (entnommen aus der Dafne-Datenbank).   192
A.2 Passiva der Apple Retail Germany B.V. & Co.KG von 2009 bis 2011 (entnommen aus der Dafne-Datenbank).   193

Definitionen, Annahmen, Sätze und Beispiele

1.1	Definition (Arbitrage)	29
1.2	Definition (Fairer Preis)	30
1.3	Annahme (Arbitragefreiheit)	31
1.4	Theorem (Fundamentalsatz)	33
1.5	Beispiel (Binomialmodell)	34
1.6	Satz (Arbitragefreiheit)	35
1.7	Beispiel (Einperiodige Kupon-Anleihe)	36
1.8	Beispiel (Binomialmodell)	37
1.9	Definition (Entnahmeprozess)	42
1.10	Definition (Handelsarbitrage)	43
1.11	Satz (Handelsarbitrage)	43
1.12	Satz (Fundamentalsatz im Mehrperiodenmodell unter Sicherheit)	44
1.13	Definition (Äquivalentes Wahrscheinlichkeitsmaß)	49
1.14	Definition (Martingal)	49
1.15	Theorem (Fundamentalsatz für endliche Zustandsräume)	49
1.16	Definition (Free Lunch)	50
1.17	Theorem (No Free Lunch)	50
1.18	Theorem (Allgemeiner Fundamentalsatz)	50
1.19	Definition (Steuerliche Handelsarbitrage im linearen Modell)	55
1.20	Satz (Fundamentalsatz mit linearen Steuern)	55
1.21	Beispiel (Arbitragefreie Zero-Bondpreise im 2-Perioden-Modell)	56
2.1	Definition (Durchschnittssteuersatz)	57
2.2	Definition (Grenzsteuersatz)	58
2.3	Satz (Lineare Steuerfunktion)	60
2.4	Definition (Konvexe Steuerfunktion)	61
2.5	Definition (Progressive Steuersysteme)	63
2.6	Satz (Konvexität)	64
2.7	Annahme	66
2.8	Definition (Subdifferential und Subgradient)	67

2.9 Definition (Links- und Rechtsseitige Ableitung) 67
2.10 Definition (Konjugierte Steuerfunktion) 68
2.11 Satz (Darstellung der Konjugierten) 68
2.12 Definition (Affin-lineare Ränder) 70
2.13 Lemma (Definitionsbereich der Konjugierten) 71
2.14 Lemma (Eigenschaft der konjugierten Steuerfunktion) . 71
2.15 Satz (Strukturverlauf konvexer Steuern) 74
2.16 Definition (Progressionsgrad) 77
2.17 Definition (Residualelastizität) 77

4.1 Definition (Arbitragemöglichkeit) 96
4.2 Definition (Beschränkte und unbeschränkte Arbitragemöglichkeiten) 98
4.3 Definition (Arbitrage bei Steuern) 103
4.4 Definition (Implizite Steuersätze) 104
4.5 Satz (Hauptsatz) 104
4.6 Annahme (Affin-lineare Ränder) 105
4.7 Korollar (Identifikation steuerlicher Arbitrage) 105
4.8 Satz (Identität von Grenz- und Durchschnittssteuersätzen) 108
4.9 Lemma (Abwesenheit einer globalen Arbitrage) 111
4.10 Lemma (Globale Arbitrage) 112
4.11 Korollar 112
4.12 Lemma (Äquivalenz zum linearen Optimierungsproblem) 114
4.13 Definition (Kompetitives Finanzmarktgleichgewicht) . . 114
4.14 Satz (Existenz eines kompetitiven Finanzmarktgleichgewichtes) 114
4.15 Lemma (Schwache und starke Arbitragefreiheit) 116
4.16 Satz (Optimale Handelsstrategien) 117
4.17 Korollar (Orthogonalität) 118
4.18 Beispiel (Berechnung optimaler Handelsstrategien) . . . 118
4.19 Beispiel (lncosh-Steuer) 119
4.20 Korollar (Alternative Herleitung des Hauptsatzes) 120
4.21 Satz (Besteuerung des ökonomischen Gewinns) 122
4.22 Definition (Vollständigkeit) 123
4.23 Satz (Hauptsatz unter Unsicherheit) 126
4.24 Satz (Ökonomische Gewinnbesteuerung unter Unsicherheit) 127

6.1 Satz 161

A.1 Satz (KKT) 183

Abkürzungsverzeichnis

A	Arbitragemodell
a.s.	almost surely
AfA	Absetzung für Abnutzung (Abschreibung)
AMT	Alternative Minimum Tax
APV	Adjusted Present Value
B.V.	Besloten Vennootschap met beperkte aansprakelijkheid (niederländische Kapitalgesellschaft mit beschränkter Haftung)
c.t.	ceteris paribus
CAPM	Capital Asset Pricing Model
CARA	Constant Absolute Risk Aversion
CNA	Complete No Arbitrage
Co. KG	Compagnie Kommanditgesellschaft
D	Duales Lagrange-Problem
DCF	Discounted Cash Flow
DU	Duales Problem unter Unsicherheit
EK	Eigenkapital
ELAO	Extendable Local Arbitrage Opportunity
EStG	Einkommensteuergesetz
f.s.	fast sicher
FIT	Federal Income Tax
G	Gleichgewichtsmodell
GAO	Global Arbitrage Opportunity

gdw.	genau dann wenn
GKV	Gesamtkostenverfahren
GuV	Gewinn und Verlust
i.e.	id est
KKT	Karush-Kuhn-Tucker
LAO	Local Arbitrage Opportunity
LAOP	Primal of the Local Arbitrage Opportunity
lcf	Loss Carryforward
LICQ	Linear Independence Constraint Qualification
LP	Lineares Programm
M&A	Mergers and Acquisitions
Mio.	Millionen
MRP	Market Risk Premium
n.v.	nicht verfügbar
NDTA	No Dynamic Tax Arbitrage
NoGAO	No Global Arbitrage Opportunity
NoLAO	No Local Arbitrage Opportunity
NTA	No Tax Arbitrage
NTAO	No Tax Arbitrage Opportunity
OECD	Organization for Economic Co-operation and Development
P	Primales Problem
Portef.	Portfolio
PU	Primales Problem unter Unsicherheit
SA	Strong arbitrage
SNA	Strong No Arbitrage
Soli	Solidaritätszuschlag
SolzG	Solidaritätszuschlaggesetz
Std.	Standard

SUR	Seemingly Unrelated Regressions
US	United States
WA	Weak Arbitrage
WACC	Weighted Average Cost of Capital
WNA	Weak No Arbitrage
zvE	zu versteuerndes Einkommen

Symbolverzeichnis

$\cup$	Vereinigungsmenge
$T_1(y)$	Steuerschuld bezüglich des Einkommen y
$T_0(x)$	Steuerschuld bezüglich des Einkommens x
d^*	Optimalwert des dualen Problems
$\partial T(\mathbb{R})$	Menge aller möglich anzunehmenden Grenzsteuersätze
τ_{min}	Minimaler Grenzsteuersatz
A	Beliebige Zahl oder gegebenenfalls eine Matrix (Kontext abhängig)
$\widetilde{AfA}_t$	Zufallsvariable der verallgemeinerten Abschreibung
α	Beliebiges Poortfolio
a_t	Vektor der steuerlichen Abschreibungen
$\bar{w}_j$	Anfangsausstattung des Investors j
$\bar{w}_j^i$	Anfangsausstattung des Investors j von Wertpapier i
$\bar{X}$	Matrix der Bemessungsgrundlage bezüglich der Payoff-Matrix X
$E[\cdot \mid \mathcal{F}_t]$	Bedingter Erwartungswert gegeben der Informationsmenge $\mathcal{F}_t$
β_i	Beta-Faktor des i-ten Wertpapiers
$\cap$	Schnittmenge
BMG_t	Bemessungsgrundlage zum Zeitpunkt t
b_t	Vektor der Buchwerte zum Zeitpunkt t
$\widetilde{CF}_t$	Zufallsvariable der Cashflows zum Zeitpunkt t
$C^*(p)$	Konjugierte Kostenfunktion in Abhängigkeit des Verkaufspreises p
$T^*(\cdot)$	Konjugierte Steuerfunktion
conv	Konvexe Hülle
cosh	Cosinus Hyperbolicus
$C(\cdot)$	Kostenfunktion
d	Wachstumsfaktor im Worst-Case-Szenario
$C'(x)$	Grenzkosten in Abhängigkeit der Outputmenge x
$\delta_t(h)$	(Netto-)Entnahme bezüglich der Handelsstrategie h
d_i	Dividendenrendite des i-ten Titels
dom	Definitionsbereich
$T'(\cdot)$	Grenzsteuersatz

d_{t-1}^-	Minimaler Preis des neu hinzugenommenen Wertpapiers nach Lösung des dualen Problems
d_{t-1}^+	Maximaler Preis des neu hinzugenommenen Wertpapiers nach Lösung des dualen Problems
e	Eulersche Zahl
$1_{I_k}(x)$	Indikatorfunktion, die eins ist, wenn die Bemessungsgrundlage x im Intervall I_k enthalten ist.
$\equiv$	Exakte Gleichheit (auch für Funktionen, Prozesse und Vektoren)
$E[\tilde{R}_i]$	Erwartete Rendite des i-ten Wertpapiers
e_s	Einheitsvektor, der eins ist im Zustand s und null sonst
$E[\cdot]$	Erwartungswert
$E_\mathbb{P}[\cdot]$	Erwartungswert bezüglich der subjektiven Wahrscheinlichkeit
$E_\mathbb{Q}[\cdot]$	Erwartungswert bezüglich der risikoneutralen Wahrscheinlichkeit
F	Steuerlicher Freibetrag
FG	Freigrenze
g	Subgradient oder Wachstumsfaktor (Kontext abhängig)
$g_t(h)$	Gewinn zum Zeitpunkt t in Abhängigkeit der Handelsstrategie h
H	Handelsstrategie bei unsicheren Wertpapieren
h	Handelsstrategie
h^i	Wertpapieranteil des i-ten Wertpapiers
h_t	Vektor der Portfolioanteile zum Zeitpunkt t
h_t^i	Wertpapieranteile des i-ten Titels zum Zeitpunkt t
H_{t_j}	Portfolioanteile der unsicheren Wertpapiere zum Zeitpunkt t_j
i	Laufindex der betrachteten Wertpapiere
inf	Infimum (größte untere Schranke)
K	Ausübungspreis der Call-Option
k	Konstanter Kapitalkostensatz
λ	Vektor der Lagrange-Multiplikatoren
λ_s	Schattenpreis des s-ten Zustands
lcf_t	Verlustvortragskonto in t (Loss Carryforward)
$\emptyset$	Leere Menge
$T'_-(x_0)$	Linksseitiger Grenzsteuersatz von $T(\cdot)$ für eine Bemessungsgrundlage x_0

lim	Limes
L_+^∞	Wahrscheinlichkeitsraum der wesentlich beschränkten nichtnegativen Funktionen
M	Mehrdimensionaler Martingalprozess
max	Maximum
$\mathcal{F}$	Informationsmenge
$\mathcal{F}_t$	Informationsmenge zum Zeitpunkt t
min	Minimum
MRP^τ	Marktrisikoprämie nach Steuern
M_t	Zufallswerte des mehrdimensionalen Martingalprozesses zum Zeitpunkt t
m_t	Preisquotient und Steigungsparameter
μ	Beliebiges Vielfaches
n	Anzahl der zu bewertenden Wertpapiere
∇	Nabla-Operator (Spaltenvektor partieller Ableitungen)
ln	Natürlicher Logarithmus
$\mathbb{N}$	Menge der Natürlichen Zahlen (1,2,3,...)
$\notin$	Nicht Element von
$-\infty$	Negativ unendlich
$\neq$	Ungleich
n_s	Zustandsabhängige Netto-Auszahlung
ν	Verbesserungsportfolio
$\nu(k)$	Folge von Verbesserungsportfolios
$n(x)$	Netto-Auszahlung in Abhängigkeit der Bemessungsgrundlage x
Ω	Zustandsmenge
ω	Zustand
$\mathbb{P}$	Subjektive Wahrscheinlichkeitsverteilung
p	Preisvektor der betrachteten Wertpapiere
$\partial T(x)$	Subdifferential der Steuerschuldfunktion $T(\cdot)$ an der Stelle x
p_d	Subjektive Eintrittswahrscheinlichkeit des Worst-Case-Szenarios
$PG(x)$	Progressionsgrad
p^i	Preis des Wertpapiers i
∞	Positiv unendlich
p^0	Preis des Kupon-Bonds
$\mathcal{P}$	Polyeder
p^*	Optimalwert des primalen Problems
p_t^i	Preis des i-ten Wertpapiers zum Zeitpunkt t
p_u	Subjektive Eintrittswahrscheinlichkeit des Best-Case-Szenarios
$\mathbb{Q}$	Risikoneutrale Wahrscheinlichkeitsverteilung

q_s	Risikoneutrale Wahrscheinlichkeit des Zustands s
$\mathbb{R}^{1 \times S}$	Zustandsraum der reellwertigen S-dimensionalen Zahlen
r_f	Risikofreier Zins
$\rho(x)$	Residualelastizität
$T'_+(x_0)$	Rechtsseitiger Grenzsteuersatz von $T(\cdot)$ für eine Bemessungsgrundlage x_0
$\mathbb{R}^{n+1}$	Menge der reellwertigen $n+1$-dimensionalen Zahlen
$\mathbb{R}^S$	Zustandsraum der reellwertigen S-dimensionalen Zahlen
S	Anzahl der betrachteten Risikoszenarien
s	Laufindex der betrachteten Risikoszenarien
σ	Sigmal-Algebra
S_t	Preise der unsicheren Wertpapiere zum Zeitpunkt t
sup	Supremum (kleinste obere Schranke)
$s_x(y)$	Differenzenquotient der Steuerschuld $T(\cdot)$ für eine Bemessungsgrundlage x im Vergleich zu einer weiteren Bemessungsgrundlage y (Increasing-Slope-Funktion)
T	Endfälligkeit
t	Zeitindex
tanh	Tangens Hyperbolicus
$t(\cdot)$	Tarif, Durchschnittssteuersatz
τ	Konstanter Steuersatz
τ_t	Deterministischer Steuersatz
τ_{max}	Maximaler Steuersatz
τ_{0+}	Maximaler Grenzsteuersatz für eine Bemessungsgrundlage null
τ_{0-}	Minimaler Grenzsteuersatz für eine Bemessungsgrundlage null
$\subset$	Teilmenge von
$T_t(\cdot)$	Zeitabhängige Steuerschuldfunktion
$T(\cdot)$	Steuerschuldfunktion
$\mathbb{T}$	Zeitmenge
u	Wachstumsfaktor im Best-Case-Szenario
$\widetilde{V}_t$	Zufälliger Unternehmenswert (vor Steuern) zum Zeitpunkt t
$\widetilde{V}_t^\tau$	Zufälliger Unternehmenswert nach Steuern zum Zeitpunkt t
X	Payoff-Matrix
x	Allgemeine Bemessungsgrundlage

X_i	i-ter Spaltenvektor der Payoff-Matrix X
x^0	Cashflow des Kupon-Bonds zum Endzeitpunkt
x^i_s	Cashflow des Wertpapiers i im Zustand s
x^i_t	Cashflow des i-ten Wertpapiers zum Zeitpunkt t

1
Arbitragepreistheorie

1.1 Arbitragepreistheorie ohne Steuern

1.1.1 Fundamentalsatz der Preistheorie

> The underlying idea is best explained by telling a little joke: A finance professor and a normal person go on a walk and the normal person sees a € 100 bill lying on the street. When the normal person wants to pick it up, the finance professor says: "Don't try to do that! It is absolutely impossible that there is a € 100 bill lying on the street. Indeed, if it were lying on the street, somebody else would already have picked it up before you". (end of joke!)
>
> *The Notion of Arbitrage and Free Lunch in Mathematical Finance*
> Walter Schachermayer (2008)

Unter einer Arbitrage verstehen wir, etwas salopp ausgedrückt, einen risikofreien Gewinn, das heißt eine Transaktion, die unsere Ersparnisse unberührt lässt und nur durch Kauf und Verkauf einzelner Wertpapiere zu einer positiven Einzahlung auf unser Bankkonto führt. Dabei entsteht ein Gewinn unabhängig davon, wie sich die Kapitalmärkte in Zukunft entwickeln. Eine offensichtliche Arbitrage ist zum Beispiel gegeben, wenn ein und dasselbe Wertpapier, sagen wir eine Aktie, auf zwei Märkten, Frankfurt und Stuttgart, zu einem unterschiedlichen Preis gehandelt wird.[1] Ein Arbitrageur würde in diesem Fall das Wertpapier zu einem billigeren Preis kaufen und binnen Sekunden zu einem teureren Preis verkaufen und dabei einen risikofreien Gewinn in Höhe der Preisdifferenz erzielen. Der Arbitrageur würde vermutlich nicht nur eine Aktie kaufen und verkaufen, sondern unendlich viele Anteile, bis sich der Preis auf beiden Märkten

[1] Wir vernachlässigen zunächst etwaige Steuerzahlungen, die den Hauptteil unserer Arbeit ausmachen.

angeglichen hat. Würde der Angleichungsprozess nicht stattfinden, müsste dies theoretisch zu einer unbegrenzten Nachfrage nach dem billigen Wertpapier führen, was wiederum zu einer Verletzung einer notwendigen Gleichgewichtsbedingung führt – der Gleichheit von Angebot und Nachfrage. Deshalb geht die Finanzwissenschaft stets von arbitragefreien Märkten aus.[2]

Im Gegensatz zur Gleichgewichtstheorie benötigt die Arbitragetheorie jedoch keinerlei Kenntnisse, weder über die Anfangsausstattungen einzelner Marktteilnehmer, noch über ihre Nutzenfunktionen. Es genügt die geltenden Marktpreise und die, mit den einzelnen Wertpapieren verbundenen, zukünftigen Auszahlungsstrukturen, im Folgenden *Cashflows* genannt, zu betrachten. Die zukünftigen Cashflows können im Falle von risikofreien Wertpapieren (auch *Bonds* genannt) sicher sein, oder wie im Fall von Aktien, können sie unsicher sein, da sie direkt von der zukünftigen Performance des Unternehmens abhängen. Unter einem sicheren Wertpapier kann man sich z.B. eine 10-jährige Bundesanleihe vorstellen, die jedes Jahr einen festen Zins in Höhe von $r_f > 0$ liefert und zum Endzeitpunkt $T = 10$ den Nominalbetrag plus eine letzte Zinszahlung ausgibt. Der Nominalbetrag beträgt im Üblichen 100 Geldeinheiten (z.B. Euro). Da diese Zahl jedoch viel zu groß ist, normieren wir diesen Betrag im Folgenden auf eine Geldeinheit. Wir möchten in dieser Arbeit nicht die Diskussion führen, ob so etwas wie ein risikofreies Wertpapier tatsächlich existiert oder nicht. Für die vorliegenden Ergebnisse ist auch nicht der Betrag der risikofreien Auszahlung relevant, sondern lediglich das positive Vorzeichen.[3] Weiterhin gehen wir vereinfachend davon aus, dass der risikofreie Zins r_f stets konstant ist über die gesamte Laufzeit.[4] Ziel der Arbitragetheorie ist es nun einen *fairen Preis* für ein Wertpapier zu beschreiben. Unter einem fairen Preis verstehen wir einen arbitragefreien Preis, also einen Preis der keinen risikofreien Gewinn zulässt. Wir möchten die Arbitragetheorie (vorerst ohne Steuern) auf einem formellen Rahmen diskutieren, um ihre Grundaussagen besser nachvollziehen zu können.

Wir betrachten ein Ein-Perioden Modell mit Endfälligkeit $T = 1$ (z.B. ein Jahr) und einen Investor, der heute eine Finanzentscheidung zu treffen hat. Es gebe weiterhin einen Markt mit $n + 1$ Wertpapieren, wobei das erste Wertpapier risikofrei ist, und wie bereits beschrieben heute einen Preis von $p^0 = 1$ annimmt und in Zukunft eine sichere Auszahlung in Höhe von $x^0 = 1 + r_f$ liefert (auch *Nummeraire Good* gennant). Die restlichen n Wertpapiere haben einen Preis von p^i für $i = 1, \ldots n$ und seien unsicher, d.h. wir können die zukünftige Auszahlung nicht zu 100% voraussagen und je nach eintretendem Zukunftsszenario können die Auszahlungen stark divergieren. Wir gehen weiter davon aus, dass es eine endliche Anzahl von Zukunfts-

[2] Die Märkte sind zwar nicht perfekt arbitragefrei, aber wie empirische Studien von Gehr (1975), Roll und Ross (1980), Nai-Fu (1983) sowie Grinblatt und Titman (1983) zeigen, ist die Annahme nicht allzu weit entfernt von der Realität. Die Autoren testen jeweils die Existenz eines linearen Preisfunktionals, was, wie wir in Kürze zeigen werden, äquivalent ist zur Aussage, dass der Markt arbitragefrei ist. Die Autoren folgern, dass die Arbitragepreistheorie in vielen Fällen Preisformationen besser erklären kann als das CAPM. Ferner existiert empirische Evidenz dafür, dass der automatisierte Handel von Computern mittels speziellen Algorithmen eventuelle Arbitragefenster noch schneller schließt, wie die Studie von Chaboud et al. (2014) untermauert.

[3] Was vor dem aktuellen Hintergrund möglicher Strafzinsen $r_f < 0$ natürlich kritisch zu hinterfragen ist.

[4] Das ist er natürlich nicht. Es macht jedoch keinen Unterschied für die folgende Argumentation, wenn wir annehmen, dass die risikofreien Zinssätze deterministisch sind. Man verstehe in diesem Fall den Zinsbetrag als einen Durchschnittswert über den betrachteten Anlagehorizont.

szenarien gibt, die wir mit S bezeichnen. Die zukünftigen Cashflows der riskanten Wertpapiere seien gegeben durch x_s^i für $s = 1, \ldots S$ und $i = 1, \ldots n$.[5] Wir können nun ohne Weiteres auch das risikofreie Wertpapier in die Modellwelt der Unsicherheit einbetten. Das risikofreie Wertpapier zahlt zu 100% in Zukunft einen Betrag von $1 + r_f$, also können wir $x_s^0 = 1 + r_f$ setzen für alle $s = 1, \ldots, S$. Weiter definieren wir den Preisvektor

$$p = (p^0, \ldots, p^n)' \in \mathbb{R}^{n+1},$$

und die Auszahlungsmatrix

$$X = \begin{pmatrix} 1+r_f & x_1^1 & \cdots & x_1^n \\ \vdots & \vdots & \ddots & \vdots \\ 1+r_f & x_S^1 & \cdots & x_S^n \end{pmatrix} \in \mathbb{R}^{S \times n+1},$$

wobei $(\cdot)'$ die Transponierte bezeichnet. Ein Portfolio aus den Titeln $i = 0, \ldots, n$ charakterisieren wir durch einen Vektor $h = (h^0, \ldots, h^n)' \in \mathbb{R}^{n+1}$. Im Unterschied zu anderen Modellen, wie z.B. bei Gleichgewichtsmodellen, handelt es sich bei den Komponenten h^i um absolute Beträge, die ein Investor am Titel i hält.[6] Ein positiver Anteil $h^i > 0$ entspricht dem Kauf des Wertpapiers i. Ein negativer Anteil $h^i < 0$ bedeutet ein Leerverkauf des i-ten Titels, also einem Zahlungsversprechen, die aus dem i-ten Wertpapier resultierenden Auszahlungen in Zukunft leisten zu müssen. Man beachte, dass wir heute dieses Zahlungsversprechen geben können, ohne das entsprechende Wertpapier (auch *Underlying* genannt) tatsächlich zu besitzen. Wenn wir etwa auf fallende Kurse spekulieren, können wir heute zusagen z.B. eine Aktie zum heute geltenden Marktpreis p^i in einem Jahr zu verkaufen. Sollte der zukünftige Preis der Aktie darunter notieren, erhalten wir einen Gewinn in Höhe des Differenzbetrags (abzüglich etwaiger Dividendenzahlungen). Ein Anteil von $h^i = 0$ bedeutet, dass wir überhaupt keine Position im i-ten Titel halten. Die zukünftige Auszahlung unter dem Portfolio h für den unsicheren Zustand s ist gegeben durch die aggregierte Auszahlung der Einzeltitel gewichtet mit den Portfoliokomponenten h^i oder formal

$$e_s' X h = \sum_{i=0}^n x_s^i h^i \quad s = 1, \ldots, S,$$

wobei $e_s' \in \mathbb{R}^{1 \times S}$ der s-te Einheitsvektor ist, der 1 ist an der s-ten Stelle und sonst 0. Wir können nun die Existenz einer Arbitragemöglichkeit (vor Steuern) formal beschreiben.[7]

Definition 1.1 (Arbitrage). *Wir nennen ein Portfolio h eine Arbitrage, falls sie das System*

$$p'h \leq 0, \quad Xh \geq 0$$

[5] Auf die Theorie einer unendlichen Anzahl von Zukunftsszenarien werden wir in dieser Arbeit nicht eingehen. Der notwendige mathematische Apparatus zur Herleitung der folgenden Aussagen, würde in keinem Verhältnis zum gewonnen Mehrwert an Intuition stehen. Für die Arbitragetheorie in beliebigen funktionalanalytischen Räumen verweisen wir daher auf Delbaen und Schachermayer (1998).

[6] Im Falle relativer Anteile müsste man zudem fordern, dass sich alle Anteile h^i zu Eins aufsummieren.

[7] Die Definition steht im Einklang mit Ross (1987, Gleichung (2), S. 373).

erfüllt und mindestens eine der obigen Ungleichungen strikt ist. Dabei ist ≥ 0 (> 0) im Falle von der Vektoren komponentenweise zu verstehen, d.h. für zwei Vektoren $x, y \in \mathbb{R}^S$ *gilt* $x \geq y$, $(x > y)$, *falls* $x_s \geq y_s$ *für alle s (und* $x_{s'} > y_{s'}$ *für mindestens ein s).*

Zu Illustrationszwecken gehen wir zu Beginn davon aus, dass die Auszahlungsstruktur der Wertpapiere so konzipiert ist, dass eine Arbitrage immer gleichbedeutend ist mit der Existenz eines Portfolios h für das

$$p'h < 0, \quad Xh \geq 0 \tag{1.1}$$

erfüllt ist.[8] Eine Arbitrage bietet also die Möglichkeit ein Portfolio zu generieren, dass heute einen negativen Preis besitzt, was mit einer positiven Einzahlung auf unser Bankkonto einhergeht und in Zukunft, egal welches Risikoszenario eintritt, keine negativen Auszahlungen verursacht. Mit etwas Glück könnten wir sogar auf eine positive Auszahlung in einigen Zuständen hoffen. Im „schlimmsten" Fall betragen die zukünftigen Auszahlungen in allen Zuständen null. Wir sprechen in diesem Fall auch von einer selbstfinanzierenden Handelsstrategie oder auch einer *Hedgestrategie*. Die grundsätzliche Idee für die Durchführung einer Arbitrage ist stets die Gleiche und sei an dieser Stelle heuristisch dargestellt:

> Was teuer ist wird verkauft, was günstig ist wird gekauft!

Wie ist diese (sehr intuitive) Investitionsregel zu verstehen. Was ist teuer und was ist billig? Als Vergleichswert bietet sich natürlich der arbitragefreie Preis an, oder anders ausgedrückt, der Preis, bei dem das einzige Portfolio, welches in Zukunft nichtnegative Entnahmen ermöglicht und heute nichts kostet, einzig und allein die Strategie $h = 0$ ist (auch Nullportfolio genannt). Wir bezeichnen einen solchen Preis im Folgenden als *fair*.

Definition 1.2 (Fairer Preis). *Wir nennen einen Preis p fair, falls aus*

$$p'h \leq 0, \quad Xh \geq 0 \Rightarrow h = 0$$

folgt.

In diesem Fall können wir obige Investitionsregel etwas präzisieren:

- (Leer-)Verkaufe Vermögenswerte, die teurer sind als ihr fairer Preis
- Kaufe Vermögenswerte, die günstiger sind als ihr fairer Preis.

Im ersten Fall sprechen wir auch von einem überbewerteten Vermögenswert, im zweiten Fall ist der Vermögenswert unterbewertet.

Wir wollen diesen Zusammenhang wieder am Beispiel einer Aktie erläutern. Gehen wir davon aus, dass wir den fairen Preis der Aktie

[8] Den Spezialfall, bei dem das nicht möglich ist, behandeln wir in der Modellerweiterung in Kapitel 1.1.3. In diesem Fall muss der Arbitragebegriff leicht angepasst werden. Für die Diskussion risikofreier Titel ist ein negativer Preis für nichtnegative Entnahmen äquivalent zu unserer formalen Definition einer Arbitrage.

kennen. Dieser sei gegeben durch $p_0 = 100$. Auf dem Börsenplatz Frankfurt notiere die Aktie zum fairen Preis. In Stuttgart notiere die Aktie, unter sonst gleich bleibenden Bedingungen, zu 101. Offensichtlich ist die Aktie in Stuttgart überbewertet, also zu teuer. Wir verkaufen deshalb in Stuttgart die Aktie leer, zunächst zu je einer Einheit, d.h. wir müssen zum vereinbarten Endzeitpunkt in ($T=1$) eine Aktie in Stuttgart verkaufen. Gleichzeitig kaufen wir eine Aktie in Frankfurt (billig) ein und erhalten heute dafür eine positive Einzahlung in Höhe von

$$\text{Arbitragegewinn} = 1 \cdot 101\,\euro - 1 \cdot 100\,\euro = 1\,\euro$$

auf unser Bankkonto. Zum Endzeitpunkt liefern wir die Aktie zum geltenden Marktpreis und stellen alle Positionen glatt. Wie bereits erwähnt wird der Markt vermutlich das Arbitragefenster in naher Zukunft erkennen und schließen, so dass sich in beiden Börsenplätzen ein und derselbe Kurs einstellen wird. Andernfalls könnten wir im vorliegendem Beispiel statt einer Aktie eine beliebig hohe Anzahl $\mu > 0$ von Aktien in Frankfurt kaufen und andererseits $-\mu < 0$ Anteile der überbewerteten Aktie in Stuttgart verkaufen. In diesem Fall beträgt der risikofreie Gewinn, analog zu obiger Rechnung, $\mu \cdot 1\,\euro$. Lassen wir nun $\mu \to \infty$ gehen, dann können wir theoretisch unendlich reich werden. Das möchten wir natürlich ausschließen.

Annahme 1.3 (Arbitragefreiheit). *Der Markt sei arbitragefrei.*

Es zeigt sich, dass die Voraussetzung arbitragefreier Märkte nicht nur ökonomisch sinnvoll ist, sondern auch die Existenz fairer Preise (aller Wertpapiere auf allen Handelsmärkten) impliziert. Umgekehrt gilt: Wenn alle Wertpapiere (an allen Handelsplätzen) zum fairen Preis gehandelt werden, dann kann es keine Arbitragen geben. So hatten wir ja gerade den fairen Preis als solchen definiert – als Preis für den keine Arbitrage möglich ist. Man sagt auch, die Bedingung arbitragefreier Märkte ist sowohl hinreichend als auch notwendig für die Existenz fairer Preise. Formal lässt sich diese Aussage mit Hilfe des Lemmas von Farkas beweisen, welches besagt: Es gibt keine Lösung für (1.1), also keine Arbitrage, genau dann, wenn es einen nichtnegativen Vektor $\lambda \in \mathbb{R}^S$ gibt mit

$$p = X'\lambda, \quad \lambda \geq 0. \tag{1.2}$$

Man sagt auch, dass Gleichung (1.1) und Gleichung (1.2) starke Alternativen sind.[9] Den Komponenten λ_s kommt nun eine zentrale Bedeutung in der Finanzwirtschaft zu. λ_s entspricht dem fairen Preis eines Wertpapiers, das *nur* im s-ten Zustand einen Euro zahlt und in allen anderen Zuständen eine Auszahlung von null liefert. De facto handelt es sich hierbei um eine Ein-Euro-Wette auf den Zustand s. Einen

[9] Vgl. hierzu z.B. Boyd und Vandenberghe (2004, S. 263)

solchen Titel nennen wir auch Arrow-Debreu-Titel.[10] Wir nennen den Vektor $\lambda \in \mathbb{R}^S$ deshalb Arrow-Debreu-Preisvektor, Zustandspreis- oder Schattenpreis-Vektor. Nehmen wir an, unsere Aktie könnte in Zukunft drei mögliche Auszahlungen erreichen: 50, 100 oder 200, jeweils gekennzeichnet mit den Zuständen 1, 2 und 3. Formal können wir die Auszahlung durch einen 3-dimensionalen Vektor der Form

$$x = \begin{pmatrix} 50 \\ 100 \\ 200 \end{pmatrix} \in \mathbb{R}^3$$

darstellen. Wir können nun x umschreiben zu

$$x = 50 \begin{pmatrix} 1 \\ 0 \\ 0 \end{pmatrix} + 100 \begin{pmatrix} 0 \\ 1 \\ 0 \end{pmatrix} + 200 \begin{pmatrix} 0 \\ 0 \\ 1 \end{pmatrix}$$

und stellen fest, dass die Auszahlungen der Aktie einem Portfolio aus drei Arrow-Debreu-Titeln gleichen.[11] In einem arbitragefreien Markt muss der faire Preis der Aktie p gemäß (1.2) dem gewichteten Mittel der Preise der einzelnen Arrow-Debreu-Titel λ_s entsprechen, d.h.

$$p = 50\lambda_1 + 100\lambda_2 + 200\lambda_3.$$

Wir können uns nun überlegen, dass die Preise λ_s nichtnegativ und kleiner als eins sind. Wäre z.B. der Preis λ_s negativ, hätten wir heute durch Kauf des s-ten Arrow-Debreu-Titels einen sicheren Gewinn in Form einer positiven Einzahlung $-\lambda_s$ und in Zukunft nichtnegative Auszahlungen. Vielleicht bekommen wir sogar einen Euro in der Zukunft. Das ist offensichtlich eine Arbitrage. Auch würden wir heute niemals mehr als einen Euro für ein Wertpapier bezahlen, dass uns nur unter Unsicherheit einen Euro zahlt, also mit einer Wahrscheinlichkeit kleiner als 100%. Stattdessen würden wir den Euro lieber auf ein Bankkonto einzahlen und dafür in Zukunft (mit Sicherheit) einen Euro plus den risikofreien Zins r_f erhalten. Weiter gilt, wenn wir heute genau $\frac{1}{1+r_f}$ anlegen, erhalten wir in Zukunft einen sicheren Euro. In Vektorschreibweise entspricht das einer Auszahlung von

$$\begin{pmatrix} 1 \\ \vdots \\ 1 \end{pmatrix} = \sum_{s=1}^{T} e_s$$

also der Summe der Auszahlungen aller Arrow-Debreu-Titel. Und auch formal gilt, wenn wir ausschließlich den risikofreien Titel betrachten und die Preisgleichung (1.2) von links mit dem ersten Einheitstitel $e_1 = (1, 0, \ldots, 0) \in \mathbb{R}^n$ multiplizieren, dann erhalten wir

$$1 = e_1' p = e_1' X' \lambda = (1 + r_f) e_1' \lambda,$$

[10] Benannt nach den Begründern der allgemeinen Gleichgewichtstheorie Kenneth Arrow und Gérard Debreu, basierend auf dem Aufsatz Arrow und Debreu (1954).

[11] In diesem Fall müsste man theoretisch 50 Einheiten des ersten Arrow-Debreu-Titels kaufen sowie 100 Einheiten des Zweiten und 200 Einheiten des Dritten.

was äquivalent ist zu

$$\sum_{s=1}^{S} \lambda_s = \frac{1}{1+r_f}.$$

Die Summe aller Arrow-Debreu-Titel gibt somit den fairen Preis eines zukünftigen Euros an. Multiplizieren wir nun den Arrow-Debreu-Preisvektor mit $1+r_f$ und setzen $q_s := (1+r_f)\lambda_s$, dann gilt

$$\sum_{s=1}^{S} q_s = \sum_{s=1}^{T}(1+r_f)\lambda_s = 1$$

und da $q_s \geq 0$ erhalten wir eine Wahrscheinlichkeitsverteilung über alle Zustände s, die wir mit $\mathbb{Q}$ bezeichnen. Es gilt die fundamentale Preisgleichung für den Titel i

$$\begin{aligned}
p^i &= e_i' p \\
&= e_i' X' \lambda \qquad\qquad \text{(Gleichung (1.2))}\\
&= X_i' \lambda \\
&= \frac{1}{1+r_f} \sum_{s=1}^{T} x_s^i (1+r_f)\lambda_s \\
&= \frac{E_{\mathbb{Q}}[X_i]}{1+r_f} \quad i = 0,\ldots,n,
\end{aligned}$$

wobei wir mit $E_{\mathbb{Q}}[\cdot]$ den Erwartungswert über die Wahrscheinlichkeitsverteilung $\mathbb{Q}$ bezeichnen und X_i den Spaltenvektor der zustandsabhängigen Auszahlungen des i-ten Titels beschreibt, den wir als Zufallsvariable identifizieren. Der obige Zusammenhang wird gemeinhin auch als Fundamentalsatz der Preistheorie bezeichnet.[12] Stellen wir obige Gleichung nach r_f um, sehen wir, dass für den risikofreien Zins

$$r_f = \frac{E_{\mathbb{Q}}[X_i]}{p^i} - 1$$

gilt. Folglich ist die zu erwartende Rendite bezüglich des Wahrscheinlichkeitsmaßes $\mathbb{Q}$ für jeden Titel i gleich dem risikofreien Zins. Wir bezeichnen $\mathbb{Q}$ deshalb auch als risikoneutrale Wahrscheinlichkeit. Es folgt:

Theorem 1.4 (Fundamentalsatz). *Der Markt ist arbitragefrei genau dann, wenn eine risikoneutrale Wahrscheinlichkeitsverteilung existiert.*

Beweis. Folgt direkt aus dem Farkas-Lemma, sowie der obigen Herleitung. □

Wir möchten nun den Fundamentalsatz anhand eines einfachen Beispiels illustrieren.

[12] Der Begriff geht vermutlich auf einen Aufsatz von Dybvig und Ross (1987) zurück.

Beispiel 1.5 (Binomialmodell). *Eine Aktie notiere heute zu 100. Es gebe zwei Umweltzustände, die wir für möglich halten.[13] Im ersten Zustand gehen wir davon aus, dass die Aktie um 10% steigt ($u = 0.1$), im zweiten Zustand bleibt der Kurs der Aktie unverändert ($d = 0$). Der risikofreie Zins betrage $r_f = 5\%$. Der Preisvektor p besteht aus dem Bondpreis p^0 und dem Aktienkurs p^1 und ist somit gegeben durch $p = (p^0, p^1) = (1, 100)'$. Die Auszahlungsmatrix ist*

$$X = \begin{pmatrix} 1+r_f & (1+u)p^1 \\ 1+r_f & (1+d)p^1 \end{pmatrix} = \begin{pmatrix} 1.05 & 110 \\ 1.05 & 100 \end{pmatrix}$$

Zur Bestimmung der Arrow-Debreu-Titel müssen wir zunächst gemäß Gleichung (1.2) das folgende Gleichungssystem lösen

$$p = X'\lambda \Leftrightarrow \begin{pmatrix} 1 \\ 100 \end{pmatrix} = \begin{pmatrix} 1.05 & 1.05 \\ 110 & 100 \end{pmatrix} \begin{pmatrix} \lambda_1 \\ \lambda_2 \end{pmatrix}$$

Da die Determinante von X von Null verschieden ist, ist das Gleichungssystem eindeutig lösbar und es gilt

$$\lambda = X'^{-1}p = \frac{1}{1+r_f} \begin{pmatrix} \frac{r_f-d}{u-r_f} \\ \frac{u-r_f}{u-d} \end{pmatrix} = \frac{1}{1.05} \begin{pmatrix} \frac{1}{2} \\ \frac{1}{2} \end{pmatrix} > 0$$

Multiplikation mit $1 + r_f$ liefert $q = \left(\frac{1}{2}, \frac{1}{2}\right)'$. Gehen wir nun davon aus, dass eine Call-Option auf die Aktie gehandelt werde mit Ausübungspreis $K = 100$ und Auszahlung $X_2 = \max(X_1 - K, 0)$, dann besagt der Fundamentalsatz der Preistheorie weiter, dass der faire Preis des Calls gegeben ist durch

$$p_2 = \frac{E_Q[X_2]}{1+r_f} = \frac{1}{1.05}(q_1 \cdot (110-100) + q_2 \cdot 0) = \frac{5}{1.05} \approx 4.76.$$

Analog bewerten wir jeden weiteren Titel am Markt. Wir nennen dieses Vorgehen auch risikoneutrale Bewertung.

1.1.2 Das duale Lagrangeproblem

Wir möchten nun die Arbitragetheorie (ohne Steuern) aus Sicht der (linearen) Optimierung betrachten. Dieser Ansatz hilft uns dabei die Herleitungen im Hauptteil leichter nachzuvollziehen. Wir betrachten hierzu das folgende lineare Programm

$$\inf_h \; p'h \quad\quad\quad \text{(LP)}$$
$$Xh \geq 0.$$

Sei p^* der optimale Wert von (LP), dann gilt

---

[13] Wir setzen jetzt und auch im Folgenden stets voraus, dass wir alle möglichen Umweltszenarien kennen und mit einer eindeutigen positiven Wahrscheinlichkeit belegen können. Wir diskutieren nicht den Fall von Ungewissheit, bei dem die Eintrittswahrscheinlichkeiten a priori nicht feststehen. Siehe hierzu z.B. Ghirardato (2001).

Satz 1.6 (Arbitragefreiheit). *Der Markt ist arbitragefrei genau dann, wenn $p^* = 0$ in (LP) gilt.*

Beweis. Zum Beweis der notwendigen Bedingung nehmen wir an, dass $p^* \neq 0$ ist. Da $h = 0$ eine zulässige Lösung ist, muss demnach $p^* < 0$ in (LP) gelten, was offensichtlich eine Arbitragegelegenheit ist und im Widerspruch zur vorausgesetzten Arbitragefreiheit steht.

Zum Beweis der hinreichenden Bedingung sei $p^* = 0$ vorausgesetzt. Angenommen es existiere eine Arbitrage h mit $ph < 0$ und $Xh \geq 0$. Dann ist h zulässig und es gilt $ph < p^*$ im Widerspruch zum Infimum. □

Es ist nun in der (konvexen) Optimierung üblich, statt des primalen Problems (LP), das Duale-Lagrange-Problem (D) zu lösen, dessen Optimalwert stets eine untere Schranke des primalen Problems darstellt und unter bestimmten Voraussetzungen sogar einen mit dem primalen Problem übereinstimmenden Optimalwert wiedergibt.[14] Hierzu lösen wir

$$\sup_{\lambda} \inf_{h} L(h, \lambda) \qquad \text{(D)}$$
$$\lambda \geq 0,$$

[14] Vgl. Rockafellar (1997) oder Boyd und Vandenberghe (2004).

wobei $L(h, \lambda)$ die so genannte Lagrangefunktion ist, gegeben durch

$$L(h, \lambda) := p'h - \lambda' X h$$
$$= (p - X'\lambda)'h.$$

Betrachten wir zunächst den isolierten Ausdruck $\inf_h L(h, \lambda)$ in (D), dann stellen wir fest, dass es sich hierbei um eine lineare Gleichung handelt, die entweder das Infimum bei $-\infty$ hat, oder exakt 0 ist, sofern $p - X'\lambda = 0$ gilt. Folglich besitzt (D) entweder einen Optimalwert im negativen Unendlichen oder bei 0, sofern die bekannte Preisgleichung (1.2) gilt.

Wir können somit ein zu (D) äquivalentes Problem formulieren durch

$$\sup_{\lambda} \quad 0 \qquad \text{(D*)}$$
$$\text{s.t.} \quad \lambda \geq 0$$
$$\phantom{\text{s.t.}} \quad p = X'\lambda.$$

Sei d^* der optimale Wert in (D*), dann gilt $d^* = 0$, sofern es eine zulässige nichtnegative Lösung λ gibt, welche die bereits bekannte Gleichung (1.2) löst.[15] Im Falle der Arbitragefreiheit gilt einhergehend mit Satz 1.6

$$p^* = d^* = 0.$$

[15] Somit hätten wir eine alternativen Beweis des Farkas Lemmas mit Hilfe einfacher Dualitätsargumenten erbracht.

Existiert keine zulässige Lösung in (D*), so folgt

$$d^* = p^* = -\infty$$

was äquivalent ist zu der Existenz einer Arbitrage mit potenziell unbeschränkten Gewinnen. In beiden Fällen gilt $d^* = p^*$. Wir bezeichnen die gefundene Lösung des Dualen Lagrange-Ansatzes auch als (starke) duale Lösung.[16] Wir können also analog zu Kapitel 1.1.1 faire Preise mit Hilfe eines dualen Lagrangeproblems lösen. Dieser Lösungsansatz ist nicht nur für lineare LPs gültig, sondern auch für nichtlineare (konvexe) Probleme, für die zusätzliche (noch zu diskutierende Regularitätsbedingungen) erfüllt sein müssen.[17]

Beispiel 1.7 (Einperiodige Kupon-Anleihe). *Wir möchten das duale Lagrange-Problem (D) am denkbar einfachsten Fall einer Kupon-Anleihe mit Endfälligkeit $T = 1$ demonstrieren. Der Preis der Anleihe sei normiert auf $p = 1$. Im nächsten Zeitpunkt zahlt die Anleihe den Nominalpreis von 1 sowie eine Kuponzahlung von $r_f = 0.1$. Es gilt also $X = 1.1$. Das primale Problem (P) lautet in diesem Fall*

$$\inf_h h \quad \text{(LP)}$$
$$1.1\, h \geq 0.$$

und hat offensichtlich einen Optimalwert von $p^* = 0$, der für das Nullportfolio $h^* = 0$ erreicht wird. Das duale Lagrangeproblem (D) erhalten wir durch

$$\sup_{\lambda \geq 0} \inf_h (1 - \lambda(1 + r_f))h \quad \text{(D)}$$

Abbildung 1.1 veranschaulicht den Fall für Portfolioanteile $h \in [-20, 20]$ und Lagrangefaktoren $\lambda \in [0.5, 1.5]$. Die blaue Linie zeigt die Objektfunktion h (Preis des Portfolios) und die rote Linie zeigt die Funktion der Nebenbedingung $-1.1\, h$ (Netto-Entnahme in $T = 1$).

Numerisch müssen wir für ein gegebenes λ zunächst den minimalen Wert der Lagrangefunktion $L(h, \lambda) = (1 - \lambda(1 + r_f))h$ bestimmen und im Anschluss das Maximum über alle $\lambda \geq 0$ wählen. In Abbildung 1.2 haben wir die Funktion $g(\lambda) = \inf_{h \in [-20, 20]} L(h, \lambda)$ abgetragen und deren Supremum approximativ ermittelt. Wie wir sehen ist die Funktion konkav und hat ihr Optimum bei $d^* = 0$, was für einen optimalen Lagrangefaktor von $\lambda^* = \frac{1}{1.1} \approx 0.91$ erreicht wird. Das entspricht sinnvollerweise dem Diskontierungsfaktor, also dem fairen Wert eines zukünftigen Euros. Weiterhin stellen wir fest, dass der optimale Wert des primalen Problems (LP) mit dem optimalen Wert des dualen Problems (D) übereinstimmt (starke Dualität).

[16] Es gilt stets $d^* \leq p^*$ (schwache Dualität). Vgl. hierzu u.a. Boyd und Vandenberghe (2004, S. 216). Somit bildet das duale Lagrange-Problem immer eine untere Schranke des primalen Problems (LP). Dieser Zusammenhang gilt auch für nichtlineare Programme.

[17] Wie z.B. die Slater-Bedingung, um nur eine zentrale Regularitätsbedingung vorweg zu nehmen.

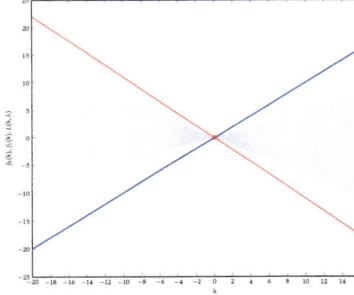

Abbildung 1.1: Veranschaulichung der dualen Lagrangefunktion $L(h, \lambda)$.

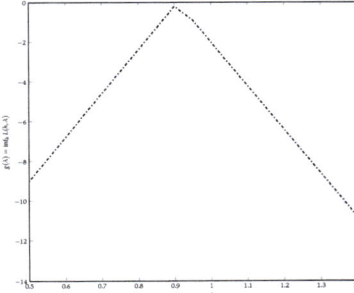

Abbildung 1.2: Optimaler Lagrangefaktor λ^*.

Wir können obiges Ergebnis auch analytisch herleiten, da

$$g(\lambda) = \inf_h (1 - \lambda(1+r_f))h = \begin{cases} 0, & 1 - \lambda(1+r_f) = 0 \\ -\infty, & \text{sonst,} \end{cases}$$

und somit $d^* = sup_{\lambda \geq 0} g(\lambda) = 0$ ist, was genau dann erfüllt ist, wenn $\lambda = \frac{1}{1+r_f}$ ist.

1.1.3 Modellerweiterungen

Wir möchten nun in der gebotenen Kürze weitere Modellerweiterungen der in Kapitel 1.1.1 eingeführten Arbitragepreistheorie vorstellen.

Subjektive Wahrscheinlichkeiten und positive Arrow-Debreu-Titel Wir hatten im vorherigen Kapitel (unter Unsicherheit) angenommen, dass wir Arbitragegewinne in der Zukunft ohne Weiteres in den Zeitpunkt $t = 0$ verschieben können. Wie das folgende Beispiel eines einfachen Binomialmodells zeigt, ist das nicht immer möglich.

Beispiel 1.8 (Binomialmodell). *Der Preis von Bond und Aktie sei $p' = (1,1)$ und die zustandsabhängige Payoff-Matrix sei*

$$X = \begin{pmatrix} 1 + r_f & 1 + u \\ 1 + r_f & 1 + d \end{pmatrix}.$$

Gehen wir nun davon aus, dass im Worst-Case-Szenario für die Rendite der Aktie $d = r_f < u$ gelte, dann wird der Bond offensichtlich von der Aktie dominiert, da eine Einlage in die Aktie in allen Zuständen mindestens die gleiche Rendite wie der Bond erwirtschaftet. Im Best-Case-Szenario liegt die Rendite der Aktie sogar über dem Bond. Deshalb wird ein Arbitrageur die Aktie kaufen und den Bond verkaufen. Wählen wir hierzu z.B. das Portfolio $h = (-1,1)'$, dann ist

$$p'h = 0 \quad \text{und} \quad Xh = \begin{pmatrix} u - r_f \\ 0 \end{pmatrix} > 0,$$

wobei die letzte Ungleichung > wieder komponentenweise gilt. Gehen wir davon aus, das jeder Umweltzustand mit einer positiven Wahrscheinlichkeiten p_u, p_d mit $p_u + p_d = 1$ eintritt, so erhalten wir einen erwarteten Gewinn in Höhe von

$$E_\mathbb{P}[Xh] = p^u(u - r_f) > 0.$$

Wir können zwar nicht davon ausgehen, dass der Gewinn im ersten Zustand tatsächlich realisiert wird, allerdings können wir auch in keinem Zustand Geld verlieren. Diesen Fall eventueller zukünftiger Gewinne ohne eigene Auslagen möchten wir ebenfalls in unser Arbitragemodell unter Unsicherheit aufnehmen. Verfolgen wir jedoch den Kostenminimierungsansatz

$$\inf_{h} \; p'h$$
$$s.t. \quad -Xh \leq 0,$$

so stellen wir fest, dass das obige Arbitragegelegenheit keine Arbitrage im Sinne von Gleichung (1.1) ist, da kein Portfolio h existiert, für das gleichzeitig $p'h < 0$ und $Xh \geq 0$ erfüllt ist.[18]

In diesem Fall sehen wir uns gezwungen den Arbitragebegriff unter Unsicherheit anzupassen. Statt der Minimierung der heutigen Portfoliokosten, können wir nun versuchen die zukünftige erwartete Rendite bezüglich einer subjektiven Wahrscheinlichkeit $\mathbb{P}$ zu maximieren, gegeben, dass die heutigen Kosten nichtpositiv sind. Bei der subjektiven Wahrscheinlichkeit handelt es sich um eine Einschätzung des Investors bezüglich zukünftiger Preisentwicklungen.[19] In diesem Fall löst der Investor

$$\sup_{h} \; E_{\mathbb{P}}[Xh] \qquad \qquad \text{(PU)}$$
$$s.t. \quad Xh \geq 0$$
$$\quad -ph \geq 0.$$

Wir setzen nun voraus, dass für alle subjektiven Wahrscheinlichkeiten $0 < p_s < 1$ gilt.[20] In diesem Fall ist der Markt wiederum arbitragefrei, falls für den optimalen Wert in (PU) $p^* = 0$ gilt. Betrachten wir nun das duale Lagrange-Problem gegeben durch

$$\inf_{\lambda \geq 0} \sup_{h} \; E_{\mathbb{P}}[Xh] - \lambda_0 \, p'h + \sum_{s=1}^{S} \lambda_s x'_s h, \qquad \text{(DU)}$$

wobei wir mit $E_{\mathbb{P}}[Xh]$ den subjektiven Erwartungswert der Payoff-Matrix X gewichtet mit dem Portfolio h bezeichnen. Dann ist

$$E_{\mathbb{P}}[Xh] = \sum_{s=1}^{S} p_s x'_s h$$

und wir erhalten für den optimalen Wert des dualen Problems

$$d^* = \inf_{\lambda \geq 0} \sup_{h} \; \left(-\lambda_0 p' + \sum_{s=1}^{S} (p_s + \lambda_s) x'_s \right) h.$$

Da das primale Problem linear ist und eine zulässige Lösung $h = 0$ besitzt, folgt mit Hilfe der schwachen Slater-Bedingung automatisch die starke Dualität zwischen (PU) und (DU), d.h., es gilt $0 = p^* = d^*$.[21] Weiterhin gilt

[18] Würden wir das obige Problem mit dem dualen Lagrangeansatz lösen, würden wir feststellen, dass der Schattenpreisvektor $\lambda' = (\lambda_1, \lambda_2)$ für den $\lambda Xh = p$ gilt, in der 2. Zustandskomponente null ist. Gleiches gilt für die risikoneutrale Wahrscheinlichkeit. Folglich hat der zweite Zustand überhaupt keinen Einfluss auf die Bewertung.

[19] Diese Einschätzung kann natürlich von Investor zu Investor divergieren.

[20] Der Investor erfasst also nur Risiken, deren Eintritt er mit einer positiven Wahrscheinlichkeit belegt. Alle anderen Szenarien, die er für „unmöglich" erachtet, werden aus der Untersuchung ausgeschlossen.

[21] Vgl. die Folgerungen aus Bsp. 5.2.4 in Boyd und Vandenberghe (2004, S. 227). Aus der Zulässigkeit des primalen Problems folgt somit stets starke Dualität bei linearen Programmen. Oder anders ausgedrückt: Der einzige Fall bei dem starke Dualität versagt, ist wenn sowohl primales als auch duales Problem keine zulässigen Lösungen besitzen. Diese Fälle sind jedoch pathologisch.

$$\sup_{h} \left(-\lambda_0 p' + \sum_{s=1}^{S}(p_s + \lambda_s)x_s' \right)h = \begin{cases} 0, & \lambda_0 p = \sum_{s=1}^{S}(p_s+\lambda_s)x_s \\ \infty, & \text{sonst.} \end{cases}$$

Somit können wir das duale Problem umschreiben zu

$$\inf_{\lambda \geq 0} \quad 0$$

$$\text{s.t.} \quad \lambda_0\, p = \sum_{s=1}^{S}(p_s + \lambda_s)x_s$$

Betrachten wir nur die risikofreie Kupon-Anleihe (0-ter Titel), so stellen wir fest, dass

$$\lambda_0 = (1 + r_f) \sum_{s=1}^{S}(p_s + \lambda_s)$$

gelten muss und wir erhalten durch $0 < q_s := \frac{p_s + \lambda_s}{\sum_{s=1}^{S}(p_s + \lambda_s)}$ eine risikoneutrale Wahrscheinlichkeit, für die gilt:

$$p^* = 0 \quad \Leftrightarrow \quad p^1 = \frac{E_{\mathbb{Q}}[X_1]}{1 + r_f}.$$

Folglich ist der Markt arbitragefrei (unter Unsicherheit) genau dann, wenn es eine zu $\mathbb{P}$ äquivalente Wahrscheinlichkeitsverteilung $\mathbb{Q}$ gibt. „Äquivalent" bedeutet in diesem Fall, dass die Einzelwahrscheinlichkeiten $q_s \in \mathbb{Q}$ genau dann positiv sind, wenn auch die Einzelwahrscheinlichkeiten $p_s \in \mathbb{P}$ positiv sind, was nach Voraussetzung erfüllt ist. Wir sehen nun auch, warum die Voraussetzung positiver subjektiver Wahrscheinlichkeiten notwendig war. Hätten wir die Existenz einer positiven Wahrscheinlichkeit $\mathbb{P}$ nicht zusätzlich vorausgesetzt, so hätten wir nicht die Existenz positiver risikoneutraler Wahrscheinlichkeiten nachweisen können, und mit ihr die Existenz positiv bepreister Arrow-Debreu-Titel, die die eingangs erwähnte Arbitragemöglichkeit erst möglich machen.

Mehrere Zeitpunkte   Ersetzen wir in einem ersten Schritt das oben eingeführte Ein-Perioden-Modell durch ein Modell mit mehreren Handelszeitpunkten. Grundsätzlich unterscheidet man dann zwischen statischen und dynamischen Modellen.

Im Fall von *statischen Modellen* gibt es verschiedene Zeitpunkte, aber nur eine Strategie (ein einzelnes Portfolio) h, welches heute gebildet wird und bis zur Endfälligkeit gehalten wird. Eine solche Strategie bezeichnen wir auch als *Buy-and-Hold*-Strategie. Ersetzen wir nun die S verschiedenen Umweltzustände im vorherigen Kapitel durch T verschiedene Zeitpunkte, dann kann man die verschiedenen Wertpapiere als risikolos ansehen. Die sicheren Auszahlungen des i-ten Titels zum Zeitpunkt t entsprechen dabei den Komponenten x_t^i. Unsere weitere Argumentation entspricht dann der des Einperioden-Modells unter Unsicherheit, nur dass wir den Index von s in t umbenennen. Weiter müssen wir den Auszahlungsplan des ersten Titels definieren. Wir betrachten hierzu eine Kuponanleihe, die wiederum einen Nominalpreis von 1 besitzt und in jedem Zeitpunkt $1 \leq t \leq T-1$ Zinsen in Höhe von $x_t^0 = r_f$ zahlt und im Endzeitpunkt unverändert den Betrag $x_T^0 = 1 + r_f$ liefert. Analog zu Gleichung (1.2) suchen wir dann eine Lösung $\lambda > 0$ für das System

$$p = X'\lambda. \tag{1.3}$$

Der Wert λ entspricht in diesem Fall einem Diskontierungsfaktor, d.h. dem fairen Wert eines zukünftigen Euros zum Zeitpunkt t. Der Fundamentalsatz besagt in diesem speziellen Fall, dass der Markt (unter Sicherheit) arbitragefrei ist genau dann, wenn in jeder Periode ein Diskontierungsfaktor existiert. Setzen wir $\lambda_t = \frac{1}{(1+r_f)^t}$, so stellen wir fest, dass $\lambda = (\lambda_1, \ldots, \lambda_T)'$ ein möglicher Lösungsvektor von Gleichung (1.3) ist, da speziell für die Kuponanleihe

$$1 = p_0 = \sum_{t=1}^{T-1} \frac{r_f}{(1+r_f)^T} + \frac{1+r_f}{(1+r_f)^T}$$

gilt.[22] Damit der Markt weiterhin arbitragefrei ist, muss dann für alle weiteren Wertpapiere

$$p^i = \sum_{t=1}^{T} \frac{x_t^i}{(1+r_f)^t} \quad i = 1, \ldots, n \tag{1.4}$$

gelten oder umgeformt

$$NPV := -p^i + \sum_{t=1}^{T} \frac{x_t^i}{(1+r_f)^t} = 0 \quad i = 1, \ldots, n$$

sein, was äquivalent zu der Aussage ist, dass in einem arbitragefreien Markt unter Sicherheit stets alle Wertpapiere einen Kapitalwert (vor Steuern) von Null besitzen. Nehmen wir an, dass das zweite Wertpapier ein Zero-Bond mit Endfälligkeit T und Nominalpreis $p^1 = 1$ ist, dann gilt für die Cashflows $x_t^1 = 0$ für $t = 1, \ldots T-1$ und $x_T^1 = (1+r_f)^T$, was einer Auszahlung des Nominalbetrags plus Zinseszinsen zum Endzeitpunkt entspricht. Auch hier gilt

$$p^1 = \sum_{t=1}^{T} \frac{x_t^1}{(1+r_f)^t} = \frac{(1+r_f)^T}{(1+r_f)^T} = 1.$$

Das gleiche Bild ergibt sich, wenn wir Kupons und/oder Zeros mit unterschiedlichen Laufzeiten betrachten und/oder verschiedenen

[22] Hierbei haben wir die Summenformel für endliche geometrische Reihen angewendet. Es gilt

$$\sum_{t=1}^{n} = \frac{z(1-z^n)}{1-z}.$$

Setzen wir nun $z = \frac{1}{1+r_f}$ und $n = T-1$, so folgt die Behauptung.

Nominalbeträgen. Wir können also jeden Bond mit Hilfe von Kapitalwertformel (1.4) bewerten.

Wir möchten nun mit Hilfe von Arbitrageüberlegungen zeigen, dass kein anderer Wert als $\frac{1}{(1+r_f)^t}$ für λ_t in Frage kommt. Nehmen wir an, es gelte $\lambda_t < \frac{1}{(1+r_f)^t}$. In diesem Fall ist (sollte unsere Annahme korrekt sein) der Preis für das Zahlungsversprechen von einem Euro zum Zeitpunkt t, beschrieben durch λ_t, unterbewertet. Wir werden deshalb den Kauf eines solchen Zertifikats eingehen. Gleichzeitig können wir einen Kredit in Höhe von $\frac{1}{(1+r_f)^t}$ mit Endfälligkeit t aufnehmen, indem wir einen Zero-Bond leerverkaufen. Unsere heutigen Ausgaben belaufen sich dann insgesamt auf

$$p'h = \lambda_t - \frac{1}{(1+r_f)^t} < 0,$$

und sind somit negativ, was einer heutigen Einzahlung auf unser Bankkonto entspricht. Zum Zeitpunkt t erhalten wir gemäß des Zertifikats einen Euro, womit wir gleichzeitig unseren Kredit tilgen. Insgesamt entspricht das einer sicheren Auszahlung von

$$e'_t X h = 0.$$

Für alle anderen Zeitpunkte existieren keine Zahlungsverpflichtungen, was ebenfalls einer Auszahlung von Null entspricht. Folglich haben wir in $t = 0$ einen risikofreien Gewinn erlangt, den wir theoretisch beliebig hoch ausfallen lassen können. Analog würde man für $\lambda_t > \frac{1}{(1+r_f)^t}$ argumentieren, indem man das Zertifikat leerverkauft und eine Kaufposition in den Zero-Bond mit Endfälligkeit t eingeht. Wir haben somit indirekt bewiesen, dass der faire Wert eines zukünftigen Euros im Zeitpunkt t gegeben ist durch

$$\lambda_t = \frac{1}{(1+r_f)^t}.$$

Wir möchten nun die Frage erörtern, welchen Unterschied es macht, wenn wir die (klare) Einschränkung einer (statischen) Buy-and-Hold-Strategie fallen lassen und den dynamischen Handel in mehreren Zeitpunkten zulassen.

Dynamische Handelsstrategie Sei $p_t \in \mathbb{R}^{n+1}$, wobei die Komponenten p_t^i den Preis des i-ten Bonds zum Zeitpunkt t angeben. Analog sei $x_t \in \mathbb{R}^{n+1}$ der zeitabhängige Vektor der Cashflows mit Komponenten x_t^i. Erlauben wir den Handel zu mehreren Zeitpunkten, so können wir in jeder Periode unser Portfolio neu anpassen. Die neu angepassten Portfolios bezeichnen wir mit $h_t \in \mathbb{R}^{n+1}$ für $t = 1, \ldots, T-1$. Im Zeitpunkt T haben wir die Endfälligkeit erreicht und halten keine

Anteile mehr. Wir setzen $h_T = h_{-1} = p_T = 0 \in \mathbb{R}^{n+1}$. Im Gegensatz zu der oben eingeführten Buy-and-Hold-Strategie, zu der wir nur ein Portfolio h im Zeitpunkt $t = 0$ gebildet haben (jetzt h_0), besteht nun die Möglichkeit auch in den Zeitpunkten $t = 1, \ldots, T-1$ zu handeln. Durch Kauf und Verkauf einzelner Positionen können wir nun zusätzliche Gewinne generieren. Wir definieren deshalb den Entnahmeprozess bezüglich einer möglichen „Geschichte" von Portfolioanpassungen $h = (h_0, \ldots, h_t)$, welche wir im Folgenden als Handelsstrategie bezeichnen.[23] Die Komponenten h_t^i geben dabei wieder die absoluten Anteile des Wertpapiers i zum Zeitpunkt t an, so dass h aus einer Ansammlung von zeitabhängigen Portfolios besteht. Wir können nun den Entnahmeprozess zum Zeitpunkt t bezüglich einer Handelsstrategie h definieren.

Definition 1.9 (Entnahmeprozess). *Zu einer gegebenen Handelsstrategie $h = (h_0, \ldots, h_{T-1})$ definieren wir den Entnahmeprozess $\delta_t(h)$*

$$\delta_t(h) := (p_t + x_t)' h_{t-1} - p_t' h_t \quad t = 1, \ldots, T.$$

Die obige Formel besteht aus zwei Komponenten. Der Term $(p_t + x_t)' h_{t-1}$ gibt den Wert des Portfolios zum Zeitpunkt t an in Abhängigkeit der geltenden Marktpreise, gewichtet mit dem in der Vorperiode gebildeten Portfolio h_{t-1}. Wir können nun auf Grundlage der in t geltenden Marktpreise eine Anpassung h_t vornehmen (für jedes einzelne Wertpapier). Dabei entspricht $h_t^i < 0$ wieder einem Leerverkauf und $h_t^i > 0$ einer Kaufposition, so dass wir insgesamt $p_t' h_t$ zum Zeitpunkt t zahlen müssen. Die Differenz aus dem ersten und zweiten Term entspricht einem Gewinn im Fall $\delta_t(h) > 0$ oder einem Verlust im Fall $\delta_t(h) < 0$. Ist $\delta_t(h) = 0$ erzielen wir weder Gewinne noch Verluste und sprechen, analog zu Kapitel 1.1.1 (S. 30) von einer Selbstfinanzierung. Da $h_{-1} = h_T = 0$ sind, gilt definitionsgemäß

$$\delta_0(h) := -p_0' h_0 \quad \text{und} \quad \delta_T(h) := x_T' h_{T-1}.$$

Folglich handelt es sich bei $\delta_0(h)$ tatsächlich um eine Einnahme, denn es gilt

$$\delta_0(h) \geq 0 \Leftrightarrow p_0' h_0 \leq 0,$$

was wiederum einem negativen Preis der Handelsstrategie in $t = 0$ entspricht.[24] Da wir nach dem Zeitpunkt $T-1$ keinerlei Anpassungen mehr vornehmen können, entspricht $\delta_T(h)$ dem finalen Wert unseres Gesamtportfolios. Es liegt nun nahe, eine *Handelsarbitrage h*, analog zu einer Arbitrage im statischen Modell durch nichtnegative Entnahmen $\delta_t(h)$ in allen Zeitpunkten zu charakterisieren, wobei die Ungleichung in $t = 0$ strikt sein muss. Im Gegensatz zum Modell unter Unsicherheit, können wir zukünftige Gewinne stets durch den Kauf oder Verkauf der Kuponanleihe in den Zeitpunkt $t = 0$ verschieben.

[23] Wir missbrauchen an dieser Stelle die übliche Terminologie einer Handelsstrategie ein wenig, da der Begriff „Strategie" vor allem den Faktor der Unsicherheit beinhaltet. Ausgehend von einem bestimmten Umweltzustand, bildet der Investor in jeder Folgeperiode seine Portfolioanteile neu. Da in unserem Fall alle Auszahlungen jedoch unter Sicherheit stattfinden, ist die Strategie im Grunde genommen deterministisch. Mit Hinblick auf weitere Modellanpassungen bzgl. Unsicherheit, möchten wir jedoch schon jetzt von einer Strategie sprechen, um nicht ständig die Terminologie wechseln zu müssen.

[24] Im Falle negativer Entnahmen sprechen wir gemeinhin auch von Verlusten. In $t = 0$ entspricht das einem positiven Preis. Wir kaufen also mehr, als wir verkaufen.

Definition 1.10 (Handelsarbitrage). *Wir nennen eine Handelsstrategie $h = (h_0, \ldots, h_{T-1})$ Handelsarbitrage, falls $\delta_t(h) \geq 0$ für $t = 1, \ldots, T$ und $\delta_0(h) < 0$ gilt.*

Wir können nun analog zu Kapitel 1.1.2 einen Fundamentalsatz im Mehrperiodenmodell (unter Sicherheit) herleiten, indem wir das primale Problem

$$\inf_h \; -\delta_0(h) \tag{P}$$
$$\delta_t(h) \geq 0 \quad t = 1, \ldots, T$$

lösen. Es gilt wiederum

Satz 1.11 (Handelsarbitrage). *Es existiert keine Handelsarbitrage h genau dann, wenn für den optimalen Wert $p^* = 0$ gilt in (P).*

Das duale Lagrangeproblem lautet in diesem Fall

$$\sup_\lambda \; \inf_h L(h, \lambda) \tag{D}$$
$$\lambda \geq 0,$$

mit $\lambda = (\lambda_1, \ldots, \lambda_T)$ und

$$L(h, \lambda) := p_0' h_0 - \sum_{t=1}^T \lambda_t \left((p_t + x_t)' h_{t-1} - p_t' h_t \right)$$
$$= p_0' h_0 + \sum_{t=1}^T \lambda_t p_t' h_t - \sum_{t=1}^T \lambda_t \left((p_t + x_t)' h_{t-1} \right)$$

Setzen wir nun $\lambda_0 = 1$. Da $p_T = 0$ ist, folgt

$$p_0' h_0 + \sum_{t=1}^T \lambda_t p_t' h_t = \sum_{t=0}^{T-1} \lambda_t p_t' h_t = \sum_{t=1}^T \lambda_{t-1} p_{t-1}' h_{t-1}$$

und somit

$$L(h, \lambda) = \sum_{t=1}^T \left(\lambda_{t-1} p_{t-1} - \lambda_t (p_t + x_t) \right)' h_{t-1}.$$

Bilden wir weiter das Infimum über alle h_t (unabhängig voneinander) so gilt

$$\inf_h L(h, \lambda) = \inf_h \sum_{t=1}^T \left(\lambda_{t-1} p_{t-1} - \lambda_t (p_t + x_t) \right)' h_{t-1}$$
$$= \sum_{t=1}^T \inf_{h_{t-1}} \left(\lambda_{t-1} p_{t-1} - \lambda_t (p_t + x_t) \right)' h_{t-1}$$
$$= \begin{cases} 0, & \lambda_{t-1} p_{t-1} = \lambda_t (p_t + x_t) \\ -\infty, & \text{sonst,} \end{cases}$$

wodurch sich ein äquivalentes duales Problem (D') ergibt mit

$$\sup_{\lambda} \quad 0 \qquad\qquad (D^*)$$
$$\text{s.t.} \quad \lambda_t \geq 0$$
$$\lambda_{t-1} p_{t-1} = \lambda_t (p_t + x_t) \quad t = 1, \ldots, T.$$

Betrachten wir ausschließlich die Kupon-Anleihe ($i = 0$) mit Nominalpreis $p_t^0 = 1$, erhalten wir

$$\lambda_{t-1} = \lambda_t (1 + r_f) \quad t = 0, \ldots, T$$

und durch iteratives Einsetzen unter Berücksichtigung von $\lambda_0 = 1$

$$\lambda_t = \frac{1}{(1 + r_f)^t} \quad t = 1, \ldots, T$$

und speziell $\lambda_t > 0$, da $r_f > 0$. Somit handelt es sich bei den Lagrangefaktoren, wie auch im statischen Mehrperiodenmodell, um Diskontierungsfaktoren. Weiter folgt, dass das duale Problem äquivalent ist zu

$$\sup_{\lambda} \quad 0 \qquad\qquad (D^*)$$
$$p_{t-1} = \frac{p_t + x_t}{1 + r_f} \quad t = 1, \ldots, T.$$

Somit folgt der zentrale Satz:

Satz 1.12 (Fundamentalsatz im Mehrperiodenmodell unter Sicherheit). *Der Markt ist arbitragefrei genau dann, wenn für alle Bondpreise p_t^i mit $i = 0, \ldots, n$*

$$p_{t-1}^i = \frac{p_t^i + x_t^i}{1 + r_f} \quad t = 1, \ldots, T \qquad (1.5)$$

gilt.

Beweis. Sei d^* der optimale Wert von (D*). Da $h = 0$ eine zulässige Lösung in (P) ist und sowohl (D*) als auch (P) lineare Programme sind, können wir den einzigen Fall, bei dem starke Dualität nicht erfüllt ist ausschließen.[25] Folglich ist $p^* = d^* = 0$ genau dann, wenn die Nebenbedingung in (D*) zulässig ist, was gleichbedeutend ist mit

$$p_{t-1}^i = \frac{p_t^i + x_t^i}{1 + r_f} \quad t = 1, \ldots, T$$

für alle i. □

[25] Vgl. hierzu unsere Anmerkungen zur starken Dualität bei LPs auf S. 38.

Betrachten wir nun die Arbitragegleichung (1.5) für ein fixes i einzeln über alle t, so folgt zunächst für $t = 1$

$$p_0^i = \frac{p_1^i + x_1^i}{1 + r_f}.$$

Da Gleichung (1.5) aber auch für $t = 2$ erfüllt sein muss, ist

$$p_1^i = \frac{p_2^i + x_2^i}{1 + r_f},$$

Den Wert p_1^i können wir in die vorherige Arbitragegleichung von p_0^i einsetzen und erhalten

$$\begin{aligned}p_0^i &= \frac{\frac{p_2^i + x_2^i}{1+r_f} + x_1^i}{1 + r_f} \\ &= \frac{x_1^i}{1 + r_f} + \frac{p_2^i + x_2^i}{(1 + r_f)^2}.\end{aligned}$$

Diesen Iterationsschritt führen wir bis zum Endzeitpunkt T fort und erhalten dadurch die bekannte Kapitalwertformel

$$p_0^i = \sum_{t=1}^{T} \frac{x_t^i}{(1 + r_f)^t}. \quad (1.6)$$

Der faire Preis eines risikofreien Wertpapiers in einem Marktmodell mit mehreren Handelszeitpunkten ergibt sich somit aus der Summe von Barwerten zukünftiger Cashflows.[26] Im Hauptteil machen wir es uns zur Aufgabe obige Kapitalwertformel um (nichtlineare) Steuern zu erweitern.

[26] Vgl. Kruschwitz und Husmann (2012, S. 6).

Exkurs: Martingaltheorie Auch wenn wir im Hauptteil vorwiegend von sicheren Zahlungsreihen (Bonds) ausgehen, möchten wir dennoch, der Vollständigkeit halber, auf das dynamische Mehrperiodenmodell mit riskanten Zahlungsreihen (Stocks) eingehen. Wir weisen aber bereits jetzt darauf hin, dass es nicht die Hinzunahme der Unsicherheit ist, die das zu diskutierende Arbitragemodell verkompliziert, sondern die steuerliche Komponente das eigentliche Problem darstellt. Wenn wir diese Hürde im Hauptteil überwunden haben, ist es aus mathematischer Sicht nur noch eine Abfolge von Standardargumenten, um die Komponente der Unsicherheit in das Modell mit Steuern zu integrieren. Wir verzichten im Folgenden auf formale Herleitungen und verweisen daher auf die Standardliteratur.

Wir möchten ein sehr allgemeines Arbitragemodell vorstellen, dass alle oben behandelten Fälle als Spezialfall beinhaltet.[27] Ziel ist es einen Fundamentalsatz analog zu Satz (1.12) für Wertpapiere zu formulieren, deren zukünftige Auszahlungen nicht mit Sicherheit feststehen. Wir modellieren Unsicherheit durch einen, den typischen Annahmen entsprechenden, Wahrscheinlichkeitsraum. Weiterhin werden wir, wie in der Finanzmathematik üblich, den Begriff des *Martingals* definieren. Unter einem Martingal verstehen wir ein faires Spiel. Wir nennen ein Spiel „fair", wenn der erwartete Gewinn exakt

[27] Es handelt sich um ein stochastisches Standardmodell, das in einer Vielzahl finanzmathematischer Arbeiten verwendet wird. Die folgende Darstellung basiert auf einer Übersicht von Schachermayer (2008).

null Euro beträgt. Der Begriff stammt aus dem Provenzalischen und war im 18. Jahrhundert gebräuchlich für eine Strategie im Glücksspiel, bei der der Spieler im Fall eines Verlusts seinen Einsatz stets verdoppelte, die so genannte *Martingale*. Ein Verweis auf diese Strategie findet sich bereits in den Memoiren des französischen Schriftstellers Giacomo Casanova (1725-1798). In einer englischen Übersetzung von Casanova de Seingalt und Machen (2006, S. 1035) heißt es:

> „Before leaving, M. M. asked me to go to her casino, to take some money and to play, taking her for my partner. I did so. I took all the gold I found, and playing the martingale, and doubling my stakes continuously, I won every day during the remainder of the carnival. I was fortunate enough never to lose the sixth card, and, if I had lost it, I should have been without money to play, for I had two thousand sequins on that card."

Wie bereits Casanova richtigerweise feststellt, ist der Erfolg der Martingal-Strategie bei einem begrenzten Budget nicht garantiert. Im Fall von Budgerestriktionen und Tischlimits kann man sogar zeigen, dass der Erwartungswert des Gewinns im Allgemeinen negativ ist. Grund hierfür ist die positive (oft unterschätzte) Wahrscheinlichkeit eines Totalverlusts.[28]

Im Fall von Aktien ist die Situation vergleichbar. Wir fordern zwar nicht, dass unsere zukünftigen Renditen im Durchschnitt 0% betragen, aber dass die erwarteten Renditen unter einer bestimmten Wahrscheinlichkeitsverteilung $\mathbb{Q}$ stets dem risikofreien Zins entsprechen. Wäre die erwartete Rendite kleiner als der risikofreie Zins, würde vermutlich kein Investor in Aktien investieren, sondern nur in (annähernd) risikofreie Bundeswertpapiere. Wäre hingegen die erwartete Rendite im Schnitt stets größer als der risikofreie Zins, würden Investoren keine Bonds mehr nachfragen.[29]

Um am Beispiel der Aktie zu bleiben, bedeutet die Martingaleigenschaft (ohne Steuern), dass anhand der heute geltenden Informationslage wir davon ausgehen müssen, dass der zukünftige diskontierte Preis (cum dividende) der Aktie im Mittel dem heutigen Preis entspricht.[30] Andernfalls müssten wir davon ausgehen, dass der Kurs der Aktie im Mittel steigt (oder fällt). In diesem Szenario würde eine Kauforder (oder Verkaufsorder) im Mittel zu einem erwarteten Gewinn führen.[31] Letzteres möchten wir natürlich auch unter Unsicherheit ausschließen. Es ist eines der bekanntesten Resultate der jüngeren Finanzwissenschaft, dass diskontierte Aktienpreisprozesse der Martingaleigenschaft genügen genau dann, wenn der Markt arbitragefrei ist (Fundamentalsatz unter Unsicherheit). Dabei müssen wir explizit zwischen der subjektiven Einschätzung $\mathbb{P}$ und der rein synthetischen, vom Markt implizierten, Einschätzung $\mathbb{Q}$ unterscheiden. Einzelne Investoren können auf Grund ihrer Informationslage zwar

---

[28] Diese schmerzliche Erfahrung musste wohl auch Casanova selbst machen. Auf S. 1083 heißt es weiter:
„I still played on the martingale, but with such bad luck that I was soon left without a sequin. As I shared my property with M. M. I was obliged to tell her of my losses, and it was at her request that I sold all her diamonds, losing what I got for them; she had now only five hundred sequins by her. There was no more talk of her escaping from the convent, for we had nothing to live on! I still gamed, but for small stakes, waiting for the slow return of good luck."
Die geplanten Fluchtpläne mit seiner Geliebten musste Casanova vorzeitig begraben. Er lernte zudem eine weitere wichtige Lektion, die wir bereits zu Beginn dieses Kapitels vorgestellt haben – Geld liegt in der Regel nicht auf der Straße. Im Fall des Glücksspiels ist die Lektion sogar etwas schärfer. In der Regel sind die Spiele so gestaltet, dass es sich nicht um ein faires Spiel handelt. Beim Roulette, zum Beispiel, führt die Einführung der grünen Null dazu, dass die Gewinnchancen rot bzw. schwarz zu treffen etwas kleiner als 50% sind (exakt 18/37). In der Regel gewinnt also das Kasino. Wäre das Spiel jedoch fair im Sinne einer Erfolgswahrscheinlichkeit von 50% pro Wurf und gebe es keinerlei Budgetrestriktionen auf beiden Seiten (weder für Spieler noch für das Kasino), dann kann man zeigen, dass nach einer festen Anzahl von Würfen der kumulierte Spielgewinn ein Martingal ist. Lässt man hingegen Stoppzeiten in die Strategie einfließen, z.B. „aufhören mit der Martingal-Strategie, sobald man einmal gewonnen hat", dann erhält man einen sicheren Gewinn. Kein Wunder also, dass viele Kasinos nur eine begrenzte Anzahl von Verdopplungen zulassen.

[29] Empirische Ergebnisse, wie die von Mehra und Prescott (1985) deuten jedoch darauf hin, dass Aktientitel mittel- bis langfristig im Schnitt höhere Renditen abwerfen als Bonds. Forscher bezeichnen dieses Phänomen seither als *Equity Premium Puzzle*.

[30] In diesem Sinne ist die erwartete Differenz des heutigen Preises zum diskontierten Preis von morgen wiederum Null.

[31] Im Fall eines zu erwartenden Gewinns sprechen wir auch von einem *Submartingal*. Bei einem erwartenden Verlust sprechen wir von einem *Supermartingal*.

davon ausgehen, dass der Preis der Aktie überdimensional steigt in Zukunft. Die Einschätzung, die den diskontierten Preisprozess der Aktie zu einem Martingal macht, ist in der Regel jedoch nicht $\mathbb{P}$, sondern $\mathbb{Q}$. Diesen Zusammenhang formulieren wir nun in einem stochastischen Modell.

Es sei $\mathbb{T} \subset [0, T]$ eine beliebige Zeitmenge. Ist zum Beispiel $\mathbb{T} = \{0, 1, 2, \ldots, T\}$, so nennen wir das Modell *diskret*. Gilt hingegen $\mathbb{T} = [0, T]$, nennen wir das Modell *stetig* oder *kontinuierlich*.

Ohne Einschränkung existiere ein Bond mit normierten Preisprozess $p_t^0 \equiv 1$ für $t \in \mathbb{T}$.[32] Der Preisprozess *cum dividende* der n riskanten Titel (Stocks) sei gegeben durch einen $\mathbb{R}^n$ wertigen stochastischen Prozess $(S_t)_{t \in \mathbb{T}}$ definiert über einem filtrierten Wahrscheinlichkeitsraum $(\Omega, \mathcal{F}, (\mathcal{F}_t)_{t \in \mathbb{T}}, \mathbb{P})$. Mit Ω bezeichnen wir einen allgemeinen Zustandsraum. Die Menge möglicher Zukunftsszenarien $\mathcal{F}$ ist eine σ-Algebra[33] und $(\mathcal{F}_t)_{t \in \mathbb{T}}$ eine Familie von sub-σ-Algebren mit

$$\mathcal{F}_s \subset \mathcal{F}_t \subset \mathcal{F}$$

für alle Zeitpunkte $s < t$, sowie

$$F_T = \sigma\left(\bigcup_{t \in \mathbb{T}} \mathcal{F}_t\right)$$

also der Gesamtheit aller von $\mathcal{F}_t$ erzeugten σ–Algebren. Unter der Filtration $(\mathcal{F}_t)_{t \in \mathbb{T}}$ stelle man sich eine aufsteigende Informationsmenge vor. Das können alle bis in t zur Verfügung stehende Informationen sein, wie Kursverläufe, Ad-Hoc-Meldungen, Bilanzen oder Halbjahresberichte.

Weiter erfülle die Filtration die sonstigen „üblichen" Bedingungen wie Vollständigkeit, also

$$\forall N \in \mathcal{F}: \mathbb{P}(N) = 0 \Rightarrow N \in \mathcal{F}_0$$

sowie Rechtsstetigkeit, d.h.

$$\mathcal{F}_t = \bigcap_{s>t} \mathcal{F}_s \quad 0 \leq t < T.$$

Vollständigkeit heißt, dass alle Zukunftsszenarien mit Wahrscheinlichkeit 0 (auch Nullmengen genannt) schon heute bekannt sind. Rechtsstetigkeit ist eine eher technische Annahme, die besagt, dass unser Informationsstand in t sich aus der Schnittmenge aller zukünftigen Informationsmengen ergibt. Oft betrachtet man für $\mathcal{F}_t$ auch die durch den Preisprozess $(S_t)_{t \in \mathbb{T}}$ induzierte σ–Algebra gegeben durch

$$\mathcal{F}_t = \sigma(\mathcal{S}_s \mid 0 \leq s \leq t).$$

Das Wahrscheinlichkeitsmaß $\mathbb{P}$ ist wiederum die subjektive Wahrscheinlichkeit, also eine Meinungseinschätzung zukünftiger Preisentwicklungen eines einzelnen Investors. Der $\mathbb{R}^{n+1}$ wertige Preisprozess

[32] In der Finanzmathematik ist es üblich, Preisprozesse, ob stochastisch oder nicht, mit Großbuchstaben zu notieren. Wir möchten die Konvention an dieser Stelle beibehalten, um die Nähe zur Standardliteratur zu wahren. Wir notieren aber nicht, wie in einer Vielzahl ökonomischer Arbeiten üblich, die betrachteten Zufallsvariablen extra mit einer Tilde, also $\tilde{S}$ statt S, da sich die Unsicherheit direkt aus dem Kontext ergibt.

[33] Das bedeutet, $\mathcal{F}$ ist in der Menge aller Teilmengen von Ω (auch Potenzmenge genannt) enthalten und es gilt

(i) $\Omega \in \mathcal{F}$ (alle Umweltszenarien sind enthalten),

(ii) $F \in \mathcal{F} \Rightarrow F^c \in \mathcal{F}$ (alle Komplementärereignisse sind auch enthalten) und

(iii) für $\mathcal{F}_n \in \mathcal{F}$, $n \in \mathbb{N} \Rightarrow \bigcup_{n \in \mathbb{N}} \mathcal{F}_n \in \mathcal{F}$ (abzählbare Vereinigungen sind enthalten).

$S = (S_t)_{t \in \mathbb{T}}$ ist eine Funktion $S \colon \Omega \times [0,T] \to \mathbb{R}^{n+1}$, so dass S_t bezüglich $\mathcal{F}_t$ messbar ist für alle $t \in \mathbb{T}$. Ohne auf die genaue Definition einzugehen, bedeutet Messbarkeit nichts anderes als, dass die Zufallsvariable S_t auch tatsächlich in t beobachtet werden kann.[34] In diesem Fall sprechen wir auch von einem *adaptierten* Preisprozess S.

Wir definieren nun eine Handelsstrategie H analog zu den vorherigen Kapiteln. Wir fixieren eine endliche Anzahl von möglichen Handelszeitpunkten $0 = t_0 < t_1 \ldots, t_m = T$ in denen ein Investor die Möglichkeit besitzt zu handeln und je nach Szenario sein Portfolio umzugestalten.[35] Die Portfolioanteile, die ein Investor im Zeitraum $(t_{j-1}, t_j]$ für $j = 0, \ldots, m$ hält, ist gegeben durch die Zufallsvariable $H_{t_{j-1}} = \bigl(H_{t_{j-1}}(\omega)\bigr)_{\omega \in \Omega}$. Da wir nur Bruchteile nach Veröffentlichung der Information in $t-1$ reagieren können, ist es sinnvoll anzunehmen, dass $H_{t-1} \in \mathbb{R}^{n+1}$ messbar (beobachtbar) bezüglich $\mathcal{F}_{t-1}$ ist. Der Entnahmeprozess bezüglich der Handelsstrategie $H = (H_{t_j})_{j \in \{0,1,\ldots,m\}}$ ist wiederum

$$\delta_j(h) := H_{t_{j-1}} \cdot S_{t_j} - H_{t_j} \cdot S_{t_j} \quad j = 0, \ldots, m,$$

wobei wir mit dem Punktoperator „·" in diesem Fall das Skalarprodukt meinen, gegeben durch

$$H_{t-1} \cdot S_t := \sum_{i=0}^{n} H_{t-1}^i S_t^i \quad t \in \mathbb{T}.$$

Wiederum gelte $H_{-1} = H_T = 0$ ist. Wir betrachten ohne Einschränkung selbstfinanzierende Handelsstrategien mit $\delta_j(h) = 0$ für $j = 0, \ldots, m-1$. In diesem Fall gilt

$$\delta_T(H) = \sum_{j=1}^{m} H_{t_{j-1}}(S_{t_j} - S_{t_{j-1}}) \tag{1.7}$$

und wir definieren eine Arbitragegelegenheit H durch

$$\delta_T(H) \geq 0 \quad f.s. \quad \text{und} \quad \mathbb{P}(\delta_T(H) > 0) > 0,$$

wobei $f.s.$ für fast sicher steht, also mit Ausnahme etwaiger Nullmengen.[36] Setzen wir

$$H(\omega) = \sum_{j=1}^{m} H_{t_{j-1}}(\omega) \mathbf{1}_{(t_{j-1}, t_j]}$$

wobei $\mathbf{1}_{(t_{j-1}, t_j]}(\omega)$ eine Indikatorfunktion ist mit Wert 1, wenn $t_j \in (t_{j-1}, t_j]$ ist, und 0 sonst.[37] Somit können wir Gleichung (1.7) als ein stochastisches Integral ansehen, das gegeben ist durch

$$\int_0^T H_t dS_t := \sum_{j=0}^{m} H_{t_{j-1}}(S_{t_j} - S_{t_{j-1}}).$$

[34] Für die formale Definition von Messbarkeit verweisen wir auf Lehrbuchwissen wie z.B. in Elstrodt (2005, S. 85 ff) dargestellt.

[35] Man beachte, dass es sich bei den einzelnen Zeitpunkten auch um eine aufsteigende Sequenz von Stoppzeiten handeln könnte. In diesem Fall sind die einzelnen Zeitpunkte, zu denen gehandelt werden kann, unsicher. Hierfür müssten wir dann im Folgenden Semimartingale statt Martingale betrachten. Der Einfachheit halber gehen wir deshalb davon aus, dass die Zeitpunkte $t_0, \ldots, t_m$ deterministisch sind.

[36] Manchmal findet man in der Literatur auch die Abkürzung a.s. für *almost surely*.

[37] Man beachte hierbei, dass es sich bei obiger Form um eine Treppenfunktion handelt. Treppenfunktionen sind in der Maßtheorie unabdingbar, um eine allgemeinere Integrationstheorie als die von Riemann zu formulieren.

Ökonomisch betrachtet setzt sich das Integral aus den (zufälligen) kumulierten Einzelgewinnen in den Perioden $(t_{j-1}, t_j]$ bezüglich der Strategie H zusammen.[38]

Wie bereits eingangs erwähnt, müssen wir statt der subjektiven Wahrscheinlichkeit $\mathbb{P}$ die Existenz eines zweiten zu $\mathbb{P}$ äquivalenten Wahrscheinlichkeitsmaßes $\mathbb{Q}$ nachweisen.

Definition 1.13 (Äquivalentes Wahrscheinlichkeitsmaß). *Wir nennen ein Wahrscheinlichkeitsmaß $\mathbb{Q}$ äquivalent zu $\mathbb{P}$ falls beide Maße dieselben Nullmengen besitzen, also*

$$\mathbb{P}(A) = 0 \Leftrightarrow \mathbb{Q}(A) = 0$$

gilt, für ein $A \in \mathcal{F}$.

[38] Formal handelt es sich bei dem Integral um ein so genanntes Stieltjes-Integrals.

Erwartungswerte bezüglich $\mathbb{P}$ bezeichnen wir mit $E_\mathbb{P}[\cdot]$, Erwartungen bezüglich $\mathbb{Q}$ bezeichnen wir mit $E_\mathbb{Q}[\cdot]$. Bei allgemein gültiger Verwendung des Erwartungswertes schreiben wir $E[\cdot]$.

Kommen wir nun zur fundamentalen Definition eines Martingals.

Definition 1.14 (Martingal). *Wir nennen einen bezüglich $(\mathcal{F}_t)_{t \in \mathbb{T}}$ adaptierten $\mathbb{R}^n$ wertigen stochastischen Prozess $M = (M_t)_{t \in \mathbb{T}}$ ein Martingal, falls $E[M_t] < \infty$ ist für alle t, und*

$$E[M_t \mid \mathcal{F}_s] = M_s$$

für alle $s < t$ gilt, wobei $E[\cdot \mid \mathcal{F}_t]$ den bedingten Erwartungswert bzgl. der Informationsmenge $\mathcal{F}_t$ angibt.

Ist die Anzahl möglicher Zukunftsszenarien $\omega \in \Omega$ beschränkt, so konnten Harrison und Pliska (1981) als erstes die Existenz eines zu $\mathbb{P}$ äquivalenten Martingalmaßes im arbitragefreien Markt nachweisen.

Theorem 1.15 (Fundamentalsatz für endliche Zustandsräume). *Der Markt ist arbitragefrei genau dann, wenn ein zu $\mathbb{P}$ äquivalentes Wahrscheinlichkeitsmaß $\mathbb{Q}$ existiert, so dass der Preisprozess S ein Martingal bezüglich $\mathbb{Q}$ ist.*

Beweis. Für einen Beweis siehe Harrison und Pliska (1981). □

Analog zu Satz 1.4 bezeichnen $\mathbb{Q}$ wiederum als risikoneutrale Wahrscheinlichkeit, da im Falle eines Bonds mit periodischen Zinszahlungen $r_f > 0$ die bezüglich $\mathbb{Q}$ bedingte erwartete Rendite des Preisprozess S exakt

$$\frac{E_\mathbb{Q}[S_{t_{j+1}} \mid \mathcal{F}_{t_j}]}{S_{t_j}} - 1 = r_f$$

beträgt für alle $j = 0, \ldots, m$.[39]

[39] Zu Illustrationszwecken sind wir wieder von der Annahme ausgegangen, dass die periodengerechten Zinszahlungen konstant sind.

Möchten wir den Fundamentalsatz der Preistheorie auf allgemeinere Zustandsräume ausweiten, in denen die Anzahl der Elemente von Ω nicht notwendigerweise beschränkt ist, muss man zusätzlich voraussetzen, dass der Preisprozess S ein Semimartingal ist.[40] Das ist keine zu starke Einschränkung, da bekannte stochastische Prozesse wie der Wiener-Prozess, Poisson-Prozesse und insbesondere Ito-Prozesse zu der Klasse von Semimartingalen gehören.[41] In diesem Fall müssen wir analog zu Kreps (1981) den Arbitragebegriff etwas verfeinern.

Definition 1.16 (Free Lunch). *Der Preisprozess S bietet eine* free lunch*-Möglichkeit, falls eine Zufallsvariable $f \in L_+^\infty(\Omega, \mathcal{F}, \mathbb{P})$ mit $\mathbb{P}(f > 0) > 0$ sowie ein Netz $(f_\alpha)_{\alpha \in I} = (g_\alpha - h_\alpha)_{\alpha \in I}$ existieren, so dass*

$$g_\alpha = \int_{t \in \mathbb{T}} H_t^\alpha dS_t$$

für eine zulässige Handelsstrategie H^α mit $h_\alpha \geq 0$ ist, und $(f_\alpha)_{\alpha \in I}$, bezüglich der Schwach-*-Topologie von $L_+^\infty(\Omega, \mathcal{F}, \mathbb{P})$ gegen f konvergiert.

In diesem Fall lautet ein entsprechender Fundamentalsatz (für beschränkte) Preisprozesse S:

Theorem 1.17 (No Free Lunch). *Der Markt bietet kein* free lunch *genau dann, wenn es ein zu $\mathbb{P}$ äquivalentes Wahrscheinlichkeitsmaß $\mathbb{Q}$ gibt, so dass S ein Martingal bezüglich $\mathbb{Q}$ ist.*

Beweis. Für einen Beweis siehe Kreps (1981). □

Leider lassen sich Netze und Schwach-*-Topologien im Allgemeinen nur sehr schwer ökonomisch motivieren.[42] Wie Delbaen und Schachermayer (1998) jedoch zeigen, kann man im obigen Satz unter bestimmten Voraussetzungen $(f_\alpha)_{\alpha \in I}$ durch eine Folge $(f_n)_{n \in \mathbb{N}}$ ersetzen. In diesem Fall benutzen die Autoren die Bezeichnung *no free lunch with vanishing risk*. Die Bedingung kann man ökonomisch wie folgt motivieren. Investoren sind bereit einen beliebig kleinen Verlust in Kauf zu nehmen, für eine positive Wahrscheinlichkeit strikt positiver Gewinne in der Zukunft.

Möchte man zudem unbeschränkte Preisprozesse zulassen, spricht man im obigen Satz auch nicht mehr von einem Martingal, sondern von einem σ-Martingal und es gilt ein sehr allgemein gehaltener Fundamentalsatz.[43]

Theorem 1.18 (Allgemeiner Fundamentalsatz). *Der Markt bietet kein* free lunch with vanishing risk *genau dann, wenn es ein zu $\mathbb{P}$ äquivalentes Wahrscheinlichkeitsmaß $\mathbb{Q}$ gibt, so dass S ein σ-Martingal bezüglich $\mathbb{Q}$ ist.*

---

[40] Für eine genau Definition siehe Revuz und Yor (1999).

[41] Um genau zu sein, ist die Klasse der Semimartingalen sogar die größte Klasse für die wir überhaupt einen stochastischen Prozess integrieren können. Wie Delbaen und Schachermayer (1994) zeigen, existieren für allgemeinere Klassen von Preisprozessen, die nicht als Semimartingal darstellbar sind, stets eine Arbitragemöglichkeit.

[42] Wir werden deshalb auch gar nicht erst den Versuch unternehmen das Konzept von Netzen und Schwach-*-Topologie ausreichend zu formalisieren.

[43] Formal ist ein σ-Martingal ein Semimartingal X, für das ein strikt positiver Prozess Φ existiert, so dass $\Phi \cdot X-$ integrierbar und $\Phi \cdot X$ ein lokales Martingal ist, d.h. bezüglich einer unbeschränkten und aufsteigenden Folge von Stoppzeiten ein Martingal ist.

Beweis. Für einen Beweis siehe Delbaen und Schachermayer (1998).

□

Die Auswirkungen der Martingaltheorie sind weitreichend. Besonders im Bereich der zeitstetigen Optionspreisbewertung liefert eine Anwendung der Martingaltheorie die berühmten Black/Scholes-Formeln als Spezialfall.[44]

[44] Siehe hierzu Black und Scholes (1973). Vergleichbare Ansätze finden sich bereits 73 Jahre vorher in der Doktorarbeit von Bachelier (1900) dessen Doktorvater der französische Mathematiker Henri Poincaré war. Leider schaffte es Poincaré damals nicht die Ideen seines Schülers bekannt zu machen, weshalb die Arbeit mehr oder weniger in Vergessenheit geriet. Das soll u.a. auch auf einen Streit mit Paul Lévy zurückzuführen sein, der damals einen Ruf von Louis Bachelier an die Universität von Dijon verhindert haben soll. Im Nachhinein entschuldigte sich Lévy jedoch bei Bachelier. Siehe hierzu ein Interview mit Bernard Bru erschienen in Geman (2002).

1.2 Status Quo: Arbitragepreistheorie mit linearen Steuern

Ziel dieser Arbeit ist es, analog zu Satz 1.12 einen Fundamentalsatz für nichtlineare (konvexe) Steuersysteme im Mehrperiodenmodell unter Sicherheit herzuleiten. Ist uns dies gelungen, können wir lineare Steuersysteme als Spezialfall gleichermaßen erklären. Der Grund, warum wir es trotzdem für sinnvoll erachten kurz auf den Status Quo linearer Steuersysteme einzugehen, liegt darin, dass die von uns entwickelten Preisformeln zu nichtlinearen Steuersystemen eine starke Analogie zu bereits bekannten Formeln linearer Steuersysteme aufweisen (siehe Kapitel 4.2).

In einer Vielzahl finanztheoretischer Arbeiten geht man davon aus, dass Steuern das Produkt aus einer klar definierbaren Bemessungsgrundlage BMG_t und einem, von der Bemessungsgrundlage unabhängigen, Steuersatz τ_t sind, wobei τ_t üblicherweise zwischen 0% und 100% liegt. Die gesetzlich vorgeschriebene Steuerschuld zum Zeitpunkt t beschreibt somit eine *lineare* Funktion $T_t(\cdot)$ in Abhängigkeit der Bemessungsgrundlage BMG_t gegeben durch

$$T_t(BMG_t) = \tau_t \cdot BMG_t.$$

In dieser Arbeit betrachten wir einen hypothetischen Investor, der sein Vermögen am Bondmarkt investiert. Die Bemessungsgrundlage zum Zeitpunkt $t = 1, \ldots, T$ bildet das zu versteuernde Einkommen aus Kapitaleinkünften, bezeichnet mit zvE_t.[45] Kern des zu versteuernden Einkommens bilden die Brutto-Cashflows x_t und Preise p_t der $n+1$ Bonds, in Abhängigkeit der jeweiligen Handelsstrategie h_{t-1}, wobei wir die gleiche Notation wie in Kapitel 1.1.1 verwenden. Allerdings entspricht das zu versteuernde Einkommen weder unmittelbar den Brutto-Cashflows, noch den Preisen aus denen unser Investor Kapitaleinkünfte bezieht, also *nicht* dem kompletten Brutto-Einkommen $(p_t + x_t)'h_{t-1}$. Vielmehr ergibt sich die Steuerschuld in t aus einer Vielzahl von gesetzlich klar geregelten Einzelbestimmungen. Die Summe der Einzelgrundlagen bildet dabei den Kern der Gesamt-Bemessungsgrundlage BMG_t. Um diese Gesamt-Bemessungsgrundlage formal greifbar zu machen, benutzen wir das so genannte Standardmodell einer Gewinnsteuer.[46]

Als Brutto-Cashflows betrachten wir alle Zahlungen, die den Anteilseignern zufließen. Das sind z.B. Zinsen in Form von festen Kupon-Zahlungen r_f. Es gibt jedoch Zahlungen, die nicht die Eigenschaft von Zinsen aufweisen und nicht Gegenstand der Einkommensteuer sind (z.B. Kapitalrückzahlungen). Solche Zahlungen müssen wir von den Brutto-Cashflows abziehen. Die eigentliche Bemessungsgrundlage – das zu versteuernde Einkommen – errechnet sich somit aus den Brutto-Cashflows x_t, welche um einen Abzug a_t bereinigt

[45] Zur gesetzlichen Grundlage im deutschen Steuerrecht siehe §20 EStG.

[46] Siehe hierzu z.B. Schneider (1992, S. 224-229), Schneeloch (2002, S. 213-216) oder Kußmaul (2006, S. 150-154) sowie Bieg und Kußmaul (2009, S. 159) und Kruschwitz (2014, S. 137 ff).

werden. Wir bezeichnen a_t auch als verallgemeinerte (steuerliche) Abschreibung.[47]

Formal stellen wir die verallgemeinerte Abschreibung durch die Veränderung der Buchwerte des betrachteten Wirtschaftsgutes im Zeitablauf dar. Hierzu führen wir die Variable b_t ein. Es gilt somit:

$$a_t := b_{t-1} - b_t \quad t = 1, \ldots, T.$$

Ist $a_t < 0$, bezeichnet man obige Abschreibung auch als Zuschreibung. Das ist immer dann erfüllt, wenn der Buchwert in der aktuellen Periode gegenüber der Vorperiode gestiegen ist. Wir möchten nun den Gewinn $g_t(h)$ des Investors zum Zeitpunkt t gemäß des Standardmodells bemessen. Demnach ist

$$zvE_t = g_t(h) := (x_t - a_t)'h_{t-1}.$$

Die Steuerschuld $T_t(\cdot)$ in Abhängigkeit des erzielten Gewinns beträgt im linearen Modell dann

$$\begin{aligned}T_t(g_t(h)) &= \tau_t(x_t - a_t)'h_{t-1} &&\text{(Definition einer linearen Steuer)}\\ &= \tau_t(x_t + (b_t - b_{t-1}))'h_{t-1}. &&\text{(Definition von } a_t\text{)}\end{aligned}$$

Für Finanztitel geht man typischerweise davon aus, dass die Buchwerte b_t in allen Zeitpunkten den Marktpreisen p_t entsprechen.[48] Nehmen wir beispielhaft an, dass der Investor in $t-1$ einen Bond j zum Preis p_{t-1}^j kauft, was einem Portfolioanteil von $h_{t-1}^j = 1$ entspricht. Eine Periode später verkauft der Investor den Bond gleich wieder. Steigt der Preis des Bonds, zum Beispiel, von 100 auf 110 und macht der Investor den kompletten Gewinn steuerlich geltend, dann erhöht sich die Einzelbemessungsgrundlage aus dem j-ten Titel zum Zeitpunkt t neben den Bond spezifischen Cashflows x_t^j um

$$-a_t = b_t - b_{t-1} = p_t - p_{t-1} = 110 - 100 = 10.$$

In diesem Fall handelt es sich bei $a_t = -10$ um eine Zuschreibung. Fällt der Preis des Bonds von 100 auf 90, und macht der Investor wieder den kompletten Verlust innerhalb einer Periode geltend, dann reduziert sich die Bemessungsgrundlage auf Grund der steuerlichen Abschreibung um den Betrag

$$a_t = b_{t-1} - b_t = 100 - 90 = 10.$$

In der Realität verfolgen Investoren jedoch *keine* Buy-and-Hold-Strategie, sondern bauen ihre Portfoliopositionen stückweise auf oder veräußern nach und nach einige Anteile, weshalb wir im Folgenden statt der Preisdifferenzen p_{t-1} und p_t nur die verallgemeinerten Abschreibungen a_t betrachten werden. Auf diese Weise können wir eine

[47] Es sei jedoch an dieser Stelle angemerkt, dass die Nähe zum Begriff „Abschreibung" im Sinne der externen Rechnungslegung nur bedingt gegeben ist.

[48] Vgl. Kruschwitz und Löffler (2006, S. 150).

Vielzahl möglicher steuerlicher Sonderregelungen in das Modell einfließen lassen. Im Fall $h_{t-1}^j < 0$, zum Beispiel, handelt es sich bei j-ten Bond um eine Kreditaufnahme und der Investor muss neben Zinszahlungen auch Tilgungszahlungen leisten, die ebenfalls berücksichtigt werden müssen. Entschließt sich der Investor in $t-1$ z.B. einen Kredit zum Nominalbetrag $b_{t-1}^j > 0$ und Zins r_f aufzunehmen und innerhalb einer Periode komplett zurückzuzahlen ($b_t = 0$), dann entspricht die Bemessungsgrundlage des j-ten Titels zum Zeitpunkt t

$$zvE_t^j := (x_t^j - a_t^j)h_{t-1}^j = \left((1+r_f)b_{t-1} - (b_{t-1}-0)\right)h_{t-1}^j = r_f b_{t-1}^j h_{t-1}^j < 0.$$

Diese Einzelbemessungsgrundlage wirkt mildernd auf die Gesamtbemessungsgrundlage des Investors, da

$$zvE_t = (x_t - a_t)'h_{t-1} = \sum_{i=0, i \neq j}^n (x_t - a_t)^i h_{t-1}^i + \underbrace{(x_t - a_t)^j h_{t-1}^j}_{<0}$$

gilt. Übersteigt die Summe negativer Bemessungsgrundlagen aus Krediten und Kursverlusten die Summe positiver Bemessungsgrundlagen, erhält der Investor im linearen Modell einen sofortigen Verlustausgleich in Höhe von $-\tau_t zvE_t > 0$.

Wir halten fest: Cashflows x_t, Preise p_t und Abschreibungen a_t sind in unserem Modell exogene Größen, die entweder vom Markt oder vom Gesetzgeber klar vorgeschrieben sind.[49] Die einzige „Stellschraube", an der unser Investor drehen kann, ist die Handelsstrategie $h = (h_0, \ldots, h_{T-1})$, also die Zusammensetzung der Portfolioanteile zum Zeitpunkt t. Ohne Angabe der konkreten Berechnungsvorschriften der Komponenten x_t, p_t und a_t, können wir dennoch Aussagen darüber treffen, wie der Investor sein Netto-Einkommen in t, gegeben durch

$$\begin{aligned} n_t(h) &:= (p_t + x_t)'h_{t-1} - T(g_t(h)) \\ &= (p_t + x_t)'h_{t-1} - \tau_t(x_t - a_t)'h_{t-1} \\ &= p_t'h_{t-1} + (1-\tau_t)x_t'h_{t-1} + \tau_t a_t'h_{t-1}, \end{aligned}$$

optimieren könnte.

[49] Unser Investor ist somit kein *Pricemaker*, sondern ein *Pricetaker*.

Der Investor kann im dynamischen Modell sein Portfolio in jedem Zeitpunkt t neu anpassen und Gewinne aus Kurssteigerungen oder Kupon-Zahlungen zu Konsumzwecken entnehmen. Der Netto-Entnahmeprozess in t beträgt daher

$$\begin{aligned} \delta_t(h) &= (p_t + x_t)'h_{t-1} \underbrace{- T_t((g_t(h))}_{\text{neu}} - p_t'h_t \\ &= (p_t + x_t)'h_{t-1} - \tau_t(x_t - a_t)'h_{t-1} - p_t'h_t \\ &= (p_t + (1-\tau_t)x_t + \tau_t a_t)'h_{t-1} - p_t'h_t. \end{aligned}$$

Alle in ROT gezeichneten Symbole entsprechen dabei den neu hinzugefügten Parameterwerten gegenüber dem Modell von Kapitel 1.1.1, die den Einfluss linearer Steuern hervorheben. Wir setzen als 0-ten Titel wiederum eine Standardkupon-Anleihe mit Preisprozess $p_t^0 = 1$ und Cashflows $x_t^0 = r_f$ für $t = 0, \ldots, T-1$ voraus. Zum Endzeitpunkt T ist $p_T^0 = 0$ und es gilt $x_T^0 = 1 + r_f$. Die Abschreibungen betragen $a_t^0 = 0$ für $t = 0, \ldots, T-1$ und $a_T^0 = 1$. Analog zum Modell ohne Steuern definieren wir eine Arbitragegelegenheit durch:

Definition 1.19 (Steuerliche Handelsarbitrage im linearen Modell). *Wir nennen eine Handelsstrategie $h = (h_0, \ldots, h_{T-1})$ eine steuerliche Handelsarbitrage, falls $\delta_t(h) \geq 0$ für $t = 1, \ldots, T$ und $\delta_0(h) < 0$ gilt.*[50]

Der Markt ist arbitragefrei nach Steuern, wenn keine steuerliche Handelsarbitrage existiert. Wir können nun analog zu Satz 1.12 einen Fundamentalsatz unter Berücksichtigung von linearen Steuern herleiten.

Satz 1.20 (Fundamentalsatz mit linearen Steuern). *Der Markt ist arbitragefrei genau dann, wenn für alle Wertpapierpreise p_t^i mit $i = 0, \ldots, n$*

$$p_{t-1}^i = \frac{p_t^i + (1-\tau_t)x_t^i + \tau_t a_t^i}{1 + r_f(1-\tau_t)} \quad t = 1, \ldots, T \tag{1.8}$$

gilt.

Beweis. Wir definieren wieder das primale Problem

$$\inf_h \quad -\delta_0(h) \tag{P}$$
$$\delta_t(h) \geq 0 \quad t = 1, \ldots, T$$

mit Optimalwert p^*. Analog zu Satz 1.11 zeigt man, dass keine steuerliche Handelsarbitrage h existiert, genau dann wenn $p^* = 0$ gilt. Das duale Lagrangeproblem ist gegeben durch

$$\sup_\lambda \quad 0 \tag{D*}$$
$$\text{s.t.} \quad p_{t-1} = \frac{p_t + (1-\tau_t)x_t + \tau_t a_t}{1 + r_f(1-\tau_t)} \quad t = 1, \ldots, T.$$

Sei d^* der optimale Wert von (D*). Da $h = 0$ zulässig ist, gilt wiederum $d^* = p^*$ (starke Dualität) und wir erhalten

$$p^* = 0 \Leftrightarrow p_{t-1} = \frac{p_t + (1-\tau_t)x_t + \tau_t a_t}{1 + r_f(1-\tau_t)} \quad t = 1, \ldots, T.$$

□

Analog zur Herleitung von Gleichung (1.6), können wir nun durch iteratives Einsetzen die bekannte Kapitalwertformel nach Steuern herleiten.[51] Es gilt:

[50] Im Folgenden werden wir nicht immer den Begriff einer *steuerlichen Handelsarbitrage* verwenden. Im Hauptteil sprechen wir dann nur noch allgemein von einer *Arbitrage*.

[51] Vgl. hierzu etwa Ross (1987, S. 380) im Fall ohne Abschreibungen, oder Kruschwitz (2014, S. 145) für die Erweiterung mit verallgemeinerten Abschreibungen.

$$p_0^i = \sum_{t=1}^{T} \frac{(1-\tau_t)x_t^i + \tau_t a_t^i}{\prod_{s=1}^{t}(1+r_f(1-\tau_t))^s} \quad i = 1,\ldots,n. \tag{1.9}$$

Im Fall arbitragefreier Märkte ergeben sich somit die heutigen Marktpreise als diskontierte Netto-Cashflows, wobei der Netto-Diskontierungsfaktor in t gegeben ist durch

$$\frac{1}{\prod_{s=1}^{t}(1+r_f(1-\tau_s))},$$

welches in diesem Fall den Netto-Barwert eines zukünftigen Euros angibt.

Beispiel 1.21 (Arbitragefreie Zero-Bondpreise im 2-Perioden-Modell). *Betrachten wir einen Zero-Bond mit Endfälligkeit $T = 2$ und Cashflows $x_1^1 = 0$ und $x_2^1 = (1+r_f)^2$ sowie Abschreibungen $a_1^1 = 0$ und $a_2^1 = 1$ (Buy-&-Hold). Nach Preisgleichung (1.8) ergeben sich arbitragefreie Preise von*

$$p_0^1 = \frac{(1+r_f)^2 - \tau_1(r_f^2 + 2r_f)}{(1+r_f(1-\tau_1))(1+r_f(1-\tau_2))} \quad und \quad p_1^1 = \frac{(1+r_f)^2 - \tau_2(r_f^2 + 2r_f)}{1+r_f(1-\tau_2)}. \tag{1.10}$$

Für $\tau_1 = \tau_2 = 0.25$ und $r_f = 0.1$ ergeben sich z.B. die Preise $(p_0^1, p_1^1) = (1.002, 1.077)$, was einer Abweichung von $+0.2$ Cent in der ersten Komponente und -0.23 Cent in der zweiten Komponente vom arbitragefreien Preis $(1, 1.1)$ vor Steuern entspricht.[52] Differentiation nach τ_t liefert, dass p_0^1 c.p. sinkt mit steigenden Steuersätzen τ_1, τ_2 und analog sinkt c.p. der Preis p_1^1 mit steigendem Steuersatz τ_2. In beiden Fällen ist der fallende Preis mit einer Verminderung der Netto-Renditen auf Grund von Steuerzahlungen ökonomisch zu begründen.

Mit Hilfe der obigen Vorgehensweise können wir jeden weiteren Bond am Markt, unter der Prämisse einer linearen Besteuerung, bewerten.

---

[52] Hierzu setze man $\tau_1 = \tau_2 = 0$ in Preisgleichung (1.10) ein.

2
Konvexe Steuersysteme

2.1 Grenz- und Durchschnittssteuersatz

Wir möchten im Folgenden „Steuern" so allgemein wie möglich diskutieren. Hierzu bedarf es einer exakten mathematischen Modellierung der Begriffe *Steuerschuld*, *Bemessungsgrundlage* und *Steuertarif*. Zu diesem Zweck bezeichnen wir mit der Variable x die Bemessungsgrundlage einer Steuer.[1] Die Steuerschuld werde durch eine Funktion $T : \mathbb{R} \to \mathbb{R}$ charakterisiert.[2] Die Steuerschuldfunktion, oder kurz Steuerfunktion, ist auch für negative Bemessungsgrundlagen definiert, da auch Verluste der Besteuerung unterliegen sollen. Wir wollen nun eine Reihe von zweckmäßigen Eigenschaften einer Steuerfunktion aufzählen:

Wir werden im Folgenden immer voraussetzen, dass ohne Einkommen keine Steuern zu zahlen sind, oder

$$T(0) = 0 \tag{2.1}$$

gilt. Eine solche Annahme ist deshalb zweckmäßig, weil sinnvollerweise die zu zahlende Steuer das erhaltene Bruttoeinkommen nicht übersteigen sollte, d.h. für alle Bemessungsgrundlagen $x \geq 0$ sollte immer $T(x) \leq x$ erfüllt sein.[3] Im Fall $T(0) < 0$ würde sich bereits durch reines Nichtstun eine Arbitragegelegenheit ergeben, da dann die Netto-Entnahme $0 - T(0) > 0$ wäre. Will man jedoch explizit den Zusammenhang von Steuern und Arbitragegelegenheiten untersuchen, müssen solche offensichtlichen Arbitragemöglichkeiten von vornherein ausgeschlossen werden.[4]

Oft verwendet man bei der Analyse von Steuern Termini wie Tarif oder Durchschnittssteuersatz.

Definition 2.1 (Durchschnittssteuersatz). *Ein Durchschnittssteuersatz (auch Steuertarif) ist jede Funktion $t(\cdot) \colon \mathbb{R} \setminus \{0\} \to \mathbb{R}$, für die*

$$T(x) = t(x) \cdot x \tag{2.2}$$

gilt.

---

[1] Das wird für unsere Zwecke später das zu versteuernde Einkommen (zvE) sein, welches sich aus den Einkünften aus Kapitalvermögen (i.e. Cashflows) sowie der abzuziehenden, steuerlich klar definierten, Abschreibungen ergibt.

[2] Es gilt also für den Definitionsbereich von $T(\cdot)$

$$\mathbf{dom}(T) := \{x \in \mathbb{R} \mid T(x) < \infty\} = \mathbb{R}.$$

Somit ist die Funktion für jede Bemessungsgrundlage endlich, was in der Realität mit Sicherheit erfüllt ist. Wir schließen etwaige Sprungstellen, für die sich rein theoretisch eine zu zahlende Steuerschuld von ∞ ergeben würden, von vornherein aus. Gleiches gilt für Fälle mit $T(x) = -\infty$. Allerdings wird sich zeigen, dass die noch zu treffende Annahme der Konvexität automatisch diese Fälle ausschließt (siehe hierzu insbesondere die Anmerkung zu Gleichung (1.1.1) auf S. 211 in Hiriart-Urruty und Lemaréchal (2001)). Insbesondere wird sich zeigen, dass jede konvexe Funktion durch eine affin-lineare Funktion beschränkt ist. In diesem Fall sagt man auch, dass die Steuerfunktion *proper convex* also normal/ordentlich konvex ist.

[3] Das formale Argument wird sich aus der (noch zu treffenden) Annahme von Grenzsteuersätzen kleiner als 100% ergeben sowie der Stetigkeit von $T(\cdot)$, die wiederum unmittelbar aus der noch vorauszusetzenden Konvexität folgt.

[4] Gilt $T(0) < 0$, so spricht man von einer negativen Einkommensteuer. Derartige negative Einkommensteuern wurden schon früh propagiert. Erste Ansätze hierzu finden sich bereits in Cournot (1938), Rhys-Williams (1953, S. 128) und (entgegen einiger Behauptungen) erst später in Friedman (1963).

Für $x = 0$ ist der Tarif zunächst nicht definiert. Aus konventionellen Gründen wollen wir im Folgenden voraussetzen, dass für den Tarif stets $t(x) \in [0,1)$ gilt.[5] Es sei an dieser Stelle angemerkt, dass in der betriebswirtschaftlichen Steuerlehre häufig von *Tariffunktionen* gesprochen wird. In diesem Fall meinen wir jedoch *nicht* die Funktion des Tarifs $t(\cdot)$, sondern die, dem Tarif zugehörige, Steuerschuldfunktion $T(\cdot)$.

[5] Obwohl sich auch diese Annahme unmittelbar aus der Höhe der Grenzsteuersätze ableiten lässt.

Der Grenzsteuersatz gibt die marginale Zusatzbesteuerung im Verhältnis zu einer marginalen Einkommenserhöhung an.

Definition 2.2 (Grenzsteuersatz). *Der Grenzsteuersatz* $T'(\cdot)\colon \mathbb{R} \to \mathbb{R}$ *für eine Bemessungsgrundlage* x_0 *ist gegeben durch*

$$T'(x_0) := \lim_{x \to x_0} \frac{T(x) - T(x_0)}{x - x_0} = \lim_{h \to 0} \frac{T(x_0 + h) - T(x_0)}{h},$$

sofern dieser Grenzwert eindeutig existiert.

Da Steuerschuldfunktionen im Allgemeinen auf den vollen Euro gerundet werden, ist eine „gute" Approximation für den Grenzsteuersatz die zusätzliche steuerliche Belastung bei einer Einkommenserhöhung von 1€. In diesem Fall gilt

$$T'(x_0) \approx T(x_0 + 1) - T(x_0).$$

Wir können dabei nicht ohne Weiteres voraussetzen, dass die Steuerfunktion T überall differenzierbar ist – wenn etwa der Steuersatz springt. Ein typisches Beispiel ist eine Steuer mit Freibetrag F der Form

$$T(x) = \tau \max(x - F, 0).$$

Die Steuer greift, sobald das zu versteuernde Einkommen den Freibetrag überschreitet. Der den Freibetrag überschreitende Betrag $x - F$ wird dann mit einem konstanten Steuersatz τ multipliziert. Für Einkommen unterhalb des Freibetrags zahlen wir gar keine Steuern, d.h. $T(x) = 0$ für $x \leq F$.

Abbildung 2.1 zeigt ein Beispiel mit $\tau = 0.25$ und $F = 1$.

Die Steuer ist nicht differenzierbar an der Stelle F, da in diesem Fall

$$T'_-(F) = \lim_{x \uparrow F} \frac{T(x) - T(F)}{x - F} = 0$$

und

$$T'_+(F) = \lim_{x \downarrow F} \frac{T(x) - T(F)}{x - F} = 0.25$$

nicht übereinstimmen. Folglich kann der Grenzwert in Definition 2.2 nicht existieren. Man nennt die beiden Grenzsteuersätze T'_- und T'_+ auch links- und rechtsseitiger Grenzsteuersatz. Wir werden das Konzept weiter unten noch genauer erläutern. Graphisch lassen

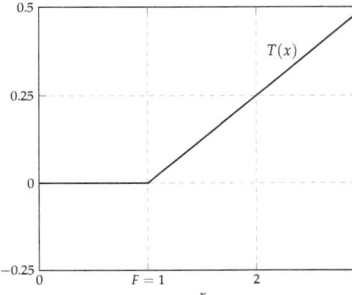

Abbildung 2.1: Beispiel einer nichtdifferenzierbaren Steuerfunktion

sich Nichtdifferenzierbarkeitsstellen anhand eines „Knicks" in der Steuerfunktion identifizieren, wie in Abbildung 2.1 zu sehen ist.

Wir hatten weiter oben vorausgesetzt, dass der Durchschnittssteuersatz nichtnegativ und kleiner als 100 % ist. Das gilt üblicherweise auch für den Grenzsteuersatz. Allerdings gibt es durchaus Anwendungsfälle im nationalen Steuerrecht, für die dieser Zusammenhang nicht erfüllt ist.[6]

Zu guter Letzt wollen wir annehmen, dass die Anzahl der Nichtdifferenzierbarkeitsstellen, für die also der Grenzwert in Definition 2.2 nicht existiert, endlich ist. Konvexe Funktionen haben die bekannte Eigenschaft, dass die Anzahl der Knickstellen höchstens abzählbar unendlich ist. Diese Aussage wird beispielsweise in Zajíček (2007) bewiesen. Die Annahme ist für alle globalen Steuersysteme erfüllt, da typischerweise die Steuerfunktionen für ausreichend kleine und große Bemessungsgrundlagen affin-linear verlaufen, d.h. jeweils konstante Grenzsteuersätze aufweisen. Wir wollen jedoch darauf hinweisen, dass unsere Theorie auch für Fälle von rein fiktiven Steuersystemen gilt, bei denen die zu Grunde liegende Steuerfunktion streng monoton wächst, ohne den Grenzsteuersatz von 100% jemals zu überschreiten.[7]

2.2 Lineare versus affine Steuerschuldfunktion

Der einfachste Fall einer Steuerfunktion liegt vor, wenn wir es, wie in Kapitel 1.2, mit einer linearen Funktion zu tun haben. In der Literatur wurden diese Steuerfunktionen intensiv untersucht, weil der notwendige mathematische Apparat von dem Kalkül ohne Steuern sehr wenig abweicht. Daher wollen wir mit der gebotenen Kürze auf diese Steuerfunktionen eingehen, um uns dann allgemeineren (nichtlinearen) Steuerschuldfunktionen zuzuwenden.

Wir nennen eine Steuerfunktion *linear*, falls für zwei beliebige Bemessungsgrundlagen x, y und einem beliebigen Vielfachen $a \in \mathbb{R}$ stets:

$$T(ax + y) = a \cdot T(x) + T(y) \qquad (2.3)$$

gilt. Im Fall linearer Steuerfunktionen ist die Steuer ohne Einkommen gleich null, da

$$T(0) = T(0 \cdot x) = 0 \cdot T(x) = 0$$

gilt. Setzen wir $\tau := T(1)$ und fordern $\tau \in [0, 1)$ dann folgt, dass lineare Steuerfunktionen (auch proportionale Steuerfunktionen genannt) von der Form

$$T(x) = T(1 \cdot x) = T(1) \cdot x = \tau x$$

sind.[8] Der Großteil unserer Arbeit beschäftigt sich jedoch mit nichtli-

[6] Die OECD hat in ihrem Bericht OECD (2006, S. 65) Fälle zusammen getragen, bei denen nach einer Einkommenssteigerung ein effektiver Steuersatz (inklusive weiteren Transferleistungen) von über 100 % anfällt. Das ist beispielsweise in Deutschland (2015) der Fall für Alleinerziehende oder verheiratete Alleinverdienerhaushalte mit 2 Kindern, deren Verdienst von 50 % auf 55 % des Durchschnittseinkommens ansteigt. Weitere Beispiele für so genannte Tarifverwerfungen finden sich zum Beispiel in Hechtner (2015) im Fall der Besteuerung von außerordentlichen Einkünften (Fünftelregelung gemäß §34 EStG).

[7] Als Beispiel betrachte man z.B. die Funktion

$$T(x) = \ln \cosh(x).$$

[8] Wir inkludieren den Fall ohne Steuern, indem wir $\tau = 0$ als möglichen Steuersatz zulassen.

nearen Steuern. Wir nennen eine Steuer deshalb *nichtlinear*, wenn für die Steuerfunktion Eigenschaft (2.3) nicht erfüllt ist.

Im Falle linearer Steuern stimmen für alle Bemessungsgrundlagen Grenz- und Durchschnittsteuersätze überein. Diese Bedingung ist für stetige Steuerfunktionen sowohl notwendig als auch hinreichend.

Satz 2.3 (Lineare Steuerfunktion). *Sei $T: \mathbb{R} \to \mathbb{R}$ differenzierbar. Dann ist T linear genau dann, wenn Grenz- und Durchschnittssteuersatz zusammenfallen, d.h. wenn*

$$t(x) = T'(x)$$

für alle x erfüllt ist.

Beweis. Die notwendige Bedingung ist trivial. Zum Beweis der hinreichenden Bedingung muss die Differentialgleichung

$$T(x) = x \cdot T'(x)$$

gelöst werden, die als einzige Lösung lineare Funktionen besitzt. Man beachte, dass in diesem Fall der Tarif auch in $x = 0$ sogar definiert ist, da aufgrund der vorausgesetzten Differenzierbarkeit mit Hilfe von De L'Hospital

$$t(0) = \lim_{x \to 0} \frac{T(x)}{x} = T'(0)$$

folgt. □

Somit ist eine (differenzierbare) Steuer nichtlinear genau dann, wenn es mindestens eine Bemessungsgrundlage gibt, für die Grenz- und Durchschnittssteuersatz nicht übereinstimmen, d.h. es gilt $t(x) \neq T'(x)$ für mindestens ein x.

Viele Länder besitzen Steuersysteme, bei denen die Grenzsteuersätze verschiedene Werte annehmen können; man spricht auch von einem Stufentarif. In allgemeinerer Form können wir diese Steuerfunktionen wie folgt notieren: Wir zerlegen den Definitionsbereich in mehrere disjunkte Teilintervalle $I_1, \ldots, I_c$. Die Steuerfunktion ist dann für jedes der Teilintervalle durch eine affine Funktion gegeben, i.e.

$$T(x) = \sum_{k=1}^{c} 1_{I_k}(x) \cdot (\tau_k x + b_k),$$

wobei I_k eine Indikatorfunktion ist mit $1_{I_k}(x) = 1$ falls $x \in I_k$ und 0 sonst. Die Koeffizienten τ_k, b_k sind dabei typischerweise so gewählt, dass die Steuerfunktion insgesamt stetig verläuft. Diese Art von Steuern bezeichnen wir im Folgenden auch als *stückweise (affin-)linear*.[9] Derartige Steuerfunktionen finden wir u.a. in der französischen oder

[9] Nicht zu verwechseln mit linearen Steuern, da im Allgemeinen nicht $T(x+y) = T(x) + T(y)$ erfüllt ist für zwei unterschiedliche Bemessungsgrundlagen $x \neq y$.

amerikanischen Einkommensteuer. Abbildung 2.2 veranschaulicht den Verlauf eines Stufentarifs am Beispiel der Amerikanischen *Federal Income Tax* von 2014. Wie man sieht, steigen Grenz- und Durchschnittssteuersätze jeweils monoton an und für positive Einkommen verläuft der Durchschnittssteuersatz stets unterhalb des Grenzsteuersatzes.

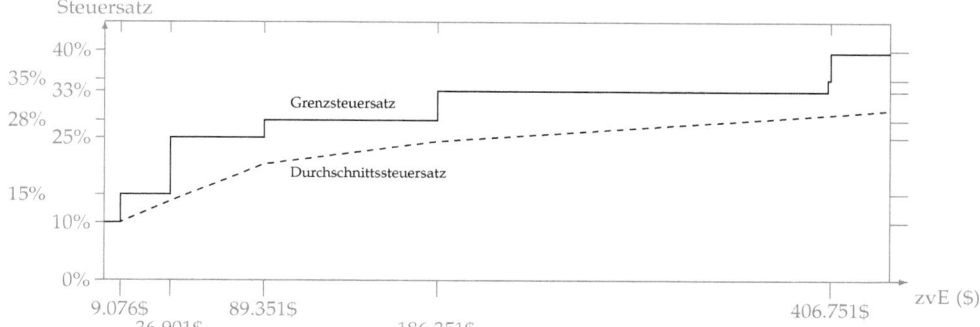

Abbildung 2.2: Durchschnitts– und Grenzsteuersätze der US-amerikanischen Einkommensteuer 2006 (*Federal Income Tax*).

Es zeigt sich, dass Stufentarife mit nicht fallenden Grenzsteuersätzen τ_k insbesondere zu der Klasse konvexer Steuerfunktionen zählen, auf die wir im nächsten Kapitel genauer eingehen werden.

2.3 Konvexe Steuerschuldfunktion

Wir werden uns in dieser Arbeit fast ausschließlich auf *konvexe* Steuerschuldfunktionen konzentrieren. Das setzt voraus, dass wir Konvexität definieren und von nun an für die Steuerschuldfunktion auch unterstellen werden.

Definition 2.4 (Konvexe Steuerfunktion). *Die Steuerschuldfunktion $T(\cdot)$ ist konvex, falls für $0 \leq \lambda \leq 1$ und $x, y \in \mathbb{R}$*

$$T(\lambda x + (1-\lambda)y) \leq \lambda T(x) + (1-\lambda)T(y) \qquad (2.4)$$

erfüllt ist.

Für stetige Steuerfunktionen kann die Konvexität logisch äquivalent durch die etwas schwächere Forderung

$$T(x) + T(y) - 2T\left(\frac{x+y}{2}\right) \geq 0 \qquad (2.5)$$

beschrieben werden.[10] Konvexität einer Steuerfunktion hat eine sehr intuitive Interpretation im deutschen Steuerrecht. Hierzu betrachten

[10] Dies entspricht der Ungleichung (2.4) mit $\lambda = \frac{1}{2}$. Dass Konvexität bei stetigen Funktion durch diese Gleichung definiert werden kann, hat bereits der Begründer der Theorie konvexer Funktionen, Johan Ludwig Jensen, im Jahre 1906 in seinem Aufsatz mit dem Titel „Sur les fonctions convexes et les inégalités entre les valeurs moyennes" nachgewiesen.

wir das so genannte Ehegattensplitting (gemäß §32a Abs. 5 EStG). Nach dem Ehegattensplitting können statt der tatsächlichen Einkünfte eines Ehepaares die Durchschnittswerte bestimmt und dann nach dem normalen Einkommensteuertarif gemäß §32a EStG besteuert werden. Wegen der Progression der Einkommensteuer erzielt das Ehepaar so eine Steuerersparnis. Die in (2.5) genannte Ungleichung bestimmt genau die Höhe dieser Steuerersparnis. Demzufolge sind beim deutschen Recht Konvexität der Steuerfunktion und Vorteil durch Ehegattensplitting ein und dasselbe.

Betrachten wir hierzu ein kleines Rechenbeispiel: Angenommen ein Ehepartner habe ein jährliches Brutto-Einkommen (Angaben in €) von $x = 0$ und der besser verdienende Ehepartner verfüge über ein Brutto-Einkommen von $y = 50.000$. Bei Einzelveranlagung ergibt sich für den Veranlagungszeitraum 2014 nach §32a Abs. 1 EStG eine Gesamtsteuerbelastung (exklusive Soli) von

$$T(0) + T(50.000) = 0 + 12.780 = 12.780.$$

Bei gemeinsamer Veranlagung gem. §32a Abs. 5 EStG beträgt die Steuerlast nur

$$2\,T\!\left(\tfrac{0+50.000}{2}\right) = 2\,T(25.000) = 8.078,$$

und somit ergibt sich ein Steuervorteil von insgesamt 4.702. Verdienen beide Ehepartner hingegen 25.000 jährlich, so beträgt der Steuervorteil 0, da in diesem Fall kein Unterschied zwischen Einzelveranlagung und der Veranlagung des Durchschnittseinkommens existiert. Abbildung 2.3 fast die Idee einer konvexen Steuerfunktion noch einmal zusammen.

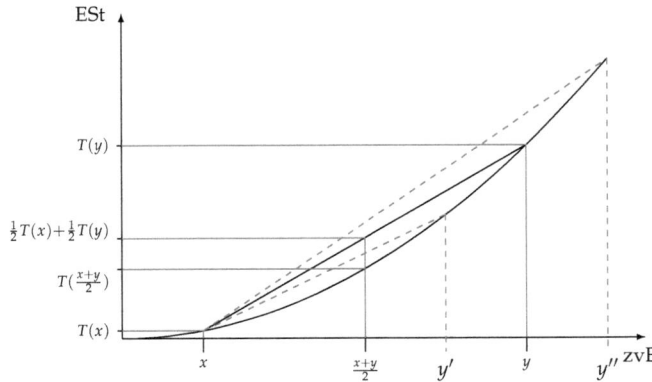

Wie man sieht, verläuft die Verbindungslinie von $T(x)$ und $T(y)$ stets oberhalb des Graphen der Steuerfunktion. Diese Bedingung ist

Abbildung 2.3: Konvexität am Beispiel des Ehegattensplittings (§32a Abs. 5 EStG).

sowohl hinreichend als auch notwendig für eine konvexe Funktion. Betrachten wir nun für eine gegebenes Einkommen x explizit die Steigung der Verbindungslinie von $T(x)$ zu $T(y)$, gegeben durch

$$s_x(y) := \frac{T(y) - T(x)}{y - x}$$

und wählen zwei weitere Bemessungsgrundlagen $y' < y < y''$ (siehe Abbildung 2.3) stellen wir fest, dass für die Steigungen jeweils

$$s_x(y') < s_x(y) < s_x(y'')$$

erfüllt ist. Folglich ist $s_x(\cdot)$, ausgehend von einer beliebigen Bemessungsgrundlage x, monoton wachsend für alle $y \neq x$.[11] Diese Eigenschaft bezeichnet man auch als *Increasing-Slope-Eigenschaft*. Die Increasing-Slope-Eigenschaft ist ebenfalls sowohl notwendig als auch hinreichend für die Konvexität einer Steuerfunktion.[12] Im Fall des Ehegattensplittings wäre das äquivalent zu der Aussage, dass stets

$$s_x(\tfrac{x+y}{2}) \leq s_x(y)$$

für Bemessungsgrundlagen $y \geq x$ gilt.

Sehr viele Steuersysteme weisen die Eigenschaft auf, dass der Durchschnittssteuersatz $t(x)$ monoton wachsend in der Bemessungsgrundlage x ist. Diese Monotonie ist darauf zurückzuführen, dass der Gesetzgeber höhere Einkommen stärker als niedrigere Einkommen besteuern möchte; man spricht auch vom „Leistungsfähigkeitsprinzip" oder „vertikaler Steuergerechtigkeit" und nennt entsprechende Tarifverläufe progressiv.[13]

Definition 2.5 (Progressive Steuersysteme). *Wir nennen eine Steuer $T(\cdot) \colon \mathbb{R} \to \mathbb{R}$ progressiv genau dann, wenn der zugehörige Tarif $t(\cdot)$ monoton wächst auf $\mathbb{R} \setminus \{0\}$.*

Häufig unterscheidet die Literatur auch zwischen *direkter* und *indirekter* Progression. Am deutschen Steuerrecht ist diese Unterteilung sehr anschaulich zu erklären. Tritt die Progression auf Grund von Freibeträgen auf, nennen wir die Progression indirekt. Liegt die Progression in den ansteigenden Grenzsteuersätzen begründet, wie zum Beispiel im Einkommensteuertarif des §32a EStG, dann nennen wir die Progression direkt.

Man könnte denken, dass Konvexität und Progression logisch äquivalent wären, dies ist jedoch nicht der Fall.

In der Tat folgt aus der Konvexität einer Steuer die Progression, da wegen der Increasing-Slope-Eigenschaft

$$\frac{T(x) - T(0)}{x - 0} = t(x) \qquad (2.6)$$

[11] Würden wir y im Falle der Differenzierbarkeit gegen x laufen lassen, würden wir wiederum $T'(x)$ erhalten.

[12] Für ein formales Argument siehe hierzu Proposition 6.1 in Hiriart-Urruty und Lemaréchal (2001, S. 15).

[13] Vgl. Homburg (2010, S. 8-9). In diesem Zusammenhang spricht man ferner auch vom „Äquivalenzprinzip".

auf $\mathbb{R} \setminus \{0\}$ monoton wächst.

Das nachfolgende Beispiel zeigt aber, dass progressive Steuersysteme existieren, die nicht konvex sind. Hierzu betrachten wir die Funktion $T\colon \mathbb{R} \to \mathbb{R}$ mit

$$T(x) = \begin{cases} 0, & x \leq \sqrt{2}, \\ \frac{1}{2}x - \frac{1}{x}, & \text{sonst.} \end{cases}$$

In diesem Fall ist $t(x)$ gegeben durch (der Tarif ist in $x = 0$ nicht definiert)

$$t(x) = \begin{cases} 0, & x \leq \sqrt{2}, x \neq 0 \\ \frac{1}{2} - \frac{1}{x^2}, & \text{sonst.} \end{cases}$$

Wie Abbildung (2.4) verdeutlicht, ist $t(\cdot)$ zwar monoton wachsend, aber die Steuerschuld $T(\cdot)$ ist nicht konvex. Insofern ist eine konvexe Steuerfunktion eine etwas stärkere Forderung als ein progressiver Tarifverlauf.[14]

[14] Oder anders ausgedrückt. Die Menge der konvexen Steuerschuldfunktionen ist eine echte Teilmenge der Menge der Steuerfunktionen mit progressiven Tarif. Für progressive Tarife gelten die folgenden Aussagen im Allgemeinen nicht, da wir nicht die Existenz eines (noch zu definierenden) Subgradienten voraussetzen können.

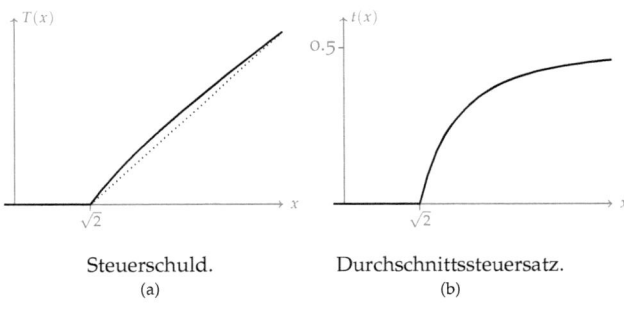

| Steuerschuld. | Durchschnittssteuersatz. |
| (a) | (b) |

Abbildung 2.4: Beispiel einer progressiven Steuerfunktion, die nicht konvex ist.

Im Falle der Differenzierbarkeit folgt, dass Konvexität von $T(\cdot)$ gleichzusetzen ist mit der Monotonie des Grenzsteuersatzes:

Satz 2.6 (Konvexität). *Ist $T\colon \mathbb{R} \to \mathbb{R}$ differenzierbar, dann ist $T(\cdot)$ konvex genau dann, wenn die Funktion des Grenzsteuersatzes $T'(\cdot)$ monoton wachsend ist.*

Beweis. Für einen Beweis siehe Hiriart-Urruty und Lemaréchal (2001, Theorem 4.14 S. 112-113). □

Für den Fall, dass $T(\cdot)$ an einzelnen Stellen x nicht differenzierbar ist, werden wir im nächsten Kapitel den Ableitungsbegriff von $T'(x)$ verallgemeinern und durch den Begriff des Subdifferentials $\partial T(x)$ ersetzen. Graphisch bildet das Subdifferential die Verbindungslinie zwischen links- und rechtsseitigem Grenzsteuersatz. In diesem Fall gilt analog zum obigen Satz, dass für alle $x < y$ auch $g_x \leq g_y$ folgt, wobei g_x und g_y jeweils Elemente von $\partial T(x)$ bzw. $\partial T(y)$ sind.

Wir werden die Komponenten g_x und g_y auch als Subgradienten an der Stelle x bzw. y bezeichnen.

Man muss sich klar machen, dass wir durch die Annahme der Konvexität Stufentarife ausschließen, die Sprünge des Grenzsteuersatzes nach „unten" aufweisen. Das kann zum Beispiel passieren, wenn durch das Zusammenspiel zweier Steuergesetze die Grenzsteuersätze in einem Teilintervall, in dem beide Tarifregelungen greifen, zu höheren Grenzsteuersätzen führen, als ohne diese Regelung.

Sehr deutlich lässt sich das am Beispiel des Solidaritätszuschlags erklären. Bis zu einem zu versteuerndem Einkommen von 13.470 € im Jahr (2014) gilt zunächst der normale ESt-Tarif gemäß §32a (1) EStG. Das entspricht einer zu zahlenden Einkommensteuer von ungefähr 973 €.[15] Innerhalb der Gleitzone von einem zvE von 13.470 € bis 14.720 € rechnet man mit einem zusätzlichen Hebesatz von 20% auf die nach §32a berechnete Steuerschuld, bis die Einkommensteuer ca. 1334 € beträgt. Nach Überschreiten der Gleitzone greift gemäß §4 Satz 1 SolzG 1995 der normale Solidaritätszuschlag von 5,5% indem die Einkommensteuer um den Faktor 1,055 multipliziert wird. Durch diese Regelung innerhalb der Gleitzone springt der Grenzsteuersatz von ca. 24% auf 27% an, wie in Abbildung 2.5 zu sehen ist. Danach steigt der Grenzsteuersatz linear an bis ca. 29%. Nach Verlassen der Gleitzone fällt der Grenzsteuersatz wieder auf 26% ab. In diesem Fall ist die ESt nicht mehr konvex in der Bemessungsgrundlage, da das Abfallen des Grenzsteuersatzes bei einem zvE von 14.729 € der Increasing-Slope-Eigenschaft widerspricht.

[15] Vgl. Hechtner (2014, S. 134) sowie Baumgarten (2012, S. 388-392) zur Wirkung des Solidaritätszuschlags.

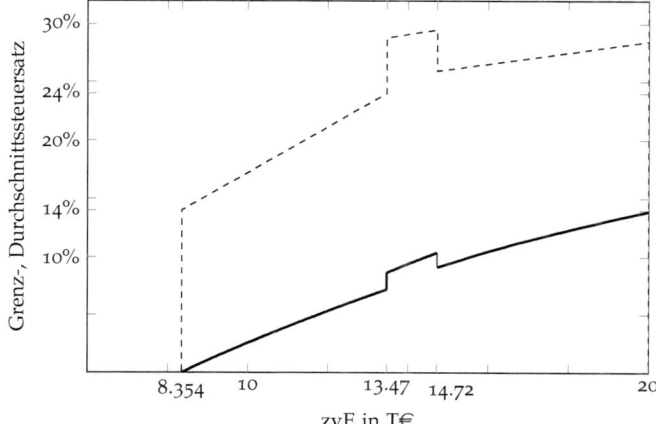

Abbildung 2.5: Durchschnitts- (schwarz) und Grenzsteuersätze (gestrichelt) des Einkommensteuertarifs 2014.

Abschließend möchten wir noch einmal alle vorausgesetzten Eigenschaften einer Tariffunktion zusammentragen.

Annahme 2.7. *Die Steuerfunktion $T\colon \mathbb{R} \to \mathbb{R}$ erfülle folgende Voraussetzungen:*

- *Konvexität,*
- *keine Steuerschuld in null ($T(0) = 0$),*
- *Grenz- und Durchschnittssteuersätze liegen zwischen 0 und 100 Prozent,*
- *es gibt nur eine endliche Anzahl von Knickstellen.*

Die obigen Eigenschaften werden wir von nun an für den restlichen Verlauf dieser Arbeit voraussetzen.

2.4 Subdifferential, Subgradient und konjugierte Steuerfunktion

Wie bereits erwähnt gibt es sehr viele Steuersysteme mit Stufentarif. Stufentarife besitzen jedoch die Eigenschaft, dass sie an den Stellen wechselnder Grenzsteuersätze typischerweise einen Knick aufweisen. In diesem Fall ist die Steuerfunktion, wie eben beschrieben, nicht mehr differenzierbar. Es gilt deshalb den Ableitungsbegriff für konvexe Funktionen zu verallgemeinern. Hierzu betrachten wir den einfachsten Fall eines Stufentarifs bei dem Gewinne anders besteuert werden als Verluste. Einen solchen Tarif kann man durch die Steuerfunktion

$$T(x) = \tau_{0-} \cdot \min(x,0) + \tau_{0+} \cdot \max(x,0) \qquad (2.7)$$

beschreiben. Abbildung 2.6 zeigt eine Einkommensteuerfunktion vom Typ (2.7), bei der Verluste mit $\tau_{0-} = 10\,\%$ und Gewinne mit $\tau_{0+} = 25\,\%$ besteuert werden. Die Steuerfunktion ist konvex und an der Stelle $x = 0$ nicht differenzierbar. Da die Knickstelle im Ursprung liegt, fallen bei dieser Funktion bis auf die Bemessungsgrundlage $x = 0$ der Durchschnitts- und der Grenzsteuersatz zusammen.

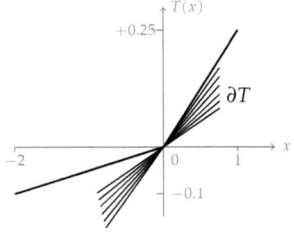
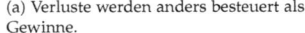

(a) Verluste werden anders besteuert als Gewinne.

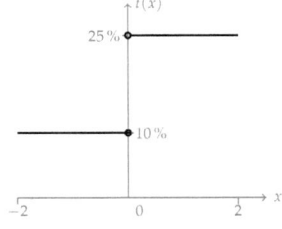

(b) Grenz- und Durchschnittssteuersatz sind identisch.

Abbildung 2.6: Beispiel einer stückweise linearen Einkommensteuerfunktion mit $\tau_{0-} = 10\,\%$ und $\tau_{0+} = 25\,\%$.

Betrachtet man die Abbildung (a), so gibt es nicht nur eine, sondern mehrere Geraden mit einem Anstieg aus dem Intervall $[\tau_{0-}, \tau_{0+}]$, die man als „Tangente" an die Steuerfunktion bezeichnen könnte. Abbildung (a) veranschaulicht sechs dieser Anstiege. Man spricht nun nicht mehr von *der* Tangente, sondern untersucht stattdessen *alle möglichen* Anstiege.

Die Menge aller möglichen Anstiege wird *Subdifferential* genannt, die so definierte „erste Ableitung" ist dann nicht mehr eine Zahl, sondern eine Menge von Zahlen (und bei konvexen Tarifverläufen immer ein Intervall). In der Theorie der konvexen Analysis verwendet man hierfür die Schreibweise $\partial T(\cdot)$. Das Subdifferential ist also die Menge derjenigen Anstiege, die tangential an einen Punkt gezeichnet werden können. Ein Standardresultat aus der Theorie endlichdimensionaler konvexer Funktionen ist, dass für jedes x die Menge $\partial T(x) \neq \emptyset$ ist, sowie eine kompakte konvexe Menge beschreibt.[16] Sollte $T(\cdot)$ sogar differenzierbar an der Stelle x sein, so fallen Subdifferential und Tangente zusammen; es gilt dann also $\partial T(x) = \{T'(x)\}$. Wir entlehnen die formale Definition eines Subdifferentials der konvexen Analysis.[17]

Definition 2.8 (Subdifferential und Subgradient). *Das Subdifferential einer konvexen Steuerfunktion $T(\cdot)$ an der Stelle x ist gegeben durch die folgende Menge reeller Zahlen*

$$\partial T(x) := \{g \in \mathbb{R} \mid \forall y \quad T(y) \geq T(x) + g(y-x)\}. \quad (2.8)$$

Ein Element $g \in \partial T(x)$ bezeichnet man auch als Subgradienten von $T(\cdot)$ an der Stelle x.

Für eindimensionale konvexe Steuerfunktionen können wir das Subdifferential einfach durch Kenntnis des links- und rechtsseitigen Differenzenquotienten beschreiben.

Definition 2.9 (Links- und Rechtsseitige Ableitung). *Der links- und rechtsseitige Differenzenquotient wird beschrieben durch*

$$T'_-(x_0) := \lim_{x \uparrow x_0} \frac{T(x) - T(x_0)}{x - x_0} = \sup_{x < x_0} \frac{T(x) - T(x_0)}{x - x_0}$$

bzw.

$$T'_+(x_0) := \lim_{x \downarrow x_0} \frac{T(x) - T(x_0)}{x - x_0} = \inf_{x > x_0} \frac{T(x) - T(x_0)}{x - x_0}.$$

Es folgt $g \in \partial T(x_0)$ genau dann, wenn

$$T'_-(x_0) \leq g \leq T'_+(x_0) \quad (2.9)$$

erfüllt ist.[18]

Zuletzt benötigen wir für unsere Überlegungen den Begriff der konjugierten Steuerfunktion oder kurz Konjugierte. Insbesondere wird der Definitionsbereich, für den diese konjugierte Funktion definiert ist, für uns von großer Relevanz sein.

[16] Siehe Folgerungen aus Theorem 1.2.2 in Hiriart-Urruty und Lemaréchal (2001, S. 168).

[17] Siehe zum Beispiel Hiriart-Urruty und Lemaréchal (2001, S. 167) sowie Rockafellar (1997, S. 214-215).

[18] Vgl. Hiriart-Urruty (1993, S. 22). Das obige Ergebnis kann man auch auf höher dimensionale Funktionen verallgemeinern. Hierzu muss man allerdings noch den Begriff der *directional derivative* einführen, wie z.B. in Hiriart-Urruty und Lemaréchal (2001, S. 164-166) sowie Rockafellar (1997, S. 227-229) beschrieben. Für unsere Zwecke genügt es jedoch den eindimensionalen Fall zu betrachten.

Definition 2.10 (Konjugierte Steuerfunktion). *Die konjugierte Steuerfunktion $T^*(\cdot)$ zur Steuerschuldfunktion $T(\cdot)$ ist gegeben durch*

$$T^*(\tau) := \sup_{x \in \mathbb{R}} \tau x - T(x).$$

Der Definitionsbereich, auf dem diese konjugierte Funktion endlich ist, bezeichnen wir mit $\textbf{dom}(T^*) = \{\tau \mid T^*(\tau) < \infty\}$.

Die konjugierte Steuerfunktion ist auf ihrem Definitionsbereich stets konvex.[19] Aus der Definition der Konjugierten folgt direkt die bekannte Fenchel-Ungleichung

[19] Siehe Rockafellar (1997, S. 104).

$$T^*(\tau) \geq \tau x - T(x) \quad \forall x. \tag{2.10}$$

Man beachte, dass diese Ungleichung trivialerweise auch für $\tau \notin \textbf{dom}(T^*)$ erfüllt ist. Abbildung 2.7 veranschaulicht die Konstruktion der konjugierten Steuer am Beispiel einer Steuer mit Freibetrag $F = 1$ und Steuersatz $\tau = 0.25$.

Wie wir sehen, ist der Wert der Konjugierten an der Stelle $\tau = 0.125$ endlich und somit gilt $0.125 \in \textbf{dom}(T^*)$. Wir erhalten diesen Wert, indem wir die Ursprungsgerade mit Steigung 12,5% parallel nach unten verschieben, bis wir den Graphen der Funktion $T(\cdot)$ tangential berühren. Das ist in diesem Beispiel bei der Knickstelle $x^* = 1$ der Fall. Es gilt zudem $0.125 \in \partial T(x^*)$. Wir können zeigen, dass dieses Ergebnis kein Zufall ist, sondern eine fundamentale Eigenschaft konvexer Funktionen beschreibt. Die Menge aller möglichen Grenzsteuersätze von $T(\cdot)$, die wir im Folgenden mit $\partial T(\mathbb{R})$ bezeichnen, ist stets im Definitionsbereich der konjugierten Steuerfunktion enthalten. Hierzu benutzen wir das folgende Resultat:

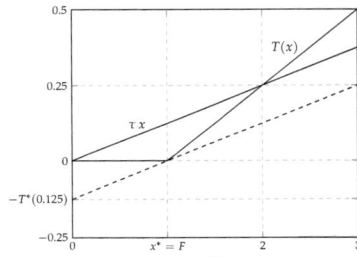

Abbildung 2.7: Konstruktion der konjugierten Steuerfunktion T^* am Beispiel einer Steuer mit Freibetrag.

Satz 2.11 (Darstellung der Konjugierten). *Es gilt*

$$T^*(\tau) = \tau x - T(x) \Leftrightarrow \tau \in \partial T(x^*) \Leftrightarrow x^* \in \partial T^*(\tau).$$

Beweis. Für einen Beweis siehe zum Beispiel Hiriart-Urruty und Lemaréchal (2001, Korollar 1.4.4, S. 221). □

Da nach Voraussetzung $\partial T(x) \neq \emptyset$ ist, können wir durch Anwendung des Satzes 2.11 für beliebige $\tau \in \partial T(x)$

$$T^*(\tau) = \tau \cdot x - T(x) < \infty$$

folgern, wobei wir die Endlichkeit von $T(\cdot)$ berücksichtigen. Folglich gilt für den Wertebereich aller Subgradienten

$$\partial T(\mathbb{R}) := \bigcup_x \{\partial T(x) \mid x \in \mathbb{R}\} \subset \textbf{dom}(T^*). \tag{2.11}$$

Wir können nun die Konjugierte für beliebige Steuerfunktionen berechnen. Kommen wir hierzu auf das Beispiel einer Steuer mit Freibetrag zurück. Betrachten wir die allgemeinere Form $T(x) = \tau \max(x - F, 0)$ für ein Freibetrag $F > 0$, dann gilt

$$T^*(y) = \begin{cases} yF, & 0 \leq y \leq \tau \\ \infty, & sonst. \end{cases}$$

Darüber hinaus gilt $\partial T(\mathbb{R}) = \mathbf{dom}(T^*)$. Das muss nicht immer so sein. Es gibt Steuerfunktionen, für die $\partial T(\mathbb{R})$ eine echte Teilmenge von $\mathbf{dom}(T^*)$ beschreibt. Ein Beispiel soll das illustrieren.

Betrachten wir hierzu die rein fiktive Steuerfunktion $T(x) = 1_{\{x \geq 0\}} \tau \ln \cosh(x)$ für $0 < \tau < 1$. In Abbildung 2.8 haben wir die Funktion für einen Parameterwert $\tau = 0.25$ dargestellt. In diesem Fall gilt $\partial T(\mathbb{R}) = [0, \tau)$ und mit Gleichung (2.11) folgt auch $[0, \tau) \in \mathbf{dom}(T^*)$. Wir können jedoch zeigen, dass 0.25 ebenfalls in $\mathbf{dom}(T^*)$ enthalten ist und somit $\partial T(\mathbb{R}) \subsetneq \mathbf{dom}(T^*)$ gilt. Graphisch müssen wir hierzu überprüfen, ob der maximale Abstand zwischen einer linearen Steuer $x \mapsto 0.25 x$ und der realen Steuer $T(\cdot)$ endlich ist . Wie aber Abbildung 2.8 nahe legt, ist $T(\cdot)$ durch die affine Funktion $x \mapsto 0.25x - 0.25 \ln 2$ für alle Bemessungsgrundlagen x nach unten beschränkt. Wir zeigen nun, das $f(x)$ auch die größte untere Schranke für die Funktion $T(x)$ beschreibt, wenn $x \to \infty$ geht. In diesem Fall entspricht der Ordinatenabschnitt von $f(\cdot)$, gegeben durch $0.25 \ln 2$ exakt dem Wert der Konjugierten an der Stelle τ.

Auch formal können wir dieses Resultat begründen. Wir wissen bereits, dass alle Grenzsteuersätze im Definitionsbereich der Konjugierten liegen müssen. Folglich berechnen wir zunächst die erste Ableitung der Steuerfunktion. Für positive Bemessungsgrundlagen ist das

$$T'(x) = \tau \tanh(x).$$

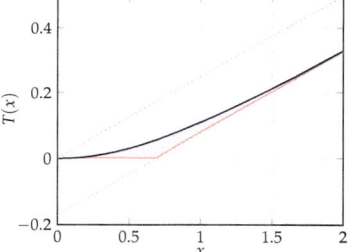

Abbildung 2.8: Beispiel einer stetig differenzierbaren Steuerschuldfunktion mit streng monoton wachsenden Grenzsteuersatz (schwarz) für positive Bemessungsgrundlagen x, versus Steuer mit Freibetrag (rot).

Da für $x > 0$ der Tangens Hyperbolicus im Bereich $(0, 1)$ liegt, ist $0 < T'(x) < \tau$. Für negative Bemessungsgrundlagen gilt nach Definition der Steuer offensichtlich $T'(x) = 0$. Da zudem $T'_-(0) = T'_+(0) = 0$ gilt, können wir $\partial T(\mathbb{R}) = [0, 0.25)$ folgern, wobei der Steuersatz von 25% für keine reelle Bemessungsgrundlage angenommen wird.[20] Auf Grund der strengen Monotonie der Abbildung $x \mapsto \tau x - \tau \ln \cosh(x)$

[20] Es gilt jedoch
$$\lim_{x \to \infty} T'(x) = \tau.$$

für $x \geq 0$, folgt mit Hilfe von l'Hospital jedoch

$$\begin{aligned} T(\tau) &:= \sup_x \tau x - T(x) \\ &= \tau \lim_{x \to \infty} (x - \ln \cosh(x)) \\ &= \tau \lim_{x \to \infty} \ln \frac{e^x}{\cosh(x)} \\ &= \tau \ln \left(\lim_{x \to \infty} \frac{e^x}{\cosh(x)} \right) \\ &= \tau \ln 2. \end{aligned} \qquad (2.12)$$

Man könnte sich nun fragen, was passiert, wenn wir den Abschluss von $\mathbb{R}$, gegeben durch

$$\bar{\mathbb{R}} := \mathbb{R} \cup \{-\infty, +\infty\},$$

betrachten. Gilt dann die Identität von $\partial T(\bar{\mathbb{R}})$ und $\mathbf{dom}(T^*)$? Die Antwort auf die Frage ist im Allgemeinen „Nein", da zum Beispiel für eine Steuer der Form

$$T(x) = x - ax^p$$

mit $a > 0$ und $0 < p < 1$ zwar der Spitzensteuersatz $1 \in \partial T(\bar{\mathbb{R}})$ ist, jedoch $T^*(1) = \sup_x x - x + ax^p = +\infty$ gilt und somit $1 \notin \mathbf{dom}(T^*)$ ist. Es sei angemerkt, dass obiges Resultat nicht aus dem Streben der Grenzsteuersätze gegen 100% resultiert. Wir hätten genauso die Steuer wie folgt definieren können:

$$T(x) = \tau(x - ax^p)$$

für ein $0 < \tau < 1$. In diesem Fall wäre $\tau \in \partial T(\bar{\mathbb{R}})$ aber $\tau \notin \mathbf{dom}(T^*)$. Wir nennen Steuern obiger Form auch iso-residualelastisch, worauf wir in Kapitel 2.6 noch genauer eingehen werden.

Für realistische Steuerfunktionen ist die Identität von $\mathbf{dom}(T^*)$ und $\partial T(\mathbb{R})$ jedoch erfüllt, da Steuersysteme in der Regel affin-lineare Ränder aufweisen.

Definition 2.12 (Affin-lineare Ränder). *Eine Steuerfunktion $T(\cdot)$ ist an den Rändern affin-linear genau dann, wenn es eine hinreichend große Bemessungsgrundlage $x_0 \gg 0$ sowie zwei Zahlen T, T' gibt, so dass für alle $x > x_0$*

$$T(x) = T + \tau_{max}\, x,$$

sowie für alle $x < -x_0$

$$T(x) = T' + \tau_{min}\, x$$

für Zahlen $0 \leq \tau_{min} \leq \tau_{max} < 1$ gilt. Diese Zahlen nennen wir jeweils minimaler und maximaler Grenzsteuersatz.

Wir können nun folgende Relation für den Definitionsbereich der konjugierten Steuerfunktion herleiten.

Lemma 2.13 (Definitionsbereich der Konjugierten). *Es gilt stets*

$$(\tau_{min}, \tau_{max}) \subset \partial T(\mathbb{R}) \subset \textbf{\textit{dom}}(T^*) \subset [\tau_{min}, \tau_{max}]. \qquad (2.13)$$

Ist $\partial T(\mathbb{R})$ zusätzlich abgeschlossen so folgt sogar

$$\partial T(\mathbb{R}) = \textbf{\textit{dom}}(T^*) = [\tau_{min}, \tau_{max}].$$

Letzteres ist genau dann erfüllt, wenn $T(\cdot)$ affin-linear an den Rändern verläuft.

Beweis. Den Beweis führen wir im Anhang A.1. □

Wie das obige Lemma zeigt, können wir in den typischen Anwendungsfällen davon ausgehen, dass der Definitionsbereich der konjugierten Steuer mit der Menge aller Grenzsteuersätze im Intervall $[\tau_{min}, \tau_{max}]$ gleichzusetzen ist. In diesem Fall können wir τ_{min} und τ_{max} durch einfache Differentiation der Steuerfunktion im ersten und letzten Teilintervall ermitteln.

Wir werden im Hauptteil zeigen, dass mögliche steuerliche Arbitragegewinne eng verbunden sind mit dem Wert der Konjugierten für einen noch zu bestimmenden Steuersatz τ. Interessieren wir uns also für arbitragefreie Preise, die im Optimum höchstens einen Gewinn von null zulassen, dann lohnt es sich zu analysieren, für welche Steuersätze die Konjugierte den Wert null annehmen. Das folgende Lemma gibt eine klare Antwort auf diese Frage.

Lemma 2.14 (Eigenschaft der konjugierten Steuerfunktion). *Folgende drei Aussagen gelten für die konjugierte Steuerfunktion:*

(i) $T^*(\tau) \geq 0$ für alle $\tau \in \mathbb{R}$.

(ii) $T^*(\tau) = 0$ genau dann, wenn $\tau \in \partial T(0)$.

(iii) $0 < T^*(\tau) < \infty$ genau dann, wenn $\tau \in \textbf{\textit{dom}}(T^*) \setminus \partial T(0)$.

Beweis. (i) Folgt direkt aus der Fenchel-Ungleichung, da

$$T^*(\tau) \geq \tau \cdot 0 - T(0) = 0$$

für alle $\tau \in \mathbb{R}$ gelten muss.

(ii) Weil $\tau \in \partial T(x)$ gleichbedeutend ist mit

$$T^*(\tau) + T(x) - \tau \cdot x = 0$$

(siehe Lemma 2.14), folgt dies unmittelbar.

(iii) Folgt direkt aus der Definition von **dom**(T^*) sowie Eigenschaft (i) und (ii).

□

Seien $\tau_{0-} = T'_-(0)$ und $\tau_{0+} = T'_+(0)$, dann folgt durch eine Anwendung von Bedingung (i) in Lemma 2.14 unmittelbar, dass der Wert der Konjugierten null ist, sofern wir Steuersätze $\tau \in \partial T(0) = [\tau_{0-}, \tau_{0+}]$ in die Konjugierte einsetzen. Sind Steuern zudem affinlinear an den Rändern, so folgt durch Anwendung von Lemma 2.13 für alle Grenzsteuersätze $[\tau_{min}, \tau_{max}] \setminus [\tau_{0-}, \tau_{0+}]$, dass der Wert der Konjugierten beschränkt ist (vgl. Bedingung (iii) in Lemma 2.14). Für alle anderen Steuersätze ist der Wert unbeschränkt ($T^*(\tau) = \infty$).

Um das obige Ergebnis auch graphisch zu untermauern, haben wir in Tabelle 2.1 eine Vielzahl möglicher (auch nicht konvexer) Steuerschuldfunktionen und deren Konjugierten berechnet. Wir stellen fest, dass in fast allen Fällen (außer bei der Pro-Kopf-Steuer, die jedoch nicht $T(0) = 0$ erfüllt) die konjugierte Steuerfunktion den Wert null annimmt, wenn Grenz- und Durchschnittssteuersätze übereinstimmen (vgl. hierzu Spalte 6 und 10 in Abbildung 2.1). Das ist, einhergehend mit den Ergebnissen von Lemma 2.14, stets für eine Bemessungsgrundlage von null der Fall. Sehr häufig, jedoch nicht zwingend, wie im Fall der linearen oder sublinearen Steuer, nehmen die zu Grunde liegenden Steuersätze $\tau_0 \in \partial T(0)$ einen Wert von null an.[21] Es gilt die obigen Zusammenhänge im nächsten Kapitel zu formalisieren.

[21] Weitere Fälle bei denen $\tau_0 \neq 0$ ist, betrachten wir in Kapitel 5.

Tabelle 2.1: Durchschnittssteuersatz, Grenzsteuersatz und konjugierte Steuerfunktion für verschiedene Steuerschuldfunktionen.

Zuletzt sei darauf hingewiesen, dass auch in anderen Teilbereichen der Ökonomie konjugierte Funktionen eine wichtige Rolle spielen. Betrachten wir zum Beispiel $x \in \mathbb{R}$ als eine Absatzmenge eines Gutes, welches zu Kosten $C(x)$ produziert werde, wobei $C(\cdot)$ eine beliebige Funktion sei. Für einen gegebenen Preis p ist dann der optimale Gewinn durch die Maximierung von Erlös minus Kosten gegeben, oder

$$C^*(p) = sup_{x \in \mathbb{R}} px - C(x).$$

Ist $C(\cdot)$ zusätzlich differenzierbar und konvex (i.e. die marginalen Grenzkosten steigen, für jede weitere produzierte Einheit), dann folgt mit Hilfe der Bedingung 1. Ordnung

$$p = C'(x).$$

Dies bedeutet, dass im Optimum der Gewinn maximal ist, wenn der Preis und Grenzkosten übereinstimmen.

2.5 Strukturverlauf bei konvexen Steuerschuldfunktionen

Wir zeigen nun formal, dass sich die Aussagen von Lemma 2.14 mit Hilfe der Differenz von Grenz- und Durchschnittssteuersatz erklären lassen und leiten daraus einen konkreten Strukturverlauf konvexer Steuerschuldfunktionen ab. Wie bereits Abbildung 2.1 vermuten lässt, nimmt die konjugierte Steuerfunktion genau dann den Wert null an, wenn der zu Grunde liegende Steuersatz τ ein Grenzsteuersatz zu einer Bemessungsgrundlage x^* ist, für welche die Identität von Grenz- und Durchschnittssteuersatz erfüllt ist. Betrachten wir zunächst den Fall differenzierbarer Steuerfunktionen, dann gilt nach Satz 2.11 für alle möglichen Grenzsteuersätze $\tau = T'(x^*)$ stets

$$T^*(T'(x^*)) = T'(x^*)x^* - T(x^*)$$

Offensichtlich ist für $x^* = 0$ obiger Ausdruck null. Für alle anderen Fälle können wir $T(x^*) = t(x^*)x^*$ schreiben und erhalten

$$T^*(T'(x^*)) = 0 \Leftrightarrow T'(x^*) = t(x^*).$$

Ein ähnliches Resultat lässt sich auch für nicht notwendigerweise differenzierbare, aber konvexe Steuerfunktionen herleiten.

Sei hierzu $\partial T(0) = [\tau_{0-}, \tau_{0+}]$ und $x_0 \in \bar{\mathbb{R}}$ die größte Bemessungsgrundlage, für die immer noch $\tau_{0+} \in \partial T(x_0)$ gilt.[22]

Satz 2.15 (Strukturverlauf konvexer Steuern). *Es gilt:*

1. *Wenn $x_0 > 0$ gilt, dann ist die Steuerschuldfunktion $T(\cdot)$ auf dem Intervall $[0, x_0]$ linear.*

[22] Man beachte, da immer $\partial T(0) \neq \emptyset$ gilt, existiert solch eine Stelle x_0. Für den Fall, dass $T(\cdot)$ linear oder sublinear ist, setzen wir $x_0 = \infty$.

2. *Auf dem Intervall (x_0, ∞) liegt der Grenzsteuersatz über dem Durchschnittssteuersatz, also $g > t(x)$ für alle $g \in \partial T(x)$ und $x > x_0$. Der Grenzsteuersatz ist zudem aus dem Intervall $(\tau_{0+}, \tau_{max}]$.*

3. *Für $x \to \infty$ nähern sich Grenz- und Durchschnittssteuersatz wieder an, also*
$\lim_{x \to \infty} \partial T(x) - t(x) = 0.$

Beweis. Wir beginnen mit der ersten Behauptung. Es gilt $x_0 > 0$ sowie die beiden Relationen

$$\partial T(0) = [\tau_{0-}, \tau_{0+}], \quad \tau_{0+} \in \partial T(x_0).$$

Wir wählen einen Punkt $x \in (0, x_0)$. Dann gilt wegen der Monotonie des Subgradienten (siehe Hiriart-Urruty und Lemaréchal (2001, Satz 6.1.1, S. 199)) für jedes $\tau \in \partial T(x)$

$$(\tau_{0+} - \tau) \cdot (x_0 - x) \geq 0 \quad \text{und} \quad (\tau - \tau_{0+}) \cdot (x - 0) \geq 0,$$

woraus $\tau = \tau_{0+}$ folgt. Damit muss gelten $\partial T(x) = \{\tau_{0+}\}$, und $T(\cdot)$ ist auf dem Intervall $(0, x_0)$ differenzierbar und linear mit dem Steuersatz τ_{0+}.

Nun zeigen wir die zweite Behauptung[23]

$$\partial T(x) \geq t(x),$$

wobei die Ungleichung für jeden Subgradienten gilt. Sei dazu $g \in \partial T(x)$. Aus Eigenschaft (2.8) folgt für x und $y = 0$

$$T(0) \geq T(x) + g \cdot (0 - x) \iff g \cdot x - T(x) \geq 0.$$

Daraus folgt unmittelbar obige Aussage.

Die dritte Bemerkung

$$\lim_{x \to \pm\infty} T'(x) - t(x) = 0$$

zeigen wir wie folgt. Dazu beweisen wir zuerst, dass die Steuerschuld gegen unendlich geht, wenn es eine Bemessungsgrundlage x gibt, so dass ein Subgradient $g \in \partial T(x)$ positiv ist. Angenommen die Steuerzahlungen wären für jede Bemessungsgrundlage y beschränkt, i,e. $T(y) \leq M$. Da nach Voraussetzung für ein x der Subgradient $0 < g \in \partial T(x)$ erfüllt, folgt für alle $y > \frac{M-T(x)}{g} + x$ nach Definition des Subgradienten

$$T(y) \geq T(x) + g(y-x) > M,$$

im Widerspruch zur angenommenen Beschränktheit.

Da die Anzahl der Nicht-Differenzierbarkeitsstellen zusätzlich endlich ist, und $T(x)$ eine monoton wachsende Funktion beschreibt,

[23] Die zweite Behauptung gilt sinngemäß auch für negative Bemessungsgrundlagen; in diesem Fall gilt $\partial T(x) \leq t(x)$.

können wir für sehr große x von der Differenzierbarkeit von $T(\cdot)$ ausgehen und erhalten unter Anwendung von de l'Hospital

$$\lim_{x \to \infty} t(x) = \lim_{x \to \infty} \frac{T(x)}{x} = \lim_{x \to \infty} T'(x) = \tau_{max}.$$

Der Grenzwert existiert auch tatsächlich, da aufgrund der Konvexität der Durchschnittssteuersatz $t(\cdot)$ monoton steigt und nach oben zu 100 % beschränkt ist. □

Der obige Satz gilt sinngemäß auch für nichtpositive Bemessungsgrundlagen $x_0 < 0$. In diesem Fall ist $T(\cdot)$ linear auf dem Intervall $[x_0, 0]$ und $t(x) > g$ für alle $g \in \partial T(x)$.

Abbildung 2.9 zeigt einen typischen Verlauf von Grenz- und Durchschnittssteuersatz, wie er sich aus Satz 2.15 ergibt. Aufgrund der Konvexität der Steuerfunktion finden wir immer eine Bemessungsgrundlage $x_0 \geq 0$ für die noch $\tau_0^+ \in \partial T(x_0)$ erfüllt ist. Gilt wie in Abbildung 2.9 $0 < x_0 < \infty$, so wissen wir dass die Steuerfunktion für positive Bemessungsgrundlagen einen linearen Anteil hat, für den stets Grenz- und Durchschnittssteuersatz übereinstimmen. Im Fall $\tau_0^+ = 0$ käme das im Übrigen einem Freibetrag gleich.

Für alle Bemessungsgrundlagen größer als x_0 wird die Funktion nichtlinear. In Folge dessen fallen Grenz-und Durchschnittssteuersatz auseinander und der Grenzsteuersatz verläuft immer oberhalb des Durchschnittssteuersatzes (siehe hierzu Abbildung 2.9). Erst im Unendlichen nähern sich Grenz- und Durchschnittssteuersatz wieder asymptotisch an, d.h. die verbleibende Differenz zwischen Grenz- und Durchschnittssteuersatz ist zwar stets positiv, allerdings können wir den Abstand für ausreichend hohe Bemessungsgrundlagen beliebig klein werden lassen.

Wir werden im Hauptteil zeigen, dass die erste Eigenschaft in Satz 2.15 gleichzeitig diejenigen Steuersätze $\tau_0 \in [\tau_{0,-}, \tau_{0,+}]$ determiniert, für die wir arbitragefreie Preise charakterisieren können. Konkret zeigen wir Folgendes: Alle Steuersätze bei denen in der Steuerschuldfunktion Grenz- und Durchschnittssteuersätze übereinstimmen, führen zur Arbitragefreiheit.

2.6 Exkurs: Progressionsmaße

Im vorherigen Kapitel haben wir bereits angedeutet, dass wir zur Überprüfung möglicher Arbitragegelegenheiten lediglich die Differenz von Grenz- und Durchschnittssteuersatz bilden müssen. In der Literatur spricht man häufig auch vom Progressionsgrad.[24] Für die folgenden Ausführungen genügt es, wenn wir neben den Eigenschaften von Annahme 2.7, vereinfachend davon ausgehen, dass $T(\cdot)$ stets differenzierbar ist und für alle Bemessungsgrundlagen $x > 0$ gelte.[25]

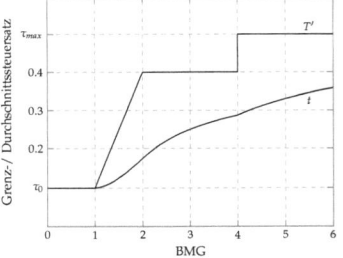

Abbildung 2.9: Typischer Verlauf von Grenz- und Durchschnittssteuersätzen.

[24] Vgl. hierzu z.B. Bräuer (1927), Bös und Genser (1977), Pollak (1980) sowie Hechtner (2014).

[25] Ansonsten ersetze man den Begriff des Grenzsteuersatzes durch den Begriff des Subdifferentials, den wir in Definition 2.8 formuliert haben. Des Weiteren folgen Aussagen über negative Bemessungsgrundlagen analog zu den nun folgenden Ausführungen.

Zudem gehen wir davon aus, dass das Brutto-Einkommen komplett der Bemessungsgrundlage der Einkommensteuer zugerechnet wird (d.h. es gilt $zvE = x$ in den vorangegangenen Ausführungen von Kapitel 1.2), so dass für das Netto-Einkommen

$$n(x) = x - T(x) \tag{2.14}$$

gelte. Wir beginnen mit der geläufigen Definition des Progressionsgrades.

Definition 2.16 (Progressionsgrad). *Der Progressionsgrad einer Steuerschuldfunktion $T\colon \mathbb{R} \to \mathbb{R}$ bezüglich einer Bemessungsgrundlage x ist definiert als*

$$PG(x) := T'(x) - t(x).$$

Eine weitere Kennzahl, um die Steigerung des Netto-Einkommens im Verhältnis zu einer marginalen Steigerung der Bemessungsgrundlage x zu messen, ist die Residualelastizität.

Definition 2.17 (Residualelastizität). *Die Residualelastizität bei einem Brutto-Einkommen von $x > 0$ ist gegeben durch*

$$\rho(x) := \frac{\frac{dn}{n}}{\frac{dx}{x}},$$

wobei dn das Differential des Netto-Einkommens beschreibt (auch Residualeinkommen genannt).

Es folgt weiter, im Falle der Differenzierbarkeit, dass

$$\rho(x) = \frac{(1 - T'(x))\,x}{x - T(x)} = \frac{1 - T'(x)}{1 - t(x)}. \tag{2.15}$$

gilt für alle x. Da für positive Bemessungsgrundlagen der Grenzsteuersatz stets oberhalb des Durchschnittssteuersatz verläuft (siehe Folgerungen aus Satz 2.15) und zudem Grenz- und Durchschnittssteuersatz niemals 100% erreichen sollen, folgern wir dass

$$0 < \rho(x) \leq 1$$

gilt. Ist $\rho(x)$ identisch gleich 1, so liefert eine Anwendung des Satzes 2.3, dass die Steuer linear ist. Gilt hingegen $\rho(x) < 1$, was nach Satz 2.15 für $x \gg 0$ in der Regel erfüllt ist, können wir das Netto-Einkommen aus Residualelastizität und Progressionsgrad zurückrechnen.[26] Wie eine kleine Umformung zeigt, gilt dann

$$n(x) = \frac{PG(x)\,x}{1 - \rho(x)} = \frac{T^*\big(T'(x)\big)}{1 - \rho(x)}. \tag{2.16}$$

Betrachten wir zunächst den Zähler in Gleichung (2.16), so stellen wir fest, dass im Falle der Differenzierbarkeit der Term $PG(x)\,x$

[26] Unseres Wissens nach, wurde ein solches Verhältnis in der Literatur bis dato noch nicht hergestellt.

gleichzusetzen ist mit dem Wert der konjugierten Steuerfunktion an der Stelle $T'(x)$.[27] Wie wir im Hauptteil zeigen werden, ist der Zähler ein geeignetes Maß für Steuerarbitrage.

[27] Siehe hierzu Satz 2.11.

Dem Nenner in Gleichung 2.16 kommt in der Progressionslehre mit dem Satz von Jakobsson ebenfalls eine fundamentale Bedeutung zu.[28] Die Residualelastizität $\rho(x)$ gibt in diesem Zusammenhang an, wie „gleichmäßig" das Einkommen über alle Einkommensschichten x verteilt ist. Ein Tarif ist in diesem Sinne perfekt gleichmäßig, falls $\rho \to 0$ geht. Das ist genau dann erfüllt, wenn jeder Mensch nach Steuern gleich viel verdient. Man beachte, dass nach unseren Anforderungen an eine Steuerfunktion ein solcher Tarif ausgeschlossen ist, da er Grenzsteuersätze von 100% impliziert und zudem regressiv verläuft. In diesem Fall gilt

[28] Siehe hierzu Jakobsson (1976).

$$T(x) = x - a.$$

für ein $a \geq 0$. Bei dieser Steuer lässt der Steuerzahler sein gesamtes Einkommen dem Staat zukommen und erhält dafür im Gegenzug einen konstanten Betrag a. Betrachten wir eine mögliche Einkommensverteilung $\mathcal{X} \subset \mathbb{R}$ und zwei beliebige Tariffunktionen T_1 und T_2. Weiter seien die Verteilungen der Netto-Einkommen bezüglich T_i gegeben durch die Mengen $n_1(\mathcal{X})$ und $n_2(\mathcal{X})$, wobei n_i wie in Gleichung (2.14) definiert ist.[29] Weiter sei $\rho_i(x)$ die Residualelastizität bezüglich der Tariffunktion T_i, gegeben durch Gleichung (2.15). Nach dem Satz von Jakobsson verteilt das Steuersystem T_1 die Netto-Einkommen gleichmäßiger als ein Steuersystem T_2, falls

[29] Formal gilt
$$n_i(\mathcal{X}) = \{n_i(x) = x - T_i(x) \mid x \in \mathcal{X}\}$$
für $i = 1, 2$.

$$\rho_1(x) < \rho_2(x) \quad \text{für alle } x \in \mathcal{X}$$

erfüllt ist.[30] Im Falle einer linearen Steuer ($\rho \to 1$) wird das Einkommen demnach maximal ungleichmäßig verteilt, weil eine marginale Erhöhung des Brutto-Einkommens für Steuerzahler aus niedrigeren Einkommensschichten eine viel stärkere Belastung als für Steuerzahler aus höheren Einkommensschichten darstellt. Wir stellen fest, dass nach Satz 2.15 für alle von uns betrachteten Steuersysteme im Falle der Differenzierbarkeit stets

[30] Formal bezeichnet man „Gleichmäßigkeit" in diesem Fall auch als Lorenz-Dominanz.

$$\lim_{x \to 0} \rho(x) = 1$$

und

$$\lim_{x \to \infty} \rho(x) = 1$$

gilt. Eine erhöhte Konzentration der Einkommen auf den Rändern $x = 0$ oder $x \to \infty$ führt demnach zu einer ungleichmäßigeren Verteilung der Einkommen.[31]

Möchte der Gesetzgeber hingegen sicherstellen, dass $\rho(x)$ für alle Einkommensverteilungen x konstant ist, so muss das Steuersystem

[31] Atkinson et al. (2011) liefern empirische Evidenz dafür, dass diese Umverteilung bereits seit Ende des 20. Jahrhunderts zunimmt. Weiterhin stellen sie die Vermutung auf, dass dieser Prozess durch steigende (durchschnittliche) Kapitalrenditen r im Verhältnis zum gesamtwirtschaftliche Wachstum g verursacht wird (i.e. $r > g$). In den Vereinigten Staaten zeigt sich beispielsweise, dass im Jahre 2010 die 10% reichsten Amerikaner, bereits über 40-50% des gesamten jährlichen Nationaleinkommens verfügten.

von der Form
$$T(x) = x - a\,x^p, \qquad (2.17)$$
sein, wobei $a > 0$ und $0 \leq p \leq 1$ ist.[32] Für $p = 0$ erhalten wir die oben beschriebene Robin-Hood-Steuer. Für $p = 1$ wäre die Funktion wieder linear mit Steuersatz $\tau = 1 - a$. Wir nennen einen Tarif der Form (2.17) auch *iso-residualelastisch*. Diese Steuer haben wir schon in Kapitel 2.4 betrachtet, um zu zeigen, dass minimaler und maximaler Grenzsteuersatz nicht notwendigerweise zum Definitionsbereich der Konjugierten gehören müssen.

Man beachte, dass iso-residualelastische Steuern im Grunde genommen den Voraussetzungen in Annahme 2.7 widersprechen, da sie negative Grenzsteuersätze implizieren. Wir möchten dieses „Problem" exemplarisch für den Fall $a = 1$ und $p = \frac{1}{2}$ in Gleichung (2.17) illustrieren. Ist $T(x) = x - \sqrt{x}$, dann gelten für Grenz- und Durchschnittssteuersatz jeweils
$$T'(x) = 1 - \frac{1}{2\sqrt{x}} \quad \text{und} \quad t(x) = 1 - \frac{1}{\sqrt{x}}.$$
Offensichtlich ist $T'(\cdot)$ nur für nichtnegative Bemessungsgrundlagen definiert. Für $0 < x < \frac{1}{4}$ ist $T'(x) < 0$ und für $x \to 0$ gilt sogar $T'(x) \to -\infty$. Entsprechendes gilt für den Durchschnittssteuersatz im Bereich $0 < x < 1$. Demnach müsste ein Steuerzahler mit gar keinem Einkommen quasi beliebig hohe Steuersubventionen erhalten.

Um iso-residualelastische Tarife für $0 < p < 1$ in Einklang mit der Annahme positiver Grenz- und Durchschnittssteuersätze zu bringen, müsste man $T(\cdot)$ folgendermaßen modifizieren:
$$T(x) = \begin{cases} 0, & x \leq \sqrt[1-p]{a} \\ x - a\,x^p & \text{sonst.} \end{cases} \qquad (2.19)$$
Die modifizierte Form der iso-residualelastischen Steuer ist weiterhin konvex.[33] Allerdings sei noch einmal darauf verwiesen, dass nun $\rho(x) = 1$ für $x < \sqrt[1-p]{a}$ gilt.

Eine weitere „Schwäche" der iso-residualelastischen Steuer ist das Grenzverhalten im Unendlichen. Für $0 \leq p < 1$ gilt offenbar
$$\lim_{x \to \infty} T'(x) = 1.$$
Natürlich können wir das Konvergenzverhalten durch Modifikation der Parameterwerte a und p steuern. Hier kommt es jedoch zu einem Dilemma. Möchte der Gesetzgeber versuchen die Einkommensverschiebung möglichst gering zu halten indem er, wie im obigen Beispiel, $a = 1$ und $p = \frac{1}{2}$ wählt, dann würde ein Steuerzahler mit einem Brutto-Einkommen von 100.000 € bereits einen Grenzsteuersatz von ungefähr 99,8% haben. Lässt man hingegen den

[32] Für eine Herleitung siehe z.B. Homburg (2010, (S. 70)). Wir suchen eine Konstante $0 \leq p \leq 1$, für die $\rho(x) = p$ gilt für alle x. Nach Definition der Residualelastizität folgt dann
$$\frac{1}{n}dn = \frac{p}{x}dx.$$
Integration auf beiden Seiten liefert
$$\ln n(x) + c_1 = p \ln x + c_2,$$
wobei c_1, c_2 Konstanten sind. Setzen wir $n(x) = x - T(x)$ in die obige Gleichung ein und stellen nach $T(\cdot)$ um, erhalten wir
$$T(x) = x - a\,x^p \qquad (2.18)$$
mit $a = e^{c_2 - c_1} > 0$.

[33] Es gilt
$$\partial T(x) = \begin{cases} 0, & x < \sqrt[1-p]{a} \\ [0, 1-p], & x = \sqrt[1-p]{a} \\ 1 - a\,p\,x^{p-1}, & x > \sqrt[1-p]{a}. \end{cases}$$
und $T''(x) = a\,p\,(1-p)\,x^{p-2} > 0$ für $x > a^{\frac{1}{1-p}}$. Folglich gilt $g_1 \leq g_2$ für alle $g_1 \in \partial T(x_1), g_2 \in \partial T(x_2)$ und $x_1 < x_2$.

Wert $p \to 1$ gehen, verlangsamt sich die Konvergenzgeschwindigkeit erheblich. Allerdings ist das zu Grunde liegende Steuersystem annähernd linear, wodurch nach dem Satz von Jakobsson das Netto-Einkommen viel ungleichmäßiger verteilt wird als, zum Beispiel, bei einer Steuer mit Freibetrag. Es ist somit nicht verwunderlich, dass die iso-residualelastische Steuer keine Anwendung in der Praxis findet.

3 Vergleichende Literatur

3.1 Arbitragetheorie und nichtlineare Einkommensteuern

Auswirkungen persönlicher Einkommensteuern auf Wertpapierpreise (und damit auch auf Investitionsentscheidungen) wurden in der Vergangenheit durchaus untersucht. Wir wollen daher verdeutlichen, welche Zusammenhänge zwischen unserer Arbeit und der bereits existierenden Literatur bestehen. Abbildung 3.1 gibt einen ersten Überblick über die verwandten Arbeiten.

	Schaefer	Dybvig/ Ross, Prisman	Ross Dammon/ Green	Dermody/ Rockafellar	Basak/ Croitoru	Becker/ Löffler	
Brennan							→ Jahr
1970	1982	1986	1987	1991	2001	2016	

Abbildung 3.1: Literaturübersicht zum Thema „Arbitragetheorie und nichtlineare Steuern".

Wie man sieht, geht die Analyse von Gleichgewichten unter Einfluss von Personensteuern bereits auf die 1970er Jahre zurück. Das Gros der Literatur wurde allerdings erst in den 1980ern verfasst – darunter einige namhafte Persönlichkeiten wie Philip H. Dybvig und Stephen A. Ross.[1] Danach wurden nur noch sehr wenige Arbeiten zu dem Thema publiziert. Man könnte meinen, dies weise auf den allgemein gültigen Konsens hin, dass in Bezug auf Arbitragetheorie und Steuern alles gesagt wurde. Wie die folgende Literaturübersicht aufzeigt, ist dem nicht so.

[1] Beide Autoren wurden schon mehrfach mit dem Nobelpreis für Wirtschaftswissenschaften in Verbindung gebracht. Leider blieben sowohl Dybvig als auch Ross (bis jetzt) ohne Erfolg.

3.1.1 Brennan's TAX-CAPM

Brennan (1970) analysiert als einer der ersten den Einfluss linearer Steuern auf Gleichgewichtspreise.[2] Wie bereits in Kapitel 2.2 beschrieben, ist eine Steuerfunktion linear, wenn die Steuerschuld das Produkt aus der Bemessungsgrundlage und einem konstanten Steuersatz ist. In diesem Fall sind Grenz- und Durchschnittssteuersatz identisch. Leider sind reale Steuersysteme im Allgemeinen

[2] Die Resultate sind gemeinhin auch als *Tax Capital Asset Pricing Model* (kurz Tax-CAPM) bekannt.

nichtlinear.[3] Wir werden uns deshalb ausschließlich auf Arbeiten konzentrieren, die nichtlineare Steuern untersuchen.[4]

3.1.2 Steuerliche Klientel-Effekte nach Schaefer

Der Einfluss nichtlinearer Tarife auf Investitionsentscheidungen wird unseres Wissens zuerst von Schaefer (1982) diskutiert. Schaefer konzentriert sich ausschließlich auf risikofreie Wertpapiere (Bonds). Anhand eines Beispiels mit zwei Investoren zeigt er, dass Gleichgewichtspreise nur existieren können, wenn die Grenzsteuersätze beider Investoren übereinstimmen. Wenn die Diskontierungssätze für verschiedene Investoren nicht eindeutig sind, so wird es zwangsläufig Arbitragemöglichkeiten und damit kein Gleichgewicht geben. Um dieses Dilemma aus der Welt zu schaffen, führt Schaefer neben Steuern eine weitere Friktion in sein Modell auf – die Limitierung von Leerverkäufen (auch *Short-Sales* genannt). In diesem Rahmen leitet Schaefer verschiedene Gleichgewichtskonstellationen her. Es zeigt sich, dass es Gleichgewichtszustände gibt, in denen einzelne Marktteilnehmer alle Anteile eines Bonds halten und andere Teilnehmer überhaupt keine Anteile besitzen (Klientel-Effekt). Nach unserer Ansicht weist Schaefer's Modell eine fundamentale Schwäche auf. Nach Schaefer muss die Grenzsteuerfunktion eindeutig sein: Es gibt also zu zwei voneinander abweichenden Bemessungsgrundlagen immer verschiedene Grenzsteuersätze. Das ist aber nur möglich, wenn die Grenzsteuersätze streng monoton wachsend sind, woraus die strenge Konvexität der Steuerschuld folgt (siehe Kapitel 2.3). Ohne weitere Begründungen bleibt das Schaefersche Steuersystem eine Art Black-Box, welches Vorsteuer-Cashflows in Nachsteuer-Cashflows umwandelt. Mit Hilfe des Lemmas von Farkas kann Schaefer, analog zum linearen Fall ohne Steuern, Netto-Diskontierungsfaktoren ableiten (Gleichung (7) in Schaefers Ausführungen entsprechend). Wie Schaefer zeigt, muss diese Eindeutigkeit im Falle nichtlinearer Steuern für Marktteilnehmer mit unterschiedlichen Steuerklassen im Allgemeinen nicht erfüllt sein. Er kommt zu dem Urteil:

> „An interesting and important question–to which we have no general solution–is how the entire class of tax rules which is consistent with (7) may be characterized."

In der vorliegenden Arbeit versuchen wir eine Antwort auf Schaefers Frage zu liefern.

3.1.3 Ross' lokale Arbitrage

Eine wichtige Arbeit zum Zusammenhang von Arbitragemöglichkeiten und Steuern stammt von dem Begründer der Arbitragetheorie.

[3] Nichtlinearität kann zum Beispiel durch die Einführung von Freibeträgen oder Stufentarifen herbeigeführt werden.

[4] Für weitere Arbeiten, zum Thema lineare Steuern betrachte man zum Beispiel Jones und Milne (1992) für einen Beweis der Existenz eines Gleichgewichts unter Voraussetzung beschränkt staatlicher Steuersubventionen, Basak und Gallmeyer (2003) für eine stetige Version des Tax-CAPMs mit staatlicher Rückverteilung sowie Kruschwitz und Löffler (2009), die in einem Modell mit zwei Zeitpunkten zeigen, dass unter gewissen Umständen (risikofreier Zins von Null oder Investoren weisen eine CARA-Nutzenfunktion auf) Gleichgewichtspreise unabhängig von Steuersätzen sind. Weiterhin analysieren Schosser und Wilhelm (2007) ein stochastisches Mehrperiodenmodell unter Berücksichtigung individueller Einkommensteuern unterteilt nach Dividenden, Zins- und Kapitalerträgen.

Ross (1987) formuliert einen Fundamentalsatz für beliebige, also sowohl risikolose als auch riskante Finanztitel. Cashflows bilden die Bemessungsgrundlage bezüglich einer konvexen Steuer. Ross unterscheidet nun zwischen lokaler und globaler Arbitragemöglichkeit. Ein Portfolio bietet eine lokale Arbitragegelegenheit, falls dieses Portfolio, bemessen an der Erstausstattung eines spezifischen Investors, eine klassische Arbitragemöglichkeit (im Sinne höherer Netto-Entnahmen ohne heutige Kosten) darstellt. Für einen anderen Investor mit einer anderen Erstausstattung muss es sich dagegen nicht um eine Arbitragemöglichkeit handeln. Eine globale Arbitragemöglichkeit liegt vor, falls für jedes beliebige Portfolio eine lokale Arbitrage existiert.

Auf den ersten Blick scheint der Begriff der lokalen Arbitragemöglichkeiten weniger restriktiv zu sein. Umgekehrt ist die Forderung nach Abwesenheit lokaler Arbitragegelegenheiten jedoch eine stärkere Einschränkung als die Abwesenheit globaler Arbitragen. Ross zeigt, dass die Abwesenheit lokaler Arbitragen sowohl notwendig als auch hinreichend ist für die Existenz von Zustandspreisen (Arrow-Debreu-Preisen) und damit risikoneutralen Wahrscheinlichkeiten. Ross behauptet darüber hinaus, dass sich seine Resultate ohne Weiteres auf ein mehrperiodiges (stetiges) Modell übertragen lassen. Die damit zusammenhängenden Probleme lässt er jedoch außen vor. Zudem zeigt sich bei genauerer Analyse, dass auch Ross nicht ohne eine Vereinfachung der Steuerfunktion auskommt. Ihm gelingt der Beweis des Fundamentalsatzes nur für stückweise lineare Steuerfunktionen.[5] Damit wäre beispielsweise seine Theorie auf den Fall der deutschen Einkommensteuer, die zum Teil eine quadratische Steuerschuldfunktion aufweist, schlichtweg nicht anwendbar. Eine weitere Limitation in dem Arbitragemodell von Ross liegt in der Struktur der Zustandspreise. Unter Abwesenheit einer lokalen Arbitrage sind Zustandspreise stets investorspezifisch. Um zu klären, ob Marktpreise lokale Arbitragen ausschließen, müsste man demnach die Positionen aller Marktteilnehmer kennen. Eine Antwort auf die Frage, wie ein Steuersystem beschaffen sein muss, damit keiner der Akteure die Chance auf einen risikofreien Gewinn hat, gibt Ross nicht.

3.1.4 Prisman's Dualitätsargumente

Auch Prisman (1986) untersucht zeitgleich zu Ross (1987) Arbitragemöglichkeiten bei konvexen Steuerschuldfunktionen und führt zudem Transaktionskosten in sein Modell ein. Auf Letzteres verzichten wir, um explizit den Einfluss von Steuern diskutieren zu können. Prisman nutzt die Dualitätstheorie der konvexen Optimierung, die wir in der vorliegenden Arbeit auch anwenden werden. Prisman ge-

[5] Siehe hierzu Lemma 5 und Annahme T in Ross (1987, S. 387 sowie S. 392).

lingt es jedoch nicht, diejenigen Preise, die Arbitragegelegenheiten erzeugen, durch Eigenschaften der Steuerschuldfunktion eindeutig zu charakterisieren.

3.1.5 Steuerliche Klientel-Effekte nach Ross/Dybvig

Anknüpfend an die Arbeit von Schaefer, untersuchen Dybvig und Ross (1986) Klientel-Effekte unter Abwesenheit von Leerverkäufen in einem Ein-Perioden-Modell unter Unsicherheit. Besteuert werden Gewinne, die sich aus der Preisdifferenz von Kauf- und Verkaufskurs ergeben. Die Autoren unterscheiden zwischen Klientel-Effekten nach Menge und Preis, das heißt, im Gleichgewicht können Investoren unterschiedlicher Steuerklassen unterschiedliche Mengen an Wertpapieren halten und/oder bereit sein, unterschiedliche Preise für ein und dasselbe Wertpapier zu zahlen. Die Autoren behauten zwar, dass man durch die Einführung eines künstlichen Wertpapiers Leerverkäufe in das Modell miteinbeziehen könne,[6] wie später jedoch Dermody und Rockafellar (1991) anmerken, besitzt ein solches Wertpapier immer einen negativen Preis, was explizit in den Voraussetzungen von Dybvig und Ross (1986) ausgeschlossen wird. Auch Annahme 1, dass jedes Wertpapier von irgendeinem Investor gehalten wird, ist kritisch zu hinterfragen. Analog zu Schaefer kommen auch Ross/Dybvig zu dem Resultat, dass in einem Gleichgewicht ohne Klientel-Effekte Marktteilnehmer so lange Arbitragegeschäfte betreiben, bis sie über dieselben marginalen Steuersätze verfügen.

3.1.6 Existenz eines Marktgleichgewichts nach Damon/Green

Dammon und Green (1987) erweitern das Modell von Ross/Dybvig um Leerverkäufe und präsentieren eine alternative Form der Arbitragefreiheit (*no tax arbitrage*), die sowohl hinreichend als auch notwendig für die Existenz eines kompetitiven Finanzmarktgleichgewichts ist. Steuerarbitragen im Sinne von Dammon/Green implizieren die Möglichkeit, in mindestens einem zukünftigen Umweltzustand unbeschränkte Gewinne zu erzielen, ohne negative Netto-Auszahlungen in allen anderen Zuständen zu erwarten. Dadurch steigt die Nachfrage nach einzelnen Wertpapieren ins Unermessliche und jede Form eines Gleichgewichts wird vereitelt. Die Existenz einer lokalen Arbitrage, wie Ross (1987) sie beschreibt, widerspricht hingegen nicht der Existenz eines Gleichgewichts. In diesem Fall realisieren einzelne Marktteilnehmer ihre lokalen Arbitragemöglichkeiten und verringern dadurch ihre marginale Steuerlast. Dabei müssen die marginalen Steuersätze, wie in Dybvig und Ross (1986), nicht notwendigerweise für alle Investoren identisch sein. Im Fall von nicht vollständig substituierbaren Titeln[7] können autarke Gleichgewichte entstehen,

---

[6] Auf S. 752 heißt es: „short sales of assets ... can be emulated by the introduction of new "artificial" assets, each consisting of a short position in a shorted asset plus a long position in another asset"

[7] Das wären im Fall eines Marktes mit zwei Wertpapieren und zwei zukünftigen Umweltszenarien, zum Beispiel, ein nicht zu versteuernder Bond und eine zu versteuernde Aktie, deren Netto-Auszahlung in einem Zustand höher als die Auszahlung des Bonds ist und im anderen Zustand eine geringere Netto-Auszahlung hervorruft.

d.h. die Ökonomie ist ohne weiteren Handel im Gleichgewicht und jeder Investor bleibt bei seiner Anfangsausstattung. Man beachte hierbei, dass auch Dammon/Green, analog zu Ross/Dybvig nur ein (statisches) Ein-Perioden-Modell betrachten. Im Fall sicherer Wertpapiere genügt der Markt der *No Tax Arbitrage*-Bedingung, falls alle Investoren mindestens einen marginalen Steuersatz gemeinsam haben. Die Konvexität der Steuer begünstigt sogar die Abwesenheit unbeschränkter Gewinne.[8] Im Gegensatz zu Ross (1987) können die Autoren auch ohne Kenntnis der einzelnen Portfolioausstattungen feststellen, wann keine unbegrenzte Steuerarbitragen möglich sind. Es genügt die Kenntnis darüber, den minimalen und maximalen Grenzsteuersatz der Marktteilnehmer zu kennen. Dieser leitet sich im Allgemeinen aus den Steuergesetzen ab. Eine Analyse, welcher exakten Struktur die Gleichgewichtspreise folgen, geben die Autoren aber nicht. Zudem setzen die Autoren differenzierbare Steuerfunktionen für ihr formales Vorgehen voraus, merken jedoch an, dass im Falle von Stufentarifen diese Voraussetzung nicht gegeben sei und man deshalb die Theorie des Subdifferentials anwenden müsse. Auch schenken Dammon/Green in ihrer Argumentation dem Staat als eigenständigen Investor keine Beachtung. Im Gegensatz zu „gewöhnlichen" Investoren, versucht der Staat die Steuerzahlungen nicht zu minimieren, sondern der Minimierung von Steuerlasten entgegenzuwirken. Auch ist nicht klar, wo die gezahlten Steuern in dem Modell von Dammon/Green hinwandern. Eine Rückverteilung der Steuern erfolgt definitiv nicht. Die realisierten Steuerarbitragen sind somit zusätzlich erzeugte Vermögenspositionen. Im Gleichgewichtszustand selbst müssen hingegen alle Vermögen erweiternde Positionen beseitigt sein.[9] Wir zeigen in Kapitel 4.3, dass im Einperioden-Modell unsere Definition einer beschränkten Arbitrage äquivalent ist zu der Steuerarbitrage nach Dammon/Green. Folglich ist die Identifikation der Steuersätze, die unbeschränkte Gewinne vermeiden, vergleichbar einfach zu bewerkstelligen, mit dem positiven Nebeneffekt, dass unser Modell auch für den zeitdynamischen Handel angewendet werden kann.

3.1.7 Multiple Diskontierungsfaktoren nach Dermody/Rockafellar

Dermody und Rockafellar (1991) analysieren nichtlineare Steuern (sowie Transaktionskosten) und Bonds. Sie gehen vereinfachend davon aus, dass zukünftige Steuerzahlungen nur vom Preis der jeweiligen Wertpapiere abhängen, nicht jedoch von der Handelsstrategie (Gewinnbesteuerung). Dies ist in mehrfacher Hinsicht problematisch. Zum einen unterliegen Tilgungszahlungen eines Kredites nicht einer Einkommensteuer, was im Modell von Dermody und Rockafellar

---

[8] Siehe hierzu Dammon und Green (1987, S. 1148ff). Die Autoren bezeichnen dies als „...the role of progressive tax schedules in dramatically reducing the opportunities for tax arbitrage." Formal liegt das daran, dass mögliche Steuerarbitragen (geometrisch) immer einen Kegel bilden. Ist das zu Grunde liegende Steuersystem konvex und marginale Steuersätze aller Investoren überlappen sich, so beschreibt der Kegel (auch *recession cone* genannt) eine leere Menge und mögliche Portfolioverbesserungen sind beschränkt.

[9] So heißt es auf S. 1145: „Although such opportunities must obviously be fully exploited at an equilibrium, the existence of "local" arbitrage does not preclude the *existence* of an equilibrium. Similarly, gains to trade in a no-tax economy, while they too must be fully exploited at an equilibrium, do not prevent one from ever being achieved."

(1991) schlichtweg ignoriert wird. Zum anderen könnte ein Investor durch eine geschickte Handelsstrategie Steuern vermeiden, was Dermody und Rockafellar (1991) mit ihrem Modell aber ausschließen müssen. Da zudem Kauf- und Verkaufspreis, wie bei Prisman (1986), nicht identisch sind, kommen die Autoren in ihrem Modell zu dem Schluss, dass Diskontierungsfaktoren im Allgemeinen nicht eindeutig sind:

> „There are strong mathematical reasons for believing that the nonuniqueness indicates underlying nonlinearities in the behavior of value that cannot be captured by a single term structure" (S. 32).

Ohne Transaktionskosten tritt dieser Fall nur für ein ganz bestimmtes Steuersystem auf – wenn Gewinne und Verluste unterschiedlich besteuert werden. Für andere, durchaus relevante Fälle (z.B. Freibeträge), identifizieren wir eine eindeutige *term structure*, die einen klaren Zusammenhang zur Steuerschuldfunktion aufweist.[10]

[10] Dieser Zusammenhang gilt allerdings nur, wenn wir zudem annehmen, dass Investoren über keine weiteren zu versteuernden Einkünfte besitzen.

3.1.8 Kollektive Steuerminimierung nach Basak/Croituru

Basak und Croitoru (2001) stellen das Zusammenspiel von Staat und Investoren verschiedener Steuerklassen heraus. Im Gleichgewicht verhalten sich alle Teilnehmer (inklusive der Staat), als ob sie versuchen, die aggregierten Steuerzahlungen zu minimieren. Augenscheinliche Vorsteuerarbitragen können entstehen, werden von den Akteuren aber nicht weiter verfolgt. Steuerliche Klientel-Effekte treten nur dann auf, wenn individuelle Steuersätze ausreichend heterogen sind und das Gesamtvermögen gleichmäßig über alle Marktteilnehmer verteilt ist. Derivative Finanzprodukte können aufgrund der unterschiedlichen Besteuerung ihres zu Grunde liegenden Underlyings dazu führen, dass einzelne Investoren ihre Steuerzahlungen verringern. Im Gegensatz zu unserem Modell betrachten die Autoren ein stetiges Modell unter Unsicherheit mit einer zu Grunde liegenden Brownschen Bewegung, welche die Unsicherheitskomponente in den riskanten Wertpapieren widerspiegelt. Analog zu unserem Modell und einhergehend mit den Aussagen von Dermody und Rockafellar (1991), identifizieren die Autoren Fälle, in denen der (faire) Marktpreis nicht eindeutig bestimmt sein muss. Allerdings können die Autoren keine allgemeine Form der Steuerarbitrage in Abhängigkeit der Tariffunktion angeben. Auch wird dem Leser nicht klar, in welchem Bereich sich die Höhe der Arbitrage bewegt. Wie die Arbeit von Dermody und Rockafellar (1991) schon vermuten lässt, ist es nicht die zu Grunde liegende Stochastik, die das dem Phänomen multipler Assetpreise auslöst, sondern vielmehr eine ganz spezielle strukturelle Form der Steuerschuldfunktion. Aus diesem Grund verzichten wir in der vorliegenden Arbeit auf die zusätzliche Einführung zeitstetiger

Prozesse und befassen uns vorwiegend mit der Analyse von Bonds.

3.1.9 Beschränkte Steuersubventionen nach Gallmeyer/Srivastava

Gallmeyer und Srivastava (2011) untersuchen ein an sich lineares Steuersystem mit Kursgewinnsteuer und Dividendensteuer. Sie unterstellen jedoch, den realen Steuergesetzen entsprechend, dass Kapitalverluste nur in beschränkter Höhe steuerlich geltend gemacht werden können und setzen zudem voraus, dass so genannte *wash sales* (zu Deutsch Scheingeschäfte) verboten sind.[11] Die zusätzlichen Bedingungen führen dazu, dass das Steuersystem nichtlinear ist. Unter dieser Voraussetzung zeigen die Autoren, dass Arbitragefreiheit vor Steuern auch Arbitragefreiheit nach Steuern mit sich zieht. Ferner sind Preisbildungsformeln ohne Steuern problemlos in die Modellwelt mit Steuern übertragbar – ein Ergebnis, das sich mit dem unseren deckt. Die Autoren betrachten aus Gründen der Übersicht ein (statisches) 2-Zeitpunkte Modell unter Unsicherheit. Eventuelle Effekte aus zeitdynamischen Handelsmöglichkeiten gehen dabei verloren. Auch diskutieren die Autoren nur einen Spezialfall aus der Menge aller Steuergesetze. In Wirklichkeit ist die Hülle an unterschiedlichen, miteinander in Verbindung stehenden Steuergesetzen weitaus komplexer. Deshalb nehmen wir a priori nur eine allgemeine Form der Steuerfunktion an, ohne den Anspruch, alle denkbaren Steuergesetze separat abbilden zu wollen.

[11] Bei einem *wash sale* realisiert der Investor einen Kapitalverlust aus einer Position (zum Beispiel aus steuerlichen Gründen) und kauft direkt im Anschluss an die Transaktion die identische oder zumindest eine vergleichbare Position wieder ein, in der Hoffnung auf steigende Kurse.

3.1.10 Forschungslücke

Uns ist keine Arbeit bekannt, die sich mit der Investitionsneutralität nichtlinearer Steuertarife beschäftigt. Investitionsneutrale Steuersysteme verändern die Reihenfolge der Durchführung von Investitionsprojekten, auch nach Einführung von Steuern, nicht.[12] Die klaren Vorteile eines investitionsneutralen Steuersystems liegen auf der Hand. Es werden nur Projekte realisiert, die aus ökonomischen (und nicht steuerpolitischen) Gesichtspunkten vorteilhaft sind, und zwar, wenn der Barwert zukünftiger Erträge die heutige Investitionsausgabe übersteigt. Ein Projekt, das nur realisiert wird, weil es sich unter Einbezug von etwaigen Steuervorteilen lohnt, bedeutet für den Staat, dass er ein an sich unrentables Projekt mitfinanziert.

[12] Vgl. König (1997, S. 42).

In der Theorie sind drei investitionsneutrale Steuersysteme bekannt: die Besteuerung des ökonomischen Gewinns nach Preinreich (1951) und Samuelson (1964), die Cashflow-Steuer nach Brown (1948) sowie die zinskorrigierte Gewinnsteuer nach Boadway und Bruce (1979) und Wenger (1983). Bei allen drei Steuersystemen ist die Besteuerung linear. Des Weiteren ist die Preinreich-Samuelson-Steuer (leider), auf Grund des zusätzlichen Bewertungsaufwandes, nur schwer implementierbar. Die Cashflow-Steuer verliert ihre Investitionsneutralität, sofern Steuersätze zeitlich variieren, was nach Beendigung einer Legislaturperiode typischerweise der Fall ist. Einzig die zinskorrigierte Steuer wurde u.a. von 1994-2000 in Kroatien implementiert, nach einem Regierungswechsel jedoch wieder abgeschafft.[13] Die vorliegende Arbeit wirft die Frage auf, ob der Gesetzgeber mit der Wahl einer bestimmten nichtlinearen Tariffunktion ein Steuersystem erschaffen kann, welches die Preisbildungsprozesse am Markt nicht beeinflusst und daher automatisch investitionsneutral ist.

[13] Für eine detailliertere Ausführung der Geschehnisse vgl. Wagner und Wenger (1996).

3.2 Gegenüberstellung

Tabelle 3.1 fasst obige Ausführungen noch einmal zusammen und zeigt die verschiedenen Modellannahmen sowie die Hauptresultate der für uns relevanten Arbeiten. Wie man deutlich erkennt, ist eine Vielzahl arbitragetheoretischer Arbeiten zu nichtlinearen Steuern aus der Motivation heraus entstanden, ein Gleichgewichtsmodell zu formulieren. Das ist nicht verwunderlich, da die Voraussetzung der Arbitragefreiheit stets ein notwendiges Kriterium für die Entstehung eines Gleichgewichtes ist.[14] Neben unserer Arbeit ist das Papier von Ross (1987) das Einzige, welches ein reines Arbitragemodell voraussetzt.[15] Zeitdynamik ist ein Parameter, der erst in den Modellen der späten 1980er Jahren aufgenommen wurde. Zwar besteht das Modell von Schaefer (1982) ebenfalls aus mehreren Perioden, jedoch bildet der Investor im Zeitpunkt 0 (also heute) ein Portfolio und hält dieses bis zur Endfälligkeit (Buy-&-Hold-Strategie). Dadurch unterscheidet sich das Modell formal kaum von einem Einperioden Modell. Das andere Extremum beschreibt ein stetiges Modell, welches den formalen Aufwand unnötigerweise verkompliziert und gerade bei Einkommensteuern nicht immer angemessen ist. Gleiches gilt für die Einführung riskanter Wertpapiere. Um den eigentlichen Kern steuerlicher Arbitragefreiheit fassen zu können, genügt es, analog zu Dermody und Rockafellar (1991), zunächst die Netto-Diskontierungsfaktoren in einem *Bondmarkt* zu identifizieren. Das Übertragen der Resultate auf ein stochastisches Mehrperiodenmodell ist dann mit den Techniken aus Kapitel 1.1.3 zu bewerkstelligen. Einen ersten Ansatz wagen wir in Kapitel 4.5.3.

Entscheidend für jedes Modell ist die Annahme, die man an die Steuerschuldfunktion stellt. Wie man in Tabelle 3.1 sieht, ist das stets die Voraussetzung der Konvexität, welche gleichzusetzen ist mit monoton wachsenden Grenzsteuersätzen. Neben den Annahmen an die Steuerfunktion ist auch die Definition der Bemessungsgrundlage entscheidend. Ziel ist es, die Kapitaleinkünfte eines einzelnen Investors zu fassen. Dabei unterscheiden wir grundsätzlich zwischen den Ein-

[14] Wie Dammon und Green (1987) zeigen ist sie unter bestimmten Bedingungen auch ein hinreichendes Kriterium.
[15] Vor der Tatsache, dass Ross mit seinen beiden Aufsätzen Ross (1976) und Ross (1978) selbst die Arbitragepreistheorie (ohne Steuern) geprägt hat, ist der Versuch dieses Modell auf eine Welt mit Steuern zu übertragen nicht allzu überraschend.

nahmen aus der Nutzung eines Wertpapiers, sowie den Einnahmen aus der Veräußerung eines Wertpapiers.[16] Zu den Einnahmen aus Nutzung zählen bei sicheren Wertpapieren, zum Beispiel Zinszahlungen und bei unsicheren Titeln, zum Beispiel Dividendenzahlungen. Wir bezeichnen diese Einnahmen grundsätzlich als Cashflows. Bei einer Kreditaufnahme können die Cashflows in Form von Tilgungszahlungen natürlich negativ sein. Zu den Einnahmen aus Veräußerung zählt bei Finanztiteln (sowohl bei riskanten als auch risikofreien) die Preisdifferenz zwischen Kauf- und Verkaufskurs. Viele Arbeiten (siehe weiterhin Tabelle 3.1) betrachten ausschließlich Cashflows. Andere Arbeiten hingegen, wie Dermody und Rockafellar (1991), analysieren nur die Differenz von Preisunterschieden. Dammon und Green (1987) diskutieren zunächst nur die anteiligen Cashflows und erweitern dann ihre Analyse auf Preisdifferenzen.[17] Unser Modell ist so flexibel gehalten, dass wir mögliche Veräußerungsgeschäfte mit Hilfe des Begriffs der verallgemeinerten Abschreibung (a_t) einbeziehen können.[18] Hierzu setzt man voraus, dass bei Finanztiteln Buchwert und Marktpreis in allen Zeitpunkten übereinstimmen. Im Falle von Kurssteigerungen kann man die zusätzlichen Gewinne mit den Verlusten aus anderen Positionen verrechnen und dadurch die Steuerlast senken.

Ebenfalls in Tabelle 3.1 ersichtlich, ist die Vielzahl verschiedener gebräuchlicher Arbitrageterminologien, die wir ausführlich in Kapitel 4.3 diskutieren werden. Wie man unschwer erkennen kann, ist unsere Arbeit die einzige arbitragetheoretische Arbeit, die anhand eines dynamischen Modells Preiskonstellationen von Bonds analysiert, die keine (oder nur begrenzt hohe) risikofreie Gewinne ermöglichen. Dabei können wir, im Gegensatz zu Ross (1987), einzig und allein aus Kenntnis der aktuell geltenden Marktpreise und Steuergesetze Rückschlüsse auf die Höhe der möglichen Arbitragegewinne ziehen. Sieht der Gesetzgeber zudem steuerliche Freibeträge vor, so können wir zeigen, dass Bondpreise sich im Allgemeinen nicht vom Modell ohne Steuern unterscheiden.

[16] Das entspricht §20 Abs. 1-2 EStG.

[17] Allerdings müssen die Autoren noch die zusätzliche Annahme treffen, dass es ein Wertpapier mit strikt positiven Brutto-Auszahlungen in allen Umweltzuständen gibt, welches zudem einen positiven Preis besitzt.

[18] Zumindest gilt das für ein Ein-Periodenmodell. In einem Mehrperiodenmodell unter Unsicherheit sind die Sachverhalte etwas komplexer.

	Schaefer (1982)	Ross (1986)	Dammon/Green (1987)	Dermody/Rockafellar (1991)	Basak/Croitoru (2001)	Becker/Löffler (2016)
Modell	G	A	G	G	G	A
Zeitdynamik	× (Buy-&-Hold)	× (√)	×	√	√ (stetig)	√
Riskante Wertpapiere	×	√	√	×	×	×
Bemessungsgrundlage	Cashflows	Cashflows (Portfolio abhängig)	Cashflows (anteilig)	Kauf-/ Verkaufspreise	Cashflows (portfolio abhängig)	Cashflows (abzgl. steuerl. AfAs)
Steuersystem	Strikt progressiv	Konvex (stückweise linear)	Konvex	Linear	Konvex	Konvex
Arbitragefreiheit	–	NoLAO, NoGAO	NTA	CNA, SNA, WNA	NTAO	NDTA
Resultate	Klientel-Effekte falls Leerverkaufsbeschränkungen existieren.	Existenz von Arrow-Debreu-Titel gdw. NoLAO.	Existenz eines allgemeinen Finanzmarktgleichgewichtes gdw. NTA.	Verschiedene Netto-Diskontierungsfaktoren für verschiedene Steuer-Klientel gdw. CNA.	Im Gleichgewicht minimieren Investoren die aggregierten Steuerzahlungen. Vorsteuerliche Fehlbewertungen können auftreten.	Diskontierungsfaktoren bleiben i.A. unverändert gdw. NDTA.

Tabelle 3.1: Literaturüberblick der verschiedenen Steuerarbitrage-Modelle. G = Gleichgewichtsmodell, A = Arbitrage, AfA= verallgemeinerte (steuerliche) Abschreibung.

3.3 Ergebnisse der vorliegenden Arbeit

Wir untersuchen ein T-Perioden Modell, in dem risikolose Wertpapiere gehandelt werden und Kapitalgewinne einer nichtlinearen Einkommensteuer unterliegen. Wir werfen die Frage auf, wann eine arbitragefreie Bewertung eines beliebigen Bonds möglich ist. Traditionell gelingt eine arbitragefreie Bewertung mittels Replikation d.h. Handelsstrategien, die identische Brutto-Auszahlungen haben, müssen in einem arbitragefreien Markt auch identische Preise aufweisen. Dabei wird sich zeigen, dass uns die Nichtlinearität der Steuerfunktion zu einer Anpassung des in der Literatur verwendeten Arbitragebegriffes zwingt.

Sind Steuern linear in der Bemessungsgrundlage, können wir Arbitragegewinne beliebig skalieren. Finden wir eine Handelsstrategie, die eine Netto-Einzahlung ohne Ausgaben herbeiführt, werden wir diese Strategie nicht nur einmal durchführen, sondern beliebig oft. Dadurch steigen unsere Arbitragegewinne ins Unermessliche und wir können theoretisch unendlich reich werden. Wenn dagegen nichtlineare Steuern existieren, müssen Arbitragegewinne nicht notwendigerweise ins Unermessliche reichen. Es kann passieren, dass eine Arbitragemöglichkeit zwar zu einer bestimmten Einzahlung $K < \infty$ führt, ohne dass Auszahlungen notwendig sind. Wird die Strategie jedoch auf einem noch höheren Niveau durchgeführt, realisiert der Investor keine höheren Einzahlungen als K. Vielmehr kann es sein, dass K der höchste erzielbare Arbitragegewinn bleibt.

Daher müssen wir zwischen unbeschränkten (d.h. klassischen) und *beschränkten* Arbitragegelegenheiten unterscheiden. Unserer Ansicht nach führen unbeschränkte Arbitragemöglichkeiten nach wie vor dazu, dass das ökonomische Modell widersprüchlich wird. Wenn beliebige Finanzmittel aus dem Nichts geschaffen werden können, verliert jede Budgetrestriktion ihren Sinn. Sind die investorspezifischen Präferenzordnungen monoton (d.h. mehr ist besser), dann besitzt das investorspezifische Maximierungsproblem gar keine Lösung und wir können nicht mehr behaupten, menschliches Verhalten auf realen Märkten beschreiben zu wollen. Bei einer beschränkten Arbitragemöglichkeit ist dies jedoch anders. Eine solche Handelsmöglichkeit führt erst einmal nur dazu, dass der homo oeconomicus jede denkbare Option ausnutzt und unter diesen Bedingungen seine optimale Strategie wählt. Dies bedeutet keinesfalls, dass sich das Nutzenmaximierungskalkül selbst ad absurdum führt.

Wir werden in unserer Arbeit notwendige und hinreichende Bedingungen angeben, welche Wertpapierpreise beschränkte sowie unbeschränkte Arbitragemöglichkeiten zulassen. Dazu werden wir zuerst aus den Preisen von Wertpapieren so genannte implizite Steuersätze ableiten, die man sich wie folgt als Linearisierung der Steuerschuldfunktion in einer Bewertungsgleichung vorstellen kann: Wenn für ein Wertpapier im Zeitpunkt t der Handelspreis mit p_t bezeichnet wird, x_t den Cashflow und a_t die Differenz aus Cashflow und Bemessungsgrundlage der Einkommensteuer im Zeitpunkt t darstellen, dann haben wir im einleitenden Kapitel 1.2 mit Hilfe von Satz 1.20 bereits festgestellt, dass bei linearen Steuern auf arbitragefreien Märkten bekanntlich

$$p_{t-1} = \frac{p_t + x_t - \tau_t \cdot (x_t - a_t)}{1 + r_f \cdot (1 - \tau_t)} \qquad (3.1)$$

gelten muss, wobei τ_t ein konstanter Steuersatz ist. Bei konvexen Steuerschuldfunktionen ist nicht unmittelbar einsichtig, welcher Steuersatz τ_t hier anzuwenden ist. Gilt $x_t - a_t \neq p_{t-1} r_f$, so können wir τ_t eindeutig bestimmen durch

$$\tau_t = \frac{p_t (1 + r_f)\, p_{t-1}}{x_t - a_t - r_f\, p_{t-1}} \qquad (3.2)$$

Wir werden diesen Steuersatz hervorheben und *impliziten Steuersatz* nennen. Es gibt für jeden Zeitpunkt $t = 1, \ldots, T$ einen solchen impliziten Steuersatz τ_t für das zu bewertende Wertpapier. Die impliziten Steuersätze τ_t hängen von den Wertpapierpreisen, den Cashflows und den Bemessungsgrundlagen ab. Da sie sich als Lösung einfacher linearer Gleichungen ergeben, ist nicht von vornherein klar, dass sie mit einem Grenz- oder Durchschnittssteuersatz der Funktion $T(\cdot)$ übereinstimmen oder im Intervall $[0,1]$ liegen. Fordern wir sehr plausible Einschränkungen an die Steuerschuldfunktion, wie in Annahme 2.7, so können wir jedoch mit Hilfe der impliziten Steuersätze Folgendes beweisen:

- Die Preise der Wertpapiere sind genau dann arbitragefrei, wenn alle impliziten Steuersätze den Grenzsteuersätzen der Funktion $T(\cdot)$ entsprechen, die sich bei einer Bemessungsgrundlage bezüglich der Anfangsausstattung eines Investors einstellen.

- Die Preise der Wertpapiere erlauben genau dann unbeschränkte Arbitragemöglichkeiten, wenn mindestens ein impliziter Steuersatz einen Wert annimmt, der in der Steuerschuldfunktion $T(\cdot)$ als ein möglicher Grenzsteuersatz (für eine beliebige Bemessungsgrundlage) nicht vorkommt.

- In allen anderen Fällen erlauben die Preise beschränkte Arbitragemöglichkeiten.

Wir werden dieses Ergebnis an verschiedenen Steuerschuldfunktionen erläutern.

Unser Ergebnis ist intuitiv nicht ganz einfach zu verstehen. Es weist jedoch eine starke Analogie zu der Diskussion von Grenz- und Durchschnittskosten in der klassischen Produktions- und Kostentheorie auf, sofern wir davon ausgehen, dass der betrachtete Investor neben Einkommen aus Kapitalvermögen über keine weiteren Einkommensquellen verfügt. Aus der Produktions- und Kostentheorie wissen wir, dass ein optimales Programm genau dann gegeben ist, wenn Grenz- und Durchschnittskosten identisch sind.[19] Es wird sich zeigen, dass die Existenz von Arbitragemöglichkeiten auf diese Überlegung übertragen werden kann. Arbitragegelegenheiten existieren, wenn Grenz- und Durchschnittssteuersätze einer Steuerschuldfunktion auseinanderfallen, weil Investoren, ohne jegliche Einkünfte, über den Kapitalmarkt Steuerzahlungen umgehen können.

Die Arbeit gliedert sich wie folgt. In Kapitel 4 verbinden wir die einleitenden Kapitel 1 und 2, indem wir ein mehrperiodiges Arbitragemodell für risikofreie Wertpapiere herleiten, die einer nichtlinearen (konvexen) Einkommensteuerschuld unterliegen. Wir beweisen einen Fundamentalsatz, der es uns erlaubt jedes beliebige risikofreie Wertpapiere zu bewerten. Im Anschluss ordnen wir „unseren" Arbitragebegriff in die vorgestellte Literatur von Kapitel 3 ein. Wir zeigen welche Handelsstrategien im Falle einer Fehlbewertung zum maximalen Arbitragegewinn führen. Darüber hinaus erweitern wir unser Modell um die Möglichkeiten einer Besteuerung des ökonomischen Gewinns sowie der Bewertung riskanter Wertpapiere und treffen Aussagen über die Vollständigkeit des Marktes. In Kapitel 5 wenden wir unsere Theorie auf reale Steuersysteme an und überprüfen die Ergebnisse mittels Computersimulation. Kapitel 6 diskutiert die Modellannahmen und zeigt weiteres Forschungspotential auf. Das letzte Kapitel fasst unsere Ergebnisse zusammen.

[19] Vgl. hierzu Exercise 5.D.1 in Mas-Colell et al. (1995, S. 143-144).

4
Arbitragepreistheorie und konvexe Steuersysteme

4.1 Einführendes Beispiel zur Illustration

Wir möchten in diesem Kapitel den Einfluss konvexer Steuerschuldfunktionen im mehrperiodigen Arbitragemodell diskutieren. Hierzu betrachten wir zunächst ein Minimalbeispiel mit zwei risikofreien Titeln und zwei Handelszeitpunkten $t = 0$ und $t = 1$. Im Endzeitpunkt $T = 2$ lösen wir all unsere Portfolioanteile auf. Danach ist kein Handel mehr möglich.

Die Theorie arbitragefreier Bewertung ist eine relative Bewertung. Der Preis eines Wertpapiers und/oder Portfolios wird ermittelt, indem wir ein Portfolio aus anderen Wertpapieren bilden, die identische Cashflows aufweisen (Duplikation). In einem arbitragefreien Markt (vor Steuern) müssen die Preise beider Wertpapiere übereinstimmen. Dies unterscheidet die Theorie arbitragefreier Bewertung von der Gleichgewichtstheorie, bei der Preise auf Nutzenfunktionen und Erstausstattungen zurückgeführt werden müssen.

Damit muss man bei der Theorie arbitragefreier Bewertung die Preise gewisser Wertpapiere (so genannter Basistitel) bereits voraussetzen – das gilt auch für den Fall, dass Steuern unterstellt werden. Die Theorie arbitragefreier Bewertung erklärt dann, wie sich die Preise zusätzlicher Wertpapiere errechnen. Wir werden hier annehmen, dass es einen Standard-Kupon-Bond mit Zinszahlungen in Höhe eines risikolosen Zinssatzes $r_f > 0$ gibt. Den Preis nach Steuern, zu dem dieses Papier in jedem Zeitpunkt gekauft- oder verkauft werden kann, werden wir bei eins normieren.

Unter Verwendung der gleichen Notation wie in Kapitel 1, seien die Cashflows des Standard-Kupon-Bonds in den Zeitpunkten $t = 1, 2$ gegeben durch $x_1^0 = r_f$ und $x_2^0 = 1 + r_f$. Die Preise für eine Einheit des Standard-Kupons in den Zeitpunkten $t = 0, 1, 2$ seien $(p_0^0, p_1^0, p_2^0) = (1, 1, 0)$, wobei wir hier aus Gründen der Zweckmäßigkeit einen fiktiven Preis von null im letzten Zeitpunkt (in dem kein Handel mehr stattfindet) voraussetzen.[1] Lässt man dynamische

---

[1] Das ist eine typische Annahme für Finanztitel, die nicht „ewig" leben.

Handelsstrategien zu, so ist mit diesem Kupon-Bond jede beliebige risikolose Auszahlungsstruktur (nach Steuern) duplizierbar. Daher ist es ausreichend, nur diesen Kupon-Bond als Basiswertpapier (d.h. nullten Titel) vorauszusetzen.[2]

Wir führen nun einen Zero-Bond mit gleicher Laufzeit und Auszahlungsstruktur $x_1^1 = 0$ und $x_2^1 = (1 + r_f)^2$ in unser Modell ein.[3] Wir fragen uns nun, welche Eigenschaften die Preise (p_0^1, p_1^1) des zweiten Wertpapiers haben müssen, damit der Markt, bestehend aus dem Standard-Kupon-Bond und dem weiteren Wertpapier, arbitragefrei bleibt. Es gilt erneut $p_2^1 = 0$.

Die Inhaber der Wertpapiere haben in den Zeitpunkten $t = 1, 2$ aus den erhaltenen Cashflows eine Einkommensteuer zu zahlen. Die Steuerschuld errechnet sich dabei aus einer (zeitunabhängigen) konvexen Steuerschuldfunktion $T(\cdot)$, deren Input sich errechnet aus der Differenz der Cashflows x_t^i und den Abschreibungen a_t^i, gewichtet mit der jeweiligen Anteilsmenge h_{t-1}^i. Die Tariffunktion $T(\cdot)$ erfüllt dabei alle in Kapitel 2.1 unter Annahme 2.7 zusammengefassten Eigenschaften.[4] Im Fall des Standard-Kupon-Bonds setzen wir $(a_1^0, a_2^0) = (0, 1)$, da im letzten Zeitpunkt eine Kapitalrückzahlung in Höhe von eins erfolgt. Gleiches gilt für den Zero-Bond. Abbildung 4.1 fasst die Ausgangssituation noch einmal zusammen.

[2] Im Gegensatz zum Modell unter Unsicherheit, bei dem wir eine beliebige aber feste Anzahl von n Basistiteln vorausgesetzt haben.

[3] Das entspricht einer verzinsten Anlage inklusive Zinseszinsen über zwei Perioden.

[4] Sie ist insbesondere konvex, es gilt $T(0) = 0$ und alle Grenzsteuersätze liegen im Bereich $[0, 1)$.

t	0	1	2
p_t^0	1	1	0
x_t^0	-	r_f	$1 + r_f$
a_t^0	-	0	1
h_t^0	h_0^0	h_1^0	0

Std.-Kupon-Bond.
(a)

t	0	1	2
p_t^1	?	?	0
x_t^1	-	0	$(1+r_f)^2$
a_t^1	-	0	1
h_t^1	h_0^1	h_1^1	0

Zero-Bond.
(b)

Tabelle 4.1: Auszahlungsstruktur von Standard-Kupon-Bond und Zero-Bond im 2-Periodenmodell.

Ein Investor kann am Markt handeln und eine dynamische Handelsstrategie durchführen. Das bedeutet aber, dass die Portfolioanteile h_t^i im Zeitverlauf variieren können.[5] Im Zeitpunkt t kann dann der Investor nach Steuern folgenden Betrag für den Konsum entnehmen:

$$\delta_t(h) = -p_t^1 h_t^1 - p_t^0 h_t^0 + \left(p_t^1 + x_t^1\right) h_{t-1}^1 + \left(p_t^0 + x_t^0\right) h_{t-1}^0 \\ - T\left((x_t^1 - a_t^1) h_{t-1}^1 + (x_t^0 - a_t^0) h_{t-1}^0\right).$$

Diese Definition unterscheidet sich von der Theorie der arbitragefreien Bewertung ohne Steuern nur hinsichtlich der Steuerschuld $T(\cdot)$.[6] Wir können nun den Begriff einer Arbitragemöglichkeit definieren.

Definition 4.1 (Arbitragemöglichkeit). *Eine Strategie h ist eine Arbitragemöglichkeit genau dann, wenn $\delta_t(h) \geq 0$ in jedem Zeitpunkt $t = 0, 1, 2$ gilt und für mindestens einen Zeitpunkt t eine der Ungleichungen strikt ist. Existieren keine Arbitragemöglichkeiten, so ist der Markt arbitragefrei.*

[5] Bei einer Buy-and-Hold-Strategie blieben die Anteile jedoch konstant.

[6] Man beachte hierbei, dass wir, wie in anderen Bewertungsmodellen üblich, keine zusätzlichen Steuern im Zeitpunkt $t = 0$ berücksichtigen. Auf diesen Punkt gehen wir in Kapitel 6 noch genauer ein.

Die Existenz einer Arbitrage bietet somit die Möglichkeit eine Handelsstrategie zu entwickeln, die heute nichts kostet ($p_0^1 h_0^1 + p_0^0 h_0^0 \leq 0$) und in Zukunft nichtnegative Netto-Entnahmen

$$\delta_1(h) = p_1^1 h_t^1 - p_1^0 h_t^0 + \left(p_1^1 + x_t^1\right) h_0^1 + \left(p_1^0 + x_1^0\right) h_0^0 \\ - T\left((x_1^1 - a_1^1)h_0^1 + (x_1^0 - a_1^0)h_0^0\right) \geq 0$$

und

$$\delta_2(h) = x_2^1 h_1^1 + x_2^0 h_1^0 - T\left((x_2^1 - a_2^1)h_1^1 + (x_2^0 - a_2^0)h_1^0\right) \geq 0 \quad (4.1)$$

erzielt. Dabei findet ein echter risikofreier Gewinn entweder heute (im Zeitpunkt $t = 0$) oder morgen (in den Zeitpunkten $t = 1, 2$) oder heute und morgen statt.

Ohne Einschränkung gehen wir davon aus, dass Arbitragegewinne stets mit einer positiven Einzahlung in $t = 0$ einhergehen. Sollten die risikofreien Gewinne etwa in der Zukunft anfallen ($\delta_t(h) > 0$ für ein $t > 0$) und heute einen Preis von null generieren, dann können wir durch einen Verkauf des Kupon-Bonds zum Zeitpunkt $t - 1$ eine in t selbstfinanzierende Strategie generieren, die eine echt positive Entnahme in $t - 1$ nach sich zieht. Diese Verschiebung bis zum heutigen Zeitpunkt wiederholen wir in $t - 2$ usw., bis wir in $t = 0$ eine echt positive Entnahme erhalten. Dies ist immer möglich, sobald $r_f > 0$ gilt und die Tariffunktion Durchschnittssteuersätze unter 100 % aufweist.[7] Von daher ist es sinnvoll, den niedrigsten Preis zu betrachten, den eine Handelsstrategie h, mit nichtnegativen Netto-Entnahmen, heute kostet. Wir betrachten somit das folgende primale konvexe Optimierungsproblem (P)

$$\inf_h \quad p_0^1 h_0^1 + p_0^0 h_0^0 \quad \text{(P)}$$
$$\text{s.t.} \quad \delta_t(h) \geq 0 \quad t = 1, \ldots, T,$$

wobei p^* den optimalen Wert in (P) bezeichne. Da $h = 0$ eine zulässige Handelsstrategie ist und $T(0) = 0$ ist, folgt für den optimalen Wert $p^* \leq 0$. Der einzige Preis, der mit Arbitragefreiheit verträglich ist, ist ein optimaler Wert $p^* = 0$. Stellt sich dagegen heraus, dass eine optimale Strategie mit $p^* < 0$ existiert, so muss es sich auf Grund des negativen Preises offensichtlich um eine Arbitragemöglichkeit handeln.

In der Theorie der arbitragefreien Bewertung ohne Steuern bedeutet die Existenz einer Arbitrage h mit $p_0^1 h_0^1 + p_0^0 h_0^0 < 0$ bereits, dass jedes Vielfache dieser Strategie auch zu einem Vielfachen des Arbitragegewinnes führt. In diesem Sinn sind Arbitragemöglichkeiten in der Bewertungstheorie ohne Steuern unbeschränkt, d.h. $p^* = -\infty$. Existieren jedoch konvexe Steuern, so kann es möglich sein, dass

[7] Diese Voraussetzung ist in unserem Fall erfüllt, da für positive Bemessungsgrundlagen stets $t(x) \leq T'(x) < 1$ gilt.

eine Durchführung einer Arbitragestrategie auf höherem Niveau keinesfalls zu einer entsprechenden Erhöhung des Arbitragegewinns führt, sondern dieser vielmehr konstant bleibt. In diesem Fall gilt $-\infty < p^* < 0$. Wir müssen daher zwischen den folgenden zwei Arbitragemöglichkeiten unterscheiden:

Definition 4.2 (Beschränkte und unbeschränkte Arbitragemöglichkeiten). *Eine Arbitragemöglichkeit (Strategie) h heißt* beschränkt *genau dann, wenn für den optimalen Wert in (P) die Relation $-\infty < p^*$ gilt. Eine Arbitragemöglichkeit heißt* unbeschränkt*, falls $p^* = -\infty$ gilt in (P).*

Beschränkte Arbitragemöglichkeiten sind im Fall linearer Steuern nicht möglich.[8]

Wir möchten nun den Arbitragebegriff gemäß Definition 4.2 anhand eines Beispiels motivieren. Hierzu müssen wir eine konkrete Steuerfunktion vorgeben. Wir betrachten hierzu eine Steuer mit Freibetrag. Es sei

$$T(x) = \tau \max(x - F, 0).$$

In unserem Modell mit Kupon-Bond und Zero-Bond lassen sich nun die arbitragefreien Preise (p_0^1, p_1^1) des Zero-Bonds numerisch bestimmen. Dazu ermitteln wir alle Preise, die einen optimalen Wert von $p^* = 0$ generieren.[9] Abbildung 4.1 zeigt die Höhe des maximalen Arbitragegewinns im Zeitpunkt $T = 2$ für verschiedene Zero-Bond-Preise (p_0^1, p_1^1) unter Annahme der Parameterwerte $\tau = 0.25$, $F = 1$ und $r_f = 0.1$.

[8] Die Begründung folgt analog zu den Ausführungen in Kapitel 1 auf S. 31. In diesem Fall gilt $\delta_t(\lambda h) = \lambda \delta_t(h)$ für alle $\lambda \in \mathbb{R}$. Existiert nun eine Handelsstrategie h mit $\delta_0(h) > 0$ und $\delta_1(h) = \delta_2(h) = 0$, dann führt die Strategie λh zu einem unbeschränkten Arbitragegewinn für $\lambda \to \infty$.

[9] Zur Berechnung verwenden wir das Computer-Algebra-Programm MATLAB. Speziell nutzen wir die Methode fmincon() zur Lösung des primalen Problems (P). Eine detailliertere Beschreibung des Vorgehens geben wir in Kapitel 5.

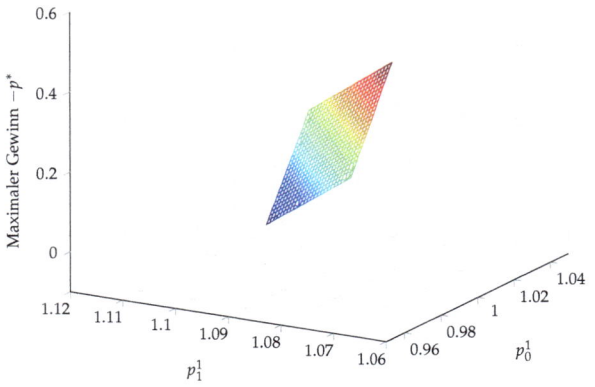

Abbildung 4.1: Die Menge von Zero-Bondpreisen mit beschränkter Arbitrage im 2-Perioden-Modell. Der einzige Preis, bei dem keine Arbitrage betrieben werden kann ($p^* = 0$) ist $(p_0^1, p_1^1) = (1, 1 + r_f)$. Für alle Preise außerhalb des Polyeders gilt $p^* = -\infty$ (unbeschränkte Arbitrage). Kleinere Abweichungen ergeben sich auf Grund von Rechenfehlern.

Das Ergebnis scheint auf den ersten Blick überraschend: Die einzige Preiskonstellation, die keine Arbitrage zulässt, ist der Preisvektor

$(1, 1 + r_f) = (1, 1.1)$, was genau dem arbitragefreien Preis eines Zero-Bonds in einer Welt ohne Steuern entspricht. Man könnte sich nun die Frage stellen, was passiert, wenn wir von $(1, 1.1)$ abweichende Preisvektoren am Markt vorfinden. Im traditionellen linearen Modell mit Steuerschuldfunktionen der Form $T(x) = \tau x$ (für ein $0 \leq \tau < 1$), hätte der faire Preis des Zero-Bonds nach Satz 1.20

$$p_0^1 = \frac{(1+r_f)^2 - \tau(r_f^2 + 2r_f)}{(1+r_f(1-\tau))^2} \quad \text{und} \quad p_1^1 = \frac{(1+r_f)^2 - \tau(r_f^2 + 2r_f)}{1+r_f(1-\tau)},$$

betragen müssen.[10] Wie wir in Beispiel 1.21 bereits gezeigt haben, stellt sich für den Fall $\tau = 0.25$ und $r_f = 0.1$ ein Preis von $(p_0^1, p_1^1) = (1.002, 1.077)$ ein. Wie Abbildung 4.1 aber zeigt, führt dieser Preis zu einer beschränkten Arbitragemöglichkeit von ungefähr $-p^* = 0.4489$ im Optimum. Das entspricht exakt der Summe abdiskontierter Steuervorteile τF aus den Zeitpunkten $t = 1, 2$. Es gilt somit

[10] Hierzu setze man $\tau_1 = \tau_2 = \tau$ in Gleichung (1.8) ein.

$$-p^* = \frac{\tau F}{1 + r_f(1-\tau)} + \frac{\tau F}{(1 + r_f(1-\tau))^2} = \frac{0.25}{1.075} + \frac{0.25}{1.075^2} \approx 0.4489.$$

Für alle Preise außerhalb des Polyeders in Abbildung 4.1 liegt, wie im Modell ohne Steuern, eine unbeschränkte Arbitragegelegenheit vor ($p^* = -\infty$).[11]

An dieser Stelle sei noch einmal angemerkt, dass wir statt $\delta_1(h) = \delta_2(h) = 0$ genauso gut $\delta_0(h) = \delta_1(h) = 0$ hätten wählen können. Im ersten Fall minimieren wir unsere heutigen Kosten. Im zweiten Fall maximieren wir die zukünftigen Netto-Entnahmen $\delta_2(h)$. Das äquivalente konkave Optimierungsproblem (P2) lautet dann

[11] Die abgebildete Fläche ist kein Parallelogramm, auch wenn es den Anschein erwecken mag.

$$\sup_h \delta_T(h_t) \quad \text{(P2)}$$
$$\text{s.t.} \quad \delta_t(h_t) \geq 0 \quad t = 0, \dots, T-1.$$

In unserem Beispiel bedeutet das einen maximalen Gewinn von $p_2^* \approx 0.519$ in $T = 2$, was dem aufgezinsten Wert von p^* mit einem Netto-Zins $1 + r_f(1-\tau) = 1.075$ entspricht. Es gilt also

$$p_2^* = 1 + r_f(1-\tau)\tau F + \tau F = 0.51875.$$

Aus theoretischer Sicht ist es von Vorteil mit dem Problem (P) zu rechnen. Aus Implementierungsgründen, die wir in Kapitel 5 weiter diskutieren werden, ist es sinnvoll mit dem Problem (P2) zu rechnen.

Es stellt sich nun die Frage, welche Handelsstrategie im obigen Beispiel zum optimalen Arbitragegewinn von 0.51875 führt. Wie bereits rechnerisch ermittelt, ist der arbitragefreie Preis des Zero-Bonds $(1, 1.1)'$. Beobachten wir am Markt z.B. die Marktpreise $(p_0^1, p_1^1) = (1.002, 1.077)'$, so entspricht das einem impliziten Steuersatz von $\tau_1 = \tau_2 = 0.25$ in Preisgleichung (1.10).[12]

[12] Implizit deshalb, weil wir den Steuersatz aus den gegebenen Marktpreisen zurückrechnen können, wie wir bereits in Gleichung (3.2) gesehen gaben.

Vergleichen wir den Marktpreis, der sich bei impliziten Steuersätzen von 25% einstellt, mit dem arbitragefreien Preis, dann ist der Zero-Bond offensichtlich in $t=0$ überbewertet und in $t=1$ unterbewertet. Folglich müsste unsere Arbitragestrategie sinnvollerweise darin bestehen, den Zero-Bond in der ersten Periode leerzuverkaufen und in der zweiten Periode zu kaufen. Wählen wir zum Beispiel Anteile des Zero-Bonds in Höhe von $h_0^1 = -10$ und $h_1^1 = 10$, so haben wir die Möglichkeit, unsere Position mit Hilfe des Kupon-Bonds glatt zu stellen.[13] Hierzu wählen wir die Portfolioanteile $h_0^0 = 10.02$ und $h_1^0 = -10.5185$. Wir erhalten $\delta_0(h_0) = \delta_1(h_1) = 0$. Für die Netto-Entnahme in $T=2$, ergibt sich dann ein fixer Ertrag von $\delta_2(h_2) \approx 0.5176$, wobei die leichte Abweichung zum obigen Gewinn $p^* = 0.51875$ durch Rundung in den Zero-Bondpreisen zu Stande kommt.[14]

[13] Das bedeutet, wir wählen die Kupon-Bond-Anteile so, dass sich unsere Strategie in den Zeitpunkten 1 und 2 selbstfinanziert.

[14] Wiederholt man obige Rechnung mit $(p_0^1, p_1^1) = (1.076744, 1.001622)$, erhält man annähernd das exakte Ergebnis.

Folglich haben wir eine Arbitragemöglichkeit gefunden, die uns in den ersten beiden Perioden nichts kostet und zur Endfälligkeit einen sicheren Gewinn von ca. 0.52 liefert. Das Erstaunliche an diesem Resultat ist, dass dieser Gewinn nicht bis ins Unendliche erhöht werden kann. Ein entsprechendes Portfolio mit $h_0^1 = -100$ und $h_1^1 = 100$ würde denselben risikofreien Gewinn liefern.

Um diese Behauptung einzusehen, wiederholen wir obige Rechnung mit den exakten Preisen p_0^1 und p_1^1 und beliebigen $r_f, F > 0$. Wählen wir nun $h_0^1 = -\lambda = -h_1^1$ für $\lambda \geq \frac{F}{r_f}$, so erhalten wir analog zu obiger Vorgehensweise eine in den Zeitpunkten $t=0,1$ selbstfinanzierende Handelsstrategie, indem wir

$$h_0^0 = \lambda\, p_0^1 \quad \text{und} \quad h_1^0 = -\lambda p_1^1 + \tau F.$$

wählen. In $T=2$ realisieren wir dann einen sicheren Netto-Gewinn in Höhe von

$$\delta_2(h_2) = (1+r_f(1-\tau))\,\tau F + \tau F + \lambda \underbrace{\left((1+r_f)^2 - \tau(r_f^2 - 2r_f) - (1+r_f(1-\tau))\, p_1^1 \right)}_{=0}$$

$$= (1+r_f(1-\tau))\,\tau F + \tau F > 0. \qquad \text{(Definition Bond-Preise)}$$

In Abbildung 4.2 haben wir die Arbitragegewinne für alle möglichen Kombinationen von Steuersätzen $\tau_t \in \{0, 0.25\}$ für $t = 1, 2$ zusammengetragen.

Würden wir die Arbitragegewinne der 4 Preiskonstellationen in Abbildung 4.1 übertragen, so stellt man fest, dass es sich um die vier Eckpunkte des Polyeders handelt, wobei unten links der arbitragefreie Preis ist und oben rechts der maximal mögliche Arbitragegewinn, bei einem impliziten Steuersatz von 25% in beiden Perioden. Das Innere des Polyeders wird durch die Menge aller Preiskonstellationen gebildet, die sich bei impliziten Steuersätzen $\tau_{1,2} \in (0, 0.25)$ gemäß Preisgleichung (1.10) ergeben.

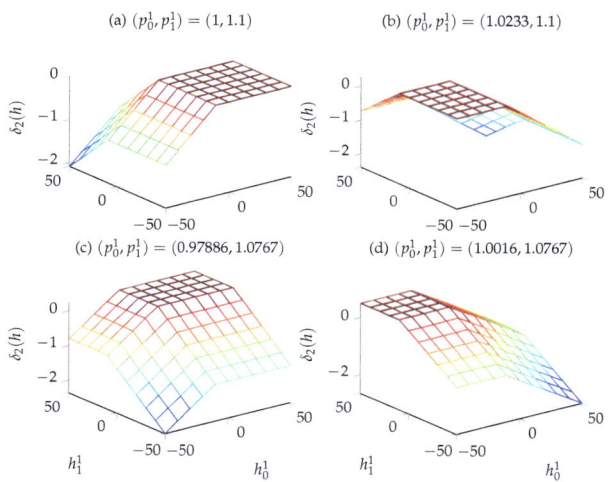

Abbildung 4.2: Optimale Handelsstrategien bei einer beschränkten Steuerarbitrage am Beispiel einer Steuer mit Freibetrag.

Abbildung 4.3 zeigt einen beschränkten Arbitragegewinn in Höhe von $p_2^* = 0.209$ für einen impliziten Steuersatz von $\tau = 0.1$, was einem Preis von ungefähr $(p_0^1, p_1^1) = (1.0008, 1.0908)$ entspricht.[15] Wir können in diesem Fall die optimale Arbitragestrategie eindeutig berechnen.

[15] Das entspricht gemäß Kapitel 2 einem „Grenzsteuersatz" (Subgradienten) für eine Bemessungsgrundlage von F, i.e. $0.1 \in \partial T(F)$.

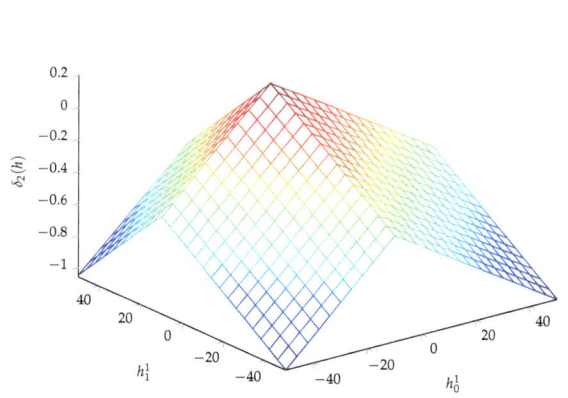

Abbildung 4.3: Beispiel einer beschränkten Arbitrage für implizite Steuersätze von 10% in den Perioden 1 und 2. Der maximale Arbitragegewinn entspricht 0.209.

Hierzu lösen wir das folgende (lineare) Gleichungssystem:

$$0.1\, h_0^0 + = 1 \quad \text{(I)}$$
$$ 0.1\quad h_1^0 + \;\; 0.21\, h_1^1 = 1 \quad \text{(II)}$$
$$-1\, h_0^0 - 1.0008\, h_0^1 = 0 \quad \text{(III)}$$
$$1.1\, h_0^0 + 1.0908\, h_0^1 \;\; -1\, h_1^0 - 1.0908\, h_1^1 = 0 \quad \text{(IV)}$$

Offensichtlich handelt es sich bei den Gleichungen (I) und (II) um Bemessungsgrundlagen der Entnahmen in $t = 1, 2$. Die Bemessungsgrundlagen stimmen mit der Höhe des Freibetrags ($F = 1$) überein. Gleichungen (III) und (IV) sind Entnahmegleichungen zu den Zeitpunkten $t = 0, 1$, wobei (III) den Preis der Handelsstrategie angibt und (IV) eine Netto-Entnahme in $t = 1$ ist, bei gegebener Bemessungsgrundlage gemäß (I). Offensichtlich kostet uns die Handelsstrategie heute (in $t = 0$) nichts und ist in $t = 1$ selbstfinanzierend, ohne dabei eine Steuerzahlung auszulösen. Die Lösung des Gleichungssystems ist gegeben durch $h^* = (h_0^0, h_0^1, h_1^0, h_1^1) \approx (10, -9.99, -10.60, 9.81)$. Der optimale Arbitragegewinn ist in diesem Fall

$$\delta_2(h^*) = 1.1 h_1^0 + 1.21 h_1^1 = 0.2101,$$

wobei die leichte Abweichung von $+0.02$ wiederum auf Rundungsfehler (bei den Zero-Bond-Preisen) zurückzuführen ist. Wie wir auf dieses Gleichungssystem kommen, ist Gegenstand von Kapitel 4.4.

Wir halten fest: Unter Voraussetzung der Arbitragefreiheit versucht der Investor eine kostenlose Handelsstrategie zu generieren, die zudem selbstfinanzierend ist. Bei einem impliziten Steuersatz von $\tau_t \notin (0, 0.25]$ besteht die Möglichkeit, einen beschränkten Arbitragegewinn in $T = 2$ zu realisieren. Alternativ können wir eine Handelsstrategie entwickeln, mit der wir heute einen risikofreien Gewinn erzielen und in Zukunft keine weiteren Zahlungsverpflichtungen eingehen müssen. Dieses Resultat gilt es zu verallgemeinern.

4.2 Das Modell

In diesem Kapitel entwickeln wir ein Modell, mit dem wir die Zahlungsreihen eines beliebigen risikofreien Wertpapiers (nach Steuern) bewerten können. Insgesamt gibt es $t = 0, 1 \ldots, T - 1$ Handelszeitpunkte. Zum Endzeitpunkt T lösen wir unsere Portfoliopositionen auf. Analog zu Kapitel 4.1 führen wir folgende Notation ein.

Es sei $p_t' = (p_t^0, p_t^1)$ ein Preisvektor zweier Titel für die Zeitpunkte $t = 0, \ldots, T$, wobei wir $p_T' = (0, 0)$ setzen. Die einzelnen Wertpapiere zahlen steuerpflichtige Cashflows $x_t' = (x_t^0, x_t^1)$.

Ohne Einschränkung sei der nullte Titel eine (Standard-)Kupon-Anleihe mit Einheitspreis $p_t^0 = 1$ und Zahlungsversprechen $x_t^0 = r_f > 0$ für $t = 1, \ldots, T-1$. In T zahlt die Kupon-Anleihe $x_T^0 = 1 + r_f$. Für den zweiten Titel ist die Zahlungsreihe beliebig. Sie kann in jedem Zeitpunkt sowohl negativ als auch positiv sein (oder null betragen).

Die Handelsstrategie h besteht aus der Menge der Portfolioanteile $(h_0, \ldots, h_{T-1})$ mit $h_t = (h_t^0, h_t^1)'$.

Die Bemessungsgrundlage der Steuer setzt sich zusammen aus der Summe der Cashflows abzüglich eines verallgemeinerten Abschreibungsvektors $a_t' = (a_t^0, a_t^1)$ anteilig der gehaltenen Portfolioposition h_t. Im Falle von $a_{t,i} \leq 0$ ($a_{t,i} \geq 0$) handelt es sich um eine steuerliche Zuschreibung (Abschreibung), sofern $h_t^i \geq 0$. Ist $h_t^i \leq 0$ gilt die Beziehung vice versa.[16]

Die Steuerschuldfunktion $T: \mathbb{R} \to \mathbb{R}$ erfülle alle Eigenschaften von Annahme 2.7.

Die Netto-Entnahme (oder auch Gewinn-Entnahme) zum Zeitpunkt t beläuft sich damit auf

$$\delta_t(h) = (p_t + x_t)' h_{t-1} - T((x_t - a_t)' h_{t-1}) - p_t' h_t \quad t = 0, \ldots, T, \quad (4.2)$$

wobei wir analog zum Modell ohne Steuern wieder $h_{-1} = h_T = 0$ setzen (vgl. Kapitel 1.1.3, S. 41).

Ein Investor versucht nun folgendes Optimierungsproblem zu lösen.

$$\inf_h \; p_0' h_0 \qquad \text{(P)}$$
$$\text{s.t.} \quad \delta_t(h) \geq 0 \quad t = 0, \ldots, T.$$

Es sei p^* der optimale Wert von (P). Da $h \equiv 0$ eine zulässige Handelsstrategie ist, folgt offensichtlich $p^* \leq 0$. Analog zum vorherigen Kapitel, können wir eine Arbitrage wie folgt definieren:

Definition 4.3 (Arbitrage bei Steuern). *Sei p^* der optimale Wert in (P):*

1. *Es liegt keine Arbitrage vor, gdw. $p^* = 0$ gilt.*

2. *Es liegt eine beschränkte Arbitrage vor, gdw. $-\infty < p^* < 0$ gilt.*

3. *Es liegt eine unbeschränkte Arbitrage vor, gdw. $p^* = -\infty$ gilt.*

4.2.1 Charakterisierung aller Arbitragemöglichkeiten

Wir kommen nun zum Hauptergebnis unserer Arbeit. Mit Hilfe der konvexen Theorie der dualen Optimierung können wir die Preise, die zu beschränkten oder unbeschränkten Arbitragemöglichkeiten führen, genau charakterisieren.

Zu diesem Zweck führen wir die impliziten Steuersätze τ_t ein. Wir notieren die Preise des zu bewertenden Wertpapiers p_t^1 für jeden

---

[16] Wir abstrahieren zunächst von der Tatsache, dass die Abschreibungen a_t von dem Preisprozess p_t abhängen können.

Zeitpunkt $t = 0, \ldots, T-1$ in einer Art und Weise, als ob die Steuern linear auf diese Preise wirken würden. In Kapitel 1.2 haben wir bereits gesehen, dass dann unter Voraussetzung der Arbitragefreiheit

$$p^1_{t-1} \stackrel{!}{=} \frac{p^1_t + x^1_t - \tau_t(x^1_t - a^1_t)}{1 + r_f(1 - \tau_t)} \tag{4.3}$$

gilt, für alle zeitabhängigen Steuersätze τ_t. Diese Gleichung kann man im Fall $x^1_t - a^1_t \neq r_f p^1_{t-1}$ nach τ_t umstellen zu

$$\tau_t = \frac{(1 + r_f)p^1_{t-1} - p^1_t - x^1_t}{r_f p^1_{t-1} - (x^1_t - a^1_t)}. \tag{4.4}$$

Dies gibt Anlass zu folgender Definition.

Definition 4.4 (Implizite Steuersätze). *Gilt für alle Zeitpunkte $x^1_t - a^1_t \neq r_f p^1_{t-1}$ nennen wir die Zahlen τ_t, die die Gleichung (4.4) erfüllen, implizite Steuersätze zu den Preisen p^1_t im Zeitpunkt t.*

Es sei an dieser Stelle jedoch angemerkt, dass wir obige Definition auch erweitern können für den Fall, dass der Nenner in (4.4) gleich null und der Zähler von null verschieden ist. In diesem Fall setzen wir bei positivem Vorzeichen des Zählers $\tau_t = +\infty$ und bei negativem Vorzeichen $\tau_t = -\infty$. Den Spezialfall, dass Zähler und Nenner in Gleichung (4.4) gleich null sind, behandeln wir gesondert in Kapitel 4.5. Es sei an dieser Stelle bereits darauf hingewiesen, dass es sich in diesem Fall, um ein ganz besonderes Steuersystem handelt – der Besteuerung des ökonomischen Gewinns.

Betrachten wir einen impliziten Steuersatz τ_t. Für diesen Steuersatz werden wir nun in Abhängigkeit vom tatsächlichen Tarifverlauf drei einander ausschließende Möglichkeiten beschreiben. Da nach Lemma 2.11 für das Subdifferential in null stets $\partial T(0) \subset \mathbf{dom}(T^*)$ gilt, ist τ_t entweder in $\partial T(0)$ oder $\mathbf{dom}(T^*) \setminus \partial T(0)$ oder in $\mathbb{R} \setminus \mathbf{dom}(T^*)$ enthalten. Mit Hilfe dieser Unterteilung gelingt es uns sämtliche Arbitragemöglichkeiten an einem Kapitalmarkt unter Einbezug einer konvexen Einkommensteuer zu identifizieren. Den Beweis des Satzes haben wir in den Anhang A.2 ausgelagert.

Satz 4.5 (Hauptsatz). *Seien τ_t die impliziten Steuersätze zu gegebenen Marktpreisen p_t in den Zeitpunkten $t = 0, \ldots, T-1$, dann gilt genau einer der drei nachfolgenden Fälle:*

1. *Die Marktpreise sind arbitragefrei genau dann, wenn $\tau_t \in \partial T(0)$ für alle t erfüllt ist.*[17]

2. *Es gibt unbeschränkte Arbitragemöglichkeiten genau dann, wenn für mindestens einen impliziten Steuersatz $\tau_t \notin \mathbf{dom}(T^*)$ gilt.*

3. *In allen anderen Fällen gibt es beschränkte Arbitragemöglichkeiten.*

[17] $\partial T(0)$ kann eine einzelne Zahl sein, falls die Steuerschuldfunktion an der Stelle 0 differenzierbar ist. Anderenfalls handelt es sich um ein Intervall aus links- und rechtsseitiger Ableitung, da $\partial T(0)$ immer konvex und abgeschlossen ist, siehe Rockafellar (1997, S. 217ff).

Dies ist genau dann der Fall, wenn $\tau_t \in \mathbf{dom}(T^*)$ für alle t und für mindestens ein t' die Bedingung $\tau_{t'} \in \mathbf{dom}(T^*) \setminus \partial T(0)$ gilt.

Besonders übersichtlich werden die Ergebnisse, wenn wir eine weitere Annahme an die Steuerfunktionen unterstellen. Um unsere Annahme zu motivieren, betrachten wir das Beispiel der Steuerfunktion

$$T(x) = \begin{cases} x + 1 - \sqrt{x+1} & x \geq 0, \\ \frac{x}{2} & x < 0. \end{cases}$$

Diese Steuerfunktion besitzt für positive Bemessungsgrundlagen den Grenzsteuersatz $1 - \frac{1}{2\sqrt{x+1}}$, der sich monoton dem Wert von 100 % nähert. Bei einer endlichen Bemessungsgrundlage wird dieser Wert aber nie erreicht. Für die nationalen Steuersysteme ist ein solches Grenzverhalten aber völlig untypisch. Vielmehr haben alle nationalen Einkommensteuersysteme, die uns bekannt sind, die Eigenschaft, an den Rändern affin-linear zu sein. Dies setzen wir von nun an voraus.[18]

[18] Für eine genaue Definition, siehe Definition 2.12.

Annahme 4.6 (Affin-lineare Ränder). *Die Steuerfunktion $T(\cdot)$ sei an den Rändern affin-linear.*

In diesem Fall ist der Definitionsbereich der konjugierten Steuerfunktion gemäß Lemma 2.13 gleichzusetzen mit der Menge möglicher Grenzsteuersätze, die wir mit dem Intervall $[\tau_{min}, \tau_{max}]$ bezeichnen.[19] Da wir auch wissen, dass $\partial T(0)$ konvex und abgeschlossen sein muss, handelt es sich um ein Intervall. Die Grenzsteuersätze, die dieses Intervall bilden, schreiben wir als $\partial T(0) = [\tau_{0-}, \tau_{0+}]$; bei Steuerschuldfunktionen, die in $x = 0$ differenzierbar sind, degeneriert das Intervall zu einem Punkt. Nun gilt folgender Satz.

[19] Wir danken Tyrrell Rockafellar an dieser Stelle für den Hinweis und insbesondere für die Erläuterung, warum die Annahme affin-linearer Ränder auch notwendig ist.

Korollar 4.7 (Identifikation steuerlicher Arbitrage). *Seien τ_t die impliziten Steuersätze zu gegebenen Preisen p_t eines Wertpapiers, die Steuerschuldfunktion sei affin-linear an den Rändern, dann gelten die folgenden drei Aussagen:*

1. *Der Markt ist arbitragefrei genau dann, wenn $\tau_{0-} \leq \tau_t \leq \tau_{0+}$ für alle t erfüllt ist.*

2. *Es gibt beschränkte Arbitragemöglichkeiten genau dann, wenn $\tau_{min} \leq \tau_t \leq \tau_{max}$ für alle t und für mindestens ein t' die Bedingung $\tau_{t'} < \tau_{0-}$ oder $\tau_{0+} < \tau_{t'}$ gilt.*

3. *Es gibt unbeschränkte Arbitragemöglichkeiten genau dann, wenn für mindestens einen impliziten Steuersatz $\tau_t < \tau_{min}$ oder $\tau_t > \tau_{max}$ gilt.*

Man beachte, dass obige Aussage auch für Steuersätze $\tau_t \in \{-\infty, +\infty\}$ hält, was immer dann erfüllt ist, wenn

$x_t - a_t = r_f p_{t-1}$ und $p_{t-1} \gtreqless \frac{p_t + x_t}{1 + r_f}$ gilt. In diesem Fall liegen stets unbeschränkte Arbitragemöglichkeiten vor.[20] Allerdings treten diese nur dann auf, wenn der Gesetzgeber die Besteuerung des ökonomischen Gewinns vorschreibt und der Markt nicht der bekannten Arbitragegleichung vor Steuern

$$p_t = \frac{p_t + x_t}{1 + r_f} \quad t = 1, \ldots, T$$

folgt.[21]

[20] Betrachtet man den Beweis von Satz 4.5 im Anhang A.2, folgt die Unbeschränktheit unmittelbar aus der Eigenschaft $\mathbf{dom}(T^*) \subset [\tau_{min}, \tau_{max}]$, woraus sich $T^*(+\infty) = T^*(-\infty) = +\infty$ ergibt.

[21] Zur Besteuerung des ökonomischen Gewinns siehe weiter die Modellerweiterungen in Kapitel 4.5.

Die Ergebnisse von Korollar 4.7 können sehr leicht graphisch illustriert werden, siehe dazu Abbildung 4.4.

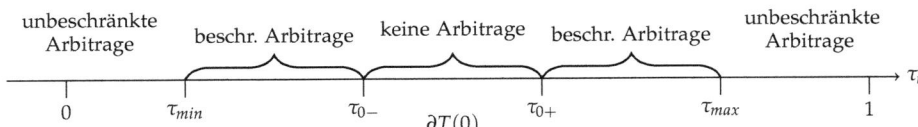

Abbildung 4.4: Illustration der Aussage des vorherigen Korollars. Die Wertebereiche der impliziten Steuersätze geben die Höhe der jeweiligen Arbitragemöglichkeit an.

Beweis. Folgt unmittelbar aus einer Anwendung von Satz 4.5 in Verbindung mit Lemma 2.13. □

4.2.2 Anwendung der Arbitragetheorie auf drei typische Steuertarife

Wir untersuchen drei typische Steuerschuldfunktionen auf Arbitragemöglichkeiten. Die Funktionen haben wir in Abbildung 4.5 dargestellt.

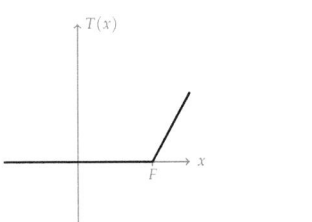

Steuer mit Freibetrag.
(a)

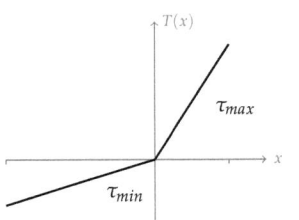

Gewinne anders besteuert als Verluste.
(b)

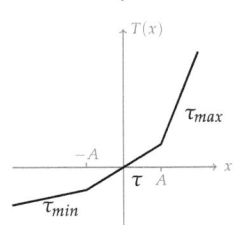

Drei Steuerklassen.
(c)

Abbildung 4.5: Drei Beispiele für Steuerschuldfunktionen, bei denen eine vollständige Charakterisierung der Arbitragefreiheit möglich ist.

Steuer mit Freibetrag Beginnen wir mit der Steuer, die wir bereits in Kapitel 4.1 diskutiert haben. Abbildung (a) zeigt eine Steuer mit Freibetrag. Dazu sei folgende Steuerschuldfunktion gegeben

$$T(x) = \tau \max(x - F, 0), \quad \tau \in [0, 1).$$

In diesem Beispiel gilt (ausgehend von den Bezeichnungen des Korollars 4.7)

$$\tau_{0-} = \tau_{0+} = 0, \quad \tau_{min} = 0, \quad \tau_{max} = \tau.$$

In diesem Fall ist $\partial T(0) = \{T'(0)\} = \{0\}$. Nach Korollar 4.7 garantieren nur Preise mit einem impliziten Steuersatz von null vollständige Arbitragefreiheit – was gleichbedeutend damit ist, dass Steuern in den Preisgleichungen vollständig ignoriert werden. Diese Aussage gilt übrigens auch dann, wenn die Steuer jenseits des Freibetrages F nicht mehr linear, sondern (wie etwa im deutschen Einkommensteuerrecht) quadratisch verläuft.

Beschränkte Arbitragemöglichkeiten existieren, wenn in den Preisen implizite Steuersätze aus dem Intervall $(0, \tau]$ auftauchen. In allen anderen Fällen liegen unbeschränkte Arbitragemöglichkeiten vor.

Unterschiedliche Gewinn- und Verlustbesteuerung Das zweite Beispiel, an dem Satz 4.5 illustrieren wollen, ist eine Steuer, die Gewinne und Verluste unterschiedlich besteuert (siehe Abbildung (b)). Diese Art der Steuer haben wir bereits in Gleichung (2.7) dargestellt, um die Definition des Subdifferentials zu motivieren. Analog zum vorigen Beispiel erhalten wir hier

$$\tau_{0-} = \tau_{min}, \quad \tau_{0+} = \tau_{max}.$$

Gar keine Arbitragemöglichkeiten treten hier auf, wenn die impliziten Steuersätze aus dem Intervall $[\tau_{min}, \tau_{max}]$ stammen. Sind die impliziten Steuersätze nicht aus diesem Intervall, gibt es unbeschränkte Arbitragemöglichkeiten. Eine beschränkte Arbitragemöglichkeit gibt es in diesem Steuersystem nicht.[22]

[22] Es gilt $\partial T(0) = \mathbf{dom}(T^*)$. Folglich ist $\mathbf{dom}(T^*) \setminus \partial T(0) = \emptyset$, was nach Satz 4.5 gleichzusetzen ist mit der Nichtexistenz einer beschränkten Arbitrage.

Drei Steuerklassen Das dritte Beispiel möge ein Stufentarif sein, der drei mögliche Werte annehmen kann ($\tau_{min} < \tau < \tau_{max}$, siehe Abbildung (c)):

$$T(x) = \begin{cases} \tau_{min} \cdot x + (\tau_{min} - \tau) \cdot A & \text{wenn } x < -A \\ \tau \cdot x & \text{wenn } -A \leq x \leq A \\ \tau_{max} \cdot x + (\tau - \tau_{max}) \cdot A & \text{wenn } A < x. \end{cases}$$

In diesem Fall gilt nun

$$\tau_{0-} = \tau_{0+} = \tau$$

und somit haben wir folgende Situation: Nur wenn die implizite Steuersätze $\tau_t = \tau$ betragen, ist der Markt vollständig arbitragefrei. Für implizite Steuersätze $\tau_t \in [\tau_{min}, \tau_{max}] \setminus \{\tau\}$ gibt es beschränkte Arbitragemöglichkeiten. Für alle anderen Werte existieren unbeschränkte Arbitragemöglichkeiten.

4.2.3 Intuition der Resultate

Wir wollen in diesem Abschnitt versuchen, unsere Ergebnisse ökonomisch zu motivieren, indem wir eine Analogie zur Produktions- und Kostentheorie herstellen. Wir zeigen, dass sich steuerlich optimale Portfolios durch implizite Steuersätze auszeichnen, bei denen Grenz- und Durchschnittssteuersatz übereinstimmen. Anderenfalls kann der Investor durch Umschichtungen die Steuerzahlungen weiter senken.

Es sei wiederum $\partial T(0) = [\tau_{0-}, \tau_{0+}]$, zudem seien die minimalen und maximalen Grenzsteuersätze mit τ_{min} und τ_{max} bezeichnet. Sei x_0 die größte Bemessungsgrundlage, für die immer noch $\tau_{0+} \in \partial T(x_0)$ gilt. Da $\partial T(0) \neq \emptyset$ gilt, existiert immer solch eine Bemessungsgrundlage. Der Einfachheit halber konzentrieren wir uns auf nichtnegative Bemessungsgrundlagen. Der nachfolgende Satz gilt sinngemäß auch für nichtpositive Bemessungsgrundlagen. Wir wiederholen Satz 2.15 aus Kapitel 2.

Satz 4.8 (Identität von Grenz- und Durchschnittssteuersätzen). *Die Steuerschuldfunktion sei konvex, affin-linear an den Rändern und nur an endlich vielen Stellen nicht differenzierbar, dann weist die Steuerschuldfunktion die folgenden Eigenschaften auf:*

1. *Wenn $x_0 > 0$ gilt, dann ist die Steuerschuldfunktion auf dem Intervall $[0, x_0]$ linear.*

2. *Auf dem Intervall (x_0, ∞) liegt der Grenzsteuersatz über dem Durchschnittssteuersatz, also $\partial T(x) > t(x)$. Der Grenzsteuersatz ist zudem aus dem Intervall $(\tau_{0+}, \tau_{max}]$.*

3. *Für $x \to \infty$ nähern sich Grenz- und Durchschnittssteuersatz wieder an, also*
$$\lim_{x \to \infty} \partial T(x) - t(x) = 0.$$

Die erste Eigenschaft definiert gleichzeitig diejenigen impliziten Steuersätze, bei denen die gegebenen Bondpreise arbitragefrei sind. Das sind alle impliziten Steuersätze, bei denen in der Steuerschuldfunktion Grenz- und Durchschnittssteuersätze übereinstimmen.

Die zweite Eigenschaft definiert diejenigen impliziten Steuersätze, bei denen die Preise beschränkte Arbitragemöglichkeiten offenbaren. Solche beschränkten Arbitragemöglichkeiten können realisiert werden, weil Grenz- und Durchschnittssteuersätze *nicht* übereinstimmen.

Unbeschränkte Arbitragemöglichkeiten existieren außerhalb des Intervalls $[\tau_{min}, \tau_{max}]$. Dieser Zusammenhang sei in den Abbildungen 4.6 und 4.7 noch einmal zusammengefasst. Grenz- und Durchschnittssteuersätze folgen einem Verlauf, wie in Abbildung 4.6 dargestellt. Abbildung 4.7 zeigt den optimalen Arbitragegewinn in Abhängigkeit der impliziten Steuersätze. Man sieht deutlich, dass der optimale Gewinn null beträgt, i.e. keine Arbitrage existiert, sofern Grenz- und Durchschnittssteuersatz übereinstimmen. Beim Überschreiten des maximalen Grenzsteuersatzes liegt ein unbeschränkter Arbitragegewinn vor. Ein ähnlicher Zusammenhang gilt auch für negative Bemessungsgrundlagen, nur dass die Grenzsteuersätze in diesem Fall stets unterhalb der Durchschnittssteuersätze verlaufen.

4.3 Abgrenzung zu anderen Arbitragemodellen

In diesem Kapitel möchten wir unsere Definition von Arbitragefreiheit mit den Arbitrageterminologien der in Kapitel 3 vorgestellten Arbeiten vergleichen. Es wird sich zeigen, dass die einzelnen Modelle nur bedingt miteinander vergleichbar sind, da sich die Arbeiten zur nichtlinearen Steuerarbitrage hinsichtlich der folgenden Punkte unterscheiden:

- Mehrperiodenmodelle versus Einperiodenmodelle,
- Dynamische versus statische Handelsstrategien,
- Definition der Bemessungsgrundlagen,
- Sicherheit versus Unsicherheit,
- Annahmen an die Steuerfunktion.

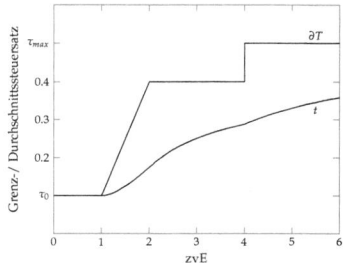

Abbildung 4.6: Typischer Verlauf von Grenz- und Durchschnittssätzen bei einer konvexen Steuerschuldfunktion.

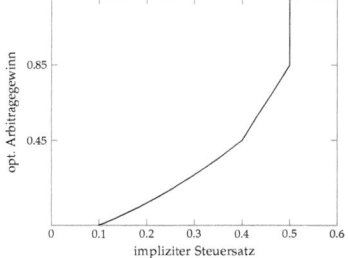

Abbildung 4.7: Optimaler Arbitragegewinn in Abhängigkeit impliziter Steuersätze.

Folglich ist es nicht verwunderlich, wenn auch die verschiedenen Arbitragebegriffe mitunter stark divergieren können. Wir konzentrieren uns im Folgenden insbesondere auf die Arbitragebegriffe von Ross (1987), Dammon und Green (1987), Dermody und Prisman (1988) und Dermody und Rockafellar (1991) und setzen sie in Relation zu unserer Definition 4.3. Unsere Analyse legt den Schluss nahe, dass die von Ross (1987) beschriebenen Arbitragebegriffe nur bedingt geeignet sind, um die Existenz eines kompetitiven Finanzmarktgleichgewichts zu beschreiben. Im Gegensatz dazu können wir zeigen, dass die Nichtexistenz einer unbeschränkten Arbitragemöglichkeit gemäß Definition 4.3, analog zu dem Modell von Dammon und Green (1987) sowohl hinreichend als auch notwendig für die Existenz eines kompetitiven Gleichgewichts ist. Im Fall von Transaktionskosten und Unsicherheit existieren verschiedene Formen der Arbitragefreiheit, wie sie von Dermody und Prisman (1988) sowie Dermody und Rockafellar (1991) beschrieben werden. In unserem Modell (ohne Transaktionskosten und unter Sicherheit) fallen diese Begrifflichkeiten jedoch zusammen.

Lokale und globale Arbitrage nach Ross Die mit am häufigsten zitierte Arbeit zum Thema steuerliche Arbitragetheorie ist wohl die Arbeit von Ross (1987). Durch die Einführung von Steuern, so argumentiert Ross, ist es zweckdienlich, das Konzept einer lokalen Arbitrage (LAO) einzuführen. Ein LAO ist gegeben, wenn zu einer gegebenen Anfangsausstattung α eine Verbesserung ν existiert, für die das Portfolio $\alpha + \nu$ höhere Nettoauszahlungen als α generiert und ν zudem kostenlos ist oder sogar einen heutigen Ertrag verspricht. Dabei betrachtet Ross sowohl riskante als auch risikolose Wertpapiere, diese jedoch in einem statischen Einperioden-Modell. Die Steuerschuld ist eine konvexe Funktion T in Abhängigkeit des (mehrdimensionalen) Portfolios α. Später bilden die kumulierten Cashflows $X \in \mathbb{R}^{S \times n}$ in Abhängigkeit von $X\alpha$ die (zustandsabhängigen) Bemessungsgrundlagen. Die Nettoentnahme ist dann in jedem Zustand $s = 1, \ldots, S$ gegeben durch $n_s(\alpha) := x_s'\alpha - T(x_s'\alpha)$. Später werden verschiedene Einkommensklassen $x_{s,k}$ betrachtet und getrennt besteuert. Weiter definiert Ross globale Arbitrage (GAO), erweiterbare lokale Arbitrage (ELAO) sowie lineare, beschränkte und unbeschränkte ELAOs. Ein GAO liegt vor, falls für jede beliebige Handelsstrategie ein LAO gegeben ist. Wir nennen ein LAO in α erweiterbar, falls es eine Sequenz von Verbesserungen $\nu(k)$ gibt mit $\nu(0) = 0$, so dass $n_s(\alpha + \nu(k))$ nicht fallend ist. Falls die Sequenz von der Form $\nu(s) = k\nu$ ist, für ein $\nu \neq 0$, nennen wir das ELAO in α auch linear erweiterbar. Nach Lemma 2 in Ross (1987) ist ein lineares LAO in α stets unbeschränkt, d.h. es gilt $\|\nu(k)\| \to \infty$ für $k \to \infty$.

All diese Begriffe gilt es in Relation zu den Begrifflichkeiten (keine Arbitrage, beschränkte Arbitrage und unbeschränkte Arbitrage) in Definition 4.3 auf S. 103 zu setzen. Wir gehen dabei analog zu Prisman (1986) vor und betten den Begriff eines LAOs in ein konvexes Optimierungsproblem ein. Zur besseren Vergleichbarkeit betrachten wir die einzelnen S Zustände der riskanten Wertpapiere in Ross (1987) als T periodenspezifische zukünftige Auszahlungen risikofreier Wertpapiere. Wir gehen weiter davon aus, dass der Investor stets eine Buy-and-Hold-Strategie h verfolgt. Der heutige Preis für diese Strategie sei $p_0'h$. Für die zukünftigen Netto-Entnahmen in t gelten

$$n_t(h) = x_t'h - T(x_t'h) \quad t = 1, \ldots, T.$$

Zu einer gegebenen Buy-and-Hold-Strategie α betrachten wir nun

$$\inf_h \quad p_0'h \qquad \text{(LAOP)}$$
$$\text{s.t.} \quad n_t(h + \alpha) \geq n_t(\alpha), \quad t = 1, \ldots, T.$$

Eine lokale Arbitrage in α ist dann gegeben, wenn eine zulässige Strategie $\nu \neq 0$ in (LAOP) existiert, für die $p_0'\nu < 0$ gilt. Sei p^{*L} der optimale Wert in (LAOP).[23] Da $h = 0$ zulässig ist, gilt stets $p^{*L} \leq 0$

[23] Der Index L soll dabei kennzeichnen, dass es sich um einen lokalen Arbitragegewinn handelt.

und im Fall eines LAOs sogar $p^{*L} < 0$. Da die Existenz eines GAOs stets die Existenz eines LAOs für alle h impliziert, bedeutet das im Umkehrschluss: Falls es nur eine Strategie α^* gibt für die $p^{*L} = 0$ gilt, dann existiert kein GAO. Unser Begriff von Arbitragefreiheit ist äquivalent zu der Aussage, dass kein LAO für das Nullportfolio existiert und somit

$$\inf_h \quad p_0' h \qquad (P)$$
$$\text{s.t.} \quad n_t(x_t' h) \geq 0, \quad t = 1, \ldots, T$$

einen Optimalwert von $p^* = 0$ hat. Der Unterschied zu Ross liegt also darin, dass wir ein investorunspezifisches Problem betrachten, wohingegen Ross (1987) nur LAOs diskutieren kann, bei denen das jeweilige Portfolio α bekannt ist. Um Arbitragefreiheit in diesem Sinne zu diskutieren, müsste man die Anfangsausstattung α_i eines jeden Investors i kennen, was in den typischen Anwendungsfällen schlichtweg unmöglich ist. Gilt nun $p^* = 0$ in (P), können wir analog zu obiger Aussage folgern, dass keine globale Arbitrage (NoGAO) vorliegt:

Lemma 4.9 (Abwesenheit einer globalen Arbitrage). *Es gilt*

$$p^* = 0 \text{ in (P)} \Rightarrow NoGAO$$

Beweis. Angenommen es würde eine globale Arbitrage vorliegen, dann müsste speziell für das Nullportfolio $\alpha^* = 0$ eine lokale Arbitrage vorliegen, so dass ein Portfolio h^* existiert mit $n_t(x_t' h^*) \geq 0$ und $p_0' h^* < 0$ im Widerspruch zur Voraussetzung $p^* = 0$ in (P). □

Im logischen Umkehrschluss bedeutet das: Die Existenz eines GAOs impliziert stets $p^* < 0$ in (P). Dabei kann es sich nur um einen der beiden folgenden Fälle handeln. Entweder liegt eine beschränkte Arbitrage vor ($-\infty < p^* < 0$) oder die möglichen Arbitragegewinne sind unbeschränkt ($p^* = -\infty$).

Die Rückrichtung in Lemma 4.9 gilt im Allgemeinen nicht, da es Beispiele gibt in denen NoGAO vorliegt, aber $-\infty < p^* < 0$ erfüllt ist. Hierzu betrachte man eine Steuer mit Freibetrag und einen Bond der implizite Steuersätze $\tau \in (0, \tau_{max})$ impliziert. In diesem Fall können in jeder Periode maximale Steuerarbitragen in Höhe von τF erzielt werden. Wenn wir eine optimale Handelsstrategie α^* gefunden haben, die diesen Arbitragegewinn realisiert, können wir, ausgehend von α^*, keine weiteren Verbesserungen realisieren. Somit existiert keine lokale Arbitrage (NoLAO) in α^*, was automatisch die NoGAO-Bedingung mit sich zieht.

Kommen wir nun zum zweiten Fall. Angenommen es existiert eine unbeschränkte Arbitrage in (P). Wir zeigen, dass dann die GAO-Bedingung erfüllt ist.

Lemma 4.10 (Globale Arbitrage). *Es gilt*
$$p^* = -\infty \text{ in } (P) \Rightarrow GAO.$$

Beweis. Es gelte $p^* = -\infty$ in (P). Nach Rockafellar (1997, Theorem 27.1 (i), S. 264) existiert dann für beliebige zulässige h in (P) eine *Direction of Recession* i.e. $\nu \neq 0$, so dass $h + \lambda \nu$ für alle $\alpha \geq 0$ zulässig ist und die Netto-Entnahmen $n_t(h + \alpha \nu)$ nicht fallend sind und $p_0'(h + \alpha \nu) \to -\infty$ geht für $\alpha \to \infty$. Folglich liegt für alle h mit $n_t(h) \geq 0$ (für alle t) eine LAO vor. Ist $n_{t'}(h) < 0$, für mindestens ein t', können wir durch eine zusätzliche Anlage in den Kupon-Bond, gegeben durch μe_1 für $\mu > 0$, nichtnegative Netto-Entnahmen erzielen und analog eine LAO für das Portfolio $\mu e_1 + h$ erreichen, da offensichtlich
$$n_{t'}(\lambda \nu + \mu e_1 + h) \geq n_{t'}(\mu e_1 + h) \geq 0 > n_{t'}(h)$$
gilt. Somit liegt ein LAO für alle h vor, was gleichbedeutend ist mit der Existenz eines GAOs. □

Auch hier gilt die Umkehrung des vorherigen Satzes nicht. Die Existenz eines GAOs muss keineswegs unbeschränkte Netto-Entnahmen implizieren.[24] In Beispiel 4.19 hatten wir gesehen, dass bei der lncosh-Steuer alle Arbitrage-Gewinne durch $\tau \ln 2$ beschränkt werden, allerdings wird dieser Wert von keiner zulässigen Handelsstrategie in (P) angenommen. Gilt aber $p^* = -\infty$, können wir mit Hilfe von Lemma 1 in Ross (1987) zeigen, dass jedes LAO auch ein ELAO ist. Die Existenz einer *Direction of Recession* im Beweis von Lemma 4.10 liefert, dass dann all diese ELAOs linear erweiterbar und somit unbeschränkt sind.[25]

Das folgende Korollar zeigt nun den entscheidenden Zusammenhang zwischen NoGAO und (P), der uns in Lemma 4.9 noch verborgen geblieben ist.

Korollar 4.11. *Es gilt*
$$p^* = 0 \text{ in } (P) \Rightarrow NoGAO$$
$$NoGAO \Rightarrow -\infty < p^* \leq 0 \text{ in } (P).$$

Beweis. Folgt direkt aus Negation 4.10 sowie der Tatsache, dass $h = 0$ zulässig ist in (P). □

Die NoGAO-Bedingung impliziert somit maximal beschränkte Arbitragen. Wir werden im nächsten Kapitel zeigen, dass diese Bedingung sowohl hinreichend als auch notwendig für die Existenz eines kompetitiven Finanzmarktgleichgewichtes ist.

---

[24] Vgl. hierzu die Anmerkung von Ross (1987). Dort heißt es: „Notice that the marginal tax rate could be approaching unity fast enough so that the after-tax return, n, would be bounded along the path even though the ELAO was unbounded".

[25] Vgl. hierfür Definition 4 sowie Lemma 4 in Ross (1987).

Steuerarbitrage nach Dammon/Green In ihrem Aufsatz zeigen Dammon und Green (1987), dass die Abwesenheit einer Steuerarbitrage (NTA) äquivalent zu der Existenz eines kompetitiven Finanzmarktgleichgewichtes ist. Zwar betrachten die Autoren nur ein statisches 1-Perioden-Modell mit mehreren Zuständen, allerdings lässt sich zeigen, dass ihre Arbitragedefinition äquivalent zu der unseren ist, wenn wir unser Modell in ein statisches Mehrperiodenmodell unter Unsicherheit einbetten. Hierzu identifiziere man die Zahlungsreihen der n (sicheren) Wertpapiere in den einzelnen Zeitpunkten $t \geq 1$ als T verschiedene Umweltszenarien. Weiter gehe man davon aus, dass der Investor eine Buy-and-Hold-Strategie verfolge. Seien τ_{min} und τ_{max} der kleinste bzw. größte Grenzsteuersatz, $X = (p_t^1 + x_{t,i})_{t,i} \in \mathbb{R}^{T \times n}$ die Matrix des Brutto-Einkommens und $\bar{X} = (x_{t,i} - a_{t,i})_{t,i} \in \mathbb{R}^{T \times n}$ die Matrix des zu versteuernden Einkommens, dann ist ein Portfolio $h \in \mathbb{R}^n$ eine Steuerarbitrage, im Sinne von Dammon und Green (1987), falls das System

$$\begin{pmatrix} X - \tau_{min}\bar{X} \\ X - \tau_{max}\bar{X} \\ -p_0' \end{pmatrix} h \geq 0 \quad \text{und} \quad \begin{pmatrix} X - \tau_{min}\bar{X} \\ X - \tau_{max}\bar{X} \\ -p_0' \end{pmatrix} h \neq 0$$

eine Lösung h^* besitzt. Die Schreibweise „≥ 0" bedeutet in diesem Fall, dass jede Komponente des obigen Systems nichtnegativ ist und $\neq 0$ impliziert, dass für mindestens eine Komponente die Ungleichung sogar strikt sein muss.[26] Angenommen es würde eine Steuerarbitrage h^* für das obige System existieren, dann könnte man die Arbitrage in der betreffenden Periode beliebig ins Unendliche steigern, da für $\lambda > 0$, auch λh^* ein Arbitrageportfolio ist. Die Abwesenheit einer Steuer-Arbitrage ist somit äquivalent zu der Aussage, dass das lineare Programm

$$\inf_h \; p_0'h \qquad \qquad \text{(LP)}$$
$$\text{s.t.} \; (p_t + x_t)'h - \tau_{min}(x_t - a_t)'h \geq 0,$$
$$(p_t + x_t)'h - \tau_{max}(x_t - a_t)'h \geq 0, \quad t = 1, \ldots T$$

einen Optimalwert von $p^{*\prime} = 0$ hat. Im Falle einer Arbitrage ist $p^{*\prime} = -\infty$. Werte zwischen 0 und $-\infty$ können aufgrund der Linearität des Programms nicht vorkommen. Wir können zeigen, dass das obige System äquivalent ist zu einer beschränkten Arbitrage $-\infty < p^* \leq 0$ in

$$\inf_h \; p_0'h \qquad \qquad \text{(P')}$$
$$\text{s.t.} \; (p_t + x_t)' - T((x_t - a_t)'h) \geq 0, \quad t = 1, \ldots T.$$

[26] Man sagt auch, dass das System eine semipositive Lösung besitzt.

Lemma 4.12 (Äquivalenz zum linearen Optimierungsproblem). *Es gelte $\tau_{min}, \tau_{max} \in \partial T(\mathbb{R})$. Dann ist*

$$-\infty < p^* \leq 0 \text{ in } (P') \Leftrightarrow p^{*'} = 0 \text{ in } (LP).$$

Beweis. Den Beweis haben wir im Anhang A.3 geführt. □

Somit ist die Abwesenheit einer beschränkten Arbitrage in unserem Sinne äquivalent zu der Abwesenheit einer Steuerarbitrage im Sinne von Dammon/Green. Das hängt einerseits damit zusammen, dass die Nichtexistenz einer Arbitragegelegenheit für die extremen Steuersätze τ_{min} und τ_{max} gleichzeitig die beschränkte Arbitragefreiheit in (P') nach sich zieht. Umgekehrt können aufgrund der Progressionseigenschaft die beschränkten Arbitragegewinne nicht global, im Sinne unendlichen Reichtums, in (LP) ausgenutzt werden. Nach Theorem 3 in Dammon und Green (1987) folgt weiter, dass beide Formen der Arbitragefreiheit sowohl hinreichend als auch notwendig für die Existenz eines kompetitiven Finanzmarktgleichgewichts sind.

Definition 4.13 (Kompetitives Finanzmarktgleichgewicht). *Ein kompetitives Finanzmarktgleichgewicht besteht aus den investorspezifischen Mengen von Portfolioausstattungen $\{h_j \in \mathbb{R}^{n+1}\}_{j=1}^{J}$ und der Menge von Marktpreisen $\{p_0 \in \mathbb{R}^{n+1}\}$, so dass*

(a) *h_j den Nutzen eines jeden Investors $j = 1, \ldots, J$ maximiert, gegeben der Budgetbeschränkung*

$$p_0' h_j - \bar{w}_j = 0 \quad j = 1, \ldots, J,$$

wobei $\bar{w}_j$ die Anfangsausstattung des j-ten Investors in $t = 0$ beschreibt und

(b) *die Markträumungsbedingung für jedes Wertpapier $i = 0, \ldots, n$ erfüllt ist, d.h.*

$$\sum_{i=0}^{n}(h_j^i - \bar{w}_j^i) = 0 \quad i = 0, \ldots, n.$$

Satz 4.14 (Existenz eines kompetitiven Finanzmarktgleichgewichtes). *Ein kompetitives Finanzmarktgleichgewicht existiert genau dann, wenn $-\infty < p^* \leq 0$ in (P') gilt.*

Beweis. Folgt direkt aus der Äquivalenz in Lemma 4.12 und der Anwendung von Theorem 3 in Dammon und Green (1987). □

Schwache, starke und komplette Arbitrage nach Prisman, Dermody und Rockafellar Seit der Arbeit von Garman und Ohlson (1981) ist bekannt, dass im Falle von Transaktionskosten der Arbitragebegriff weiter nach schwacher und starker Arbitrage differenziert werden muss. Dermody und Prisman (1988) sowie Dermody und Rockafellar (1991) haben diese Unterteilung übernommen und explizit auf Steuern übertragen. Die Abwesenheit einer schwachen Arbitrage (WNA für *Weak No Arbitrage*) führt dazu, dass es kein Hedgeportfolio gibt, welches heute einen risikofreien Gewinn liefert ($p^* < 0$) und in Zukunft nichtnegative Entnahmen generiert ($\delta_t(h) \geq 0$ für $t \geq 1$). Demnach ist WNA äquivalent zu $p^* = 0$ in (P). Eine schwache Arbitrage bietet hingegen die Möglichkeit, entweder heute oder in Zukunft irgendeinen risikofreien Gewinn zu realisieren ($\delta_t(h) > 0$ für mindestens ein $t \geq 0$). Die Abwesenheit einer starken Arbitrage (SNA für *Strong No Arbitrage*) besagt, dass nicht nur $p^* = 0$ in (P) gilt, also WNA erfüllt ist, sondern zusätzlich alle Nebenbedingungen in (P) bindend sein müssen.[27] Weiter betrachten die Autoren, zur Herleitung eines Gleichgewichtsmodell, sogar eine dritte Form der Arbitrage. Die komplette Arbitrage, bietet die Möglichkeit eine Transaktion auszuführen, die heute nichts kostet und in Zukunft nichtnegative Entnahmen generiert, was auch als *free trip* bezeichnet wird. Die Abwesenheit einer kompletten Arbitrage (CNA für *Complete No Arbitrage*) setzt demnach SNA voraus und fordert zusätzlich $h^* = 0$ in (P).[28] Somit ergibt sich folgende Implikationskette

$$CNA \Rightarrow SNA \Rightarrow WNA.$$

[27] Vgl. S.898 in Dermody und Prisman (1988).

[28] Vgl. S. 898 ebd.

Die Umkehrung ist im Allgemeinen nicht erfüllt, es sein denn es gelten gewisse Voraussetzungen, auf die wir im Folgenden genauer eingehen möchten.

Sowohl Dermody und Prisman (1988) als auch Dermody und Rockafellar (1991) formulieren ein konvexes Optimierungsproblem, das im Grunde genommen unserem primalen Problem (P) auf S. 103 entspricht. Wie in der konvexen Optimierung üblich, lösen die Autoren statt des primalen Problems ein duales Lagrangeproblem, vergleichbar zu unserem Problem (D) im Beweis des Satzes 4.5 (vgl. S. 179). Im Unterschied zu unserem Modell betrachten Dermody und Prisman (1988) noch Transaktionskosten, wodurch in unserem Fall die Objektfunktion stets einen Knick im Ursprung erhält. Gleiches gilt für Dermody und Rockafellar (1991), die explizit zwischen Kauf- und Verkaufspreisen unterscheiden, auch mit dem Ziel eine sowohl notwendige als auch hinreichende Bedingung für ein Gleichgewicht formulieren zu können. Im Gegensatz dazu ist unser Modell ein reines Arbitragemodell. Wir betrachten die heute geltenden Marktpreise und passen unser Portfolio in jeder Periode gemäß den geänderten Verhältnissen an. Übertragen wir nun die beiden Arbitragemodelle WNA und SNA auf unser Modell, indem wir etwaige Transaktionskosten auf 0 setzen und die Kauf- und Verkaufspreise übereinstimmen, stellt man fest, dass in unserem Modell WNA und

SNA äquivalent sind.

Lemma 4.15 (Schwache und starke Arbitragefreiheit). *Es gelten für die betrachteten Steuern die Eigenschaften in Annahme 2.7 und es existieren keine Transaktionskosten, dann gilt in einem Mehrperiodenmodell unter Sicherheit*

$$WNA \Leftrightarrow SNA \Leftrightarrow p^* = 0 \quad und \quad \delta_t(h^*) = 0 \quad t = 1, \ldots, T$$

sowie

$$CNA \Leftrightarrow p^* = 0 \quad und \quad h^* = 0.$$

Beweis. Aufgrund der Existenz des risikofreien Basistitels ($i = 0$) sowie monoton wachsender Steuerlast ∂T mit Grenzsteuersätzen in $[0, 1)$ ist es möglich etwaige Arbitragegewinne von einem Zeitpunkt in den anderen zu verschieben. Wir können also stets eine optimale Handelsarbitrage h^* finden, die die heutigen Gewinne $-p^* > 0$ in die zukünftigen Perioden verschiebt, so dass aus der schwachen Arbitrage (WA) eine starke Arbitrage (SA) wird und vice versa. Folglich gilt

$$p^* < 0 \Rightarrow WA \Rightarrow SA \Rightarrow p^* < 0,$$

wodurch wir durch Ringschluss eine Äquivalenz erhalten. Die Negation obiger Aussage liefert unmittelbar

$$p^* = 0 \Leftrightarrow WNA \Leftrightarrow SNA.$$

Der zweite Teil der Behauptung folgt aus der Definition einer CNA sowie der Tatsache, dass CNA stets SNA impliziert und $\delta_t(0) = 0$ ist für alle t. □

Aufgrund möglicher Freibeträge in den Steuern können wir jedoch nicht die Äquivalenz von CNA und SNA herbeiführen.

Alternativ kann man die Begriffe WNA und SNA auch über die Vorzeichen der Lagrange-Faktoren charakterisieren. Wie bereits erwähnt, gibt der Wert λ_t den Netto-Wert eines zukünftigen Euros zum Zeitpunkt t an. WNA bedeutet, dass $\lambda_t \geq 0$ für alle t und $\lambda_{t'} > 0$ für mindestens ein t' ist. Es können jedoch Zeitpunkte existieren, zu denen $\lambda_t = 0$ ist. In diesem Fall müsste man eine risikofreie Anlage, die zum Zeitpunkt t eine Netto-Auszahlung von $1 + r_f(1 - \tau_t)$ liefert, mit null bewerten, obwohl wir den Preis der Kupon-Anleihe auf eine Geldeinheit normiert festgelegt haben. Offensichtlich würde es sich hierbei um eine Arbitrage handeln.[29] SNA hingegen impliziert, dass *alle* Lagrangefaktoren strikt positiv sind. In diesem Fall können wir den Nettowert eines zukünftigen Euros rekursiv bestimmen durch

$$\frac{\lambda_t}{\lambda_{t-1}} = \frac{1}{1 + r_f(1 - \tau_t)} > 0 \quad t = 1, \ldots, T$$

mit $\lambda_0 = 1$. Folglich wird jedem Kupon-Bond (egal mit welcher Endfälligkeit) ein positiver Wert zugeordnet.

---

[29] Für eine formale Begründung betrachte man noch einmal die Herleitung des dualen Problems (D*). Ein Lagrange-Faktor $\lambda_t = 0$ impliziert sofort, dass auch die restlichen Lagrange-Faktoren $\lambda_{t'}$ null sein müssen für $t' \leq t$.

4.4 Implementierung der optimalen Handelsstrategie

4.4.1 Optimale Portfoliostrategien

Im vorherigen Abschnitt haben wir uns darum bemüht, eine analytische Lösung für den optimalen Arbitragegewinn p^* in (P) zu finden, ohne dabei explizit auf die Handelsstrategie h^* einzugehen, die diesen Gewinn produziert.[30] Besonders für Praktiker steht die Entwicklung einer konkreten Arbitragestrategie jedoch im Vordergrund. Hierzu betrachten wir das bekannte Optimierungsproblem

$$\inf_h \quad p_0' h_0 \qquad \text{(P)}$$
$$\text{s.t.} \quad \delta_t(h) \geq 0 \quad t = 1, \ldots, T.$$

Wir können nun die verallgemeinerten Karush-Kuhn-Tucker-Bedingungen (KKT) anwenden, um eine optimale Handelsstrategie h^* zu berechnen.[31] Da wir die Existenz eines risikofreien Kupon-Bonds im nullten Titel mit $r_f > 0$ und Steuersätzen im Bereich $[0,1)$ voraussetzen, ist die so genannte (starke) Slater-Bedingung erfüllt und die KKT-Bedingungen sind sowohl notwendiges als auch hinreichendes Kriterium für die Existenz einer optimalen Handelsstrategie h^*. Es gilt dann:

Satz 4.16 (Optimale Handelsstrategien). *$h^* = (h_0^*, \ldots, h_{T-1}^*)$ ist eine optimale Handelsstrategie in (P) genau dann, wenn für alle $t = 1, \ldots, T$ implizite Steuersätze τ_t gemäß Gleichung (4.4) existieren mit*

(i) $(x_t - a_t)' h_{t-1}^* \in \partial T^*(\tau_t) \; \left[\Leftrightarrow \tau_t \in \partial T((x_t - a_t)' h_{t-1}^*) \right]$ *und*

(ii) $p_t' h_t^* = (1 + r_f(1 - \tau_t)) p_{t-1}' h_{t-1}^* + T^*(\tau_t) \quad t = 1, \ldots, T.$

Beweis. Den Beweis haben wir im Anhang A.4 auf S. 183 geführt. Der Hauptbestandteil des Beweises besteht aus einer Anwendung der verallgemeinerten KKT-Bedingungen für konvexe Optimierungsprobleme. □

Betrachten wir Eigenschaft (i) und (ii) in Lemma 4.16 etwas genauer, stellen wir fest, dass (i) sogar eine Ungleichungsbedingung in Abhängigkeit der Handelsstrategie beschreibt, sofern $\partial T(\tau_t)$ ein Intervall ist.[32] Handelt es sich im Fall der Differenzierbarkeit um eine Zahl, dann ist (i) eine Gleichheitsbedingung. Die zweite Eigenschaft (ii) ist ohne Einschränkung eine Gleichheitsbedingung. Folglich haben wir ein scheinbar nichtlineares Problem derart simplifizieren können, dass die optimale Lösung sich als Lösung einer einfachen Ungleichung und einer Gleichung darstellen lässt.[33]

Im Fall der Arbitragefreiheit können wir Bedingung (ii) in Lemma 4.16 sogar weiter vereinfachen. Es gilt dann:

---

[30] Wir haben uns auch keine Gedanken über die Eindeutigkeit optimaler Handelsstrategien gemacht.

[31] Oftmals werden diese Bedingungen in der Literatur auch nur als Kuhn-Tucker-Bedingungen bezeichnet. Allerdings zeigte bereits Karush (1939) in seiner Masterarbeit (unveröffentlicht) ein ähnliches Resultat. Für eine Zusammenfassung der Arbeit siehe Kuhn (1982).

[32] Das ist der Fall, wenn $T^*(\cdot)$ an der Stelle τ_t nicht differenzierbar ist.

[33] Formal bildet die optimale Menge einen Polyeder.

Korollar 4.17 (Orthogonalität). *Sei $p^* = 0$ in (P). Dann gilt für die optimale Handelsstrategie $h^* = (h_0^*, \ldots, h_{T-1}^*)$*

$$p'_{t-1} h_{t-1} = 0 \quad t = 1, \ldots, T.$$

Somit liegen die optimalen Portfolios – im Fall der Arbitragefreiheit – stets orthogonal zu den jeweiligen Preisvektoren.

Beweis. Nach Satz 4.5 ist $p^* = 0$ genau dann, wenn für alle impliziten Steuersätze $\tau_t \in \partial T(0)$ gilt, was nach Satz 2.11 gleichbedeutend ist mit $T^*(\tau_t) = 0$ für alle t. Bedingung (ii) in Lemma 4.16 liefert

$$p'_t h_t = (1 + r_f(1 - \tau_t)) p'_{t-1} h_{t-1}, \quad t = 1, \ldots, T.$$

Da insbesondere $h_T = 0$ ist, erhalten wir durch Rückwärtsiteration

$$p'_{t-1} h_{t-1} = 0 \quad t = 1, \ldots, T.$$

□

Das Ergebnis weist die bekannte Slope-Eigenschaft der Budgetgleichung in Gleichgewichtsmodellen auf. Betrachten wir hierzu zwei beliebige Bond-Preise $p'_t = (p_t^0, p_t^1)$. Dann gilt für $h_t = (h_t^0, h_t^1)'$

$$p'_t h_t = 0 \Leftrightarrow h_t = \lambda_t(-p_t^2, p_t^1)' \qquad (4.5)$$

für $\lambda_t \in \mathbb{R}$, oder anders ausgedrückt

$$h_t^1 = m_t h_t^0,$$

wobei die Steigung m_t gegeben ist durch

$$m_t := -\frac{p_t^0}{p_t^1}.$$

Im Fall nichtlinearer Steuern, müssen wir Gleichung (4.5) gemäß Eigenschaft (i) in Lemma 4.16 weiter einschränken auf $(x_t - a_t)' h_{t-1} \in \partial T^*(\tau_t)$. Betrachten wir hierzu ein konkretes Beispiel.

Beispiel 4.18 (Berechnung optimaler Handelsstrategien). *Wir betrachten einen Kupon-Bond mit $p_t^0 = 1$ und einen Zero-Bond mit impliziten Steuersatz τ_t für alle Zeitpunkte $t = 1, 2$. Es sei $T(x) = \tau \max(x - F, 0)$ für ein $F > 0$. Ist $\tau_t \in \mathbf{dom}(T^*) = [0, \tau]$, dann gilt nach Preisgleichung (4.3) für die beiden Steigungen*

$$m_0 = -\frac{(1 + r_f(1 - \tau_1))(1 + r_f(1 - \tau_2))}{(1 + r_f)^2 - \tau_1(r_f^2 + 2r_f)}$$

und

$$m_1 = -\frac{1 + r_f(1 - \tau_2)}{(1 + r_f)^2 - \tau_1(r_f^2 + 2r_f)}$$

Im Fall der Arbitragefreiheit ($\tau_t = 0$) sind $m_0 = -1$ und $m_1 = -\frac{1}{1+r_f}$ und nach Korollar 4.17 folgern wir

$$h_0^1 = -h_0^0, \quad h_1^1 = -\frac{1}{1+r_f} h_1^0.$$

Weiter ist $(x_t - a_t)' h_{t-1} \in \partial T^*(0)$ genau dann, wenn $(x_t - a_t)' h_{t-1} \leq F$ gilt. Somit müssen wir die Handelsstrategie weiter einschränken auf

$$h_0^1 \leq \frac{F}{r_f}$$

und

$$h_1^1 \geq -\frac{(1+r_f)F}{r_f}.$$

Die letzten beiden Gleichungen bestimmen die Menge der optimalen Handelsstrategie in einem arbitragefreien Markt vollständig.

Wir möchten zum Schluss auf folgende Besonderheit aufmerksam machen. Es gibt Fälle, in denen das primale Problem (P) beschränkt ist, jedoch der Optimalwert p^* niemals angenommen wird, d.h. es gibt keine Handelsstrategie h mit $\delta_t(h) \geq 0$ und $\delta_0(h) = p^*$. Solche Fälle könnte man auch als „nie erreichbare optimale Arbitrage" bezeichnen. Betrachten wir hierzu das nachfolgende Beispiel.

Beispiel 4.19 (lncosh-Steuer). *Es sei $T(x) = 1_{\{x \geq 0\}} \tau \ln \cosh(x)$ und es gelte*

$$p^* = -\sum_{t=1}^{T} \frac{T^*(\tau)}{(1+r_f(1-\tau))^t}$$

Mit Hilfe von Gleichung (2.12) hatten wir festgestellt, dass $T^*(\tau) = \tau \ln 2$ und somit $\tau \in \text{dom}(T^*)$ gilt. Weiter ist $\partial T(x) = 1_{\{x \geq 0\}} \tau \tanh(x) \in [0, \tau)$. Angenommen es existiere eine optimale Handelsstrategie h^*, dann müsste nach Satz 4.16 eine Bemessungsgrundlage $(x_t - a_t)' h_{t-1}^*$ existieren, so dass $\tau \in \partial T((x_t - a_t)' h_{t-1}^*)$ gilt, was allerdings nur für $(x_t - a_t)' h_{t-1}^* \to \infty$ möglich ist. Abbildung 4.8 veranschaulicht den Fall für Parameterwerte $\tau = 0.25$ und $r_f = 0.1$ in einem Markt aus Kupon- und Zero-Bond. Die Endfälligkeit beider Titel beträgt jeweils $T = 2$.

Wie man sieht, liegt der maximale Gewinn in $t = 0$ gemäß obiger Formel bei $-p^* \approx 0.3111$, was exakt einem abdiskontierten Wert von $\tau \ln 2$ über zwei Perioden mit Nettozins $(1-\tau)r_f = 0.75$ entspricht.

Wählen wir nun die Anteile des Kupon-Bonds so, dass die Netto-Entnahme in den Zeitpunkten $t = 1, 2$ exakt Null beträgt. Bilden wir weiter ein Gitternetz aus Portfolioanteilen des Zero-Bonds, gegeben durch das Tupel (h_0^1, h_1^1), so ergeben sich zum Zeitpunkt $t = 0$ Auszahlungen, wie sie in Abbildung 4.9 zu sehen sind. Eine negative Auszahlung in $t = 0$ entspricht dabei einem Verlust, eine positive Auszahlung, wie z.B. für Portfolioanteile

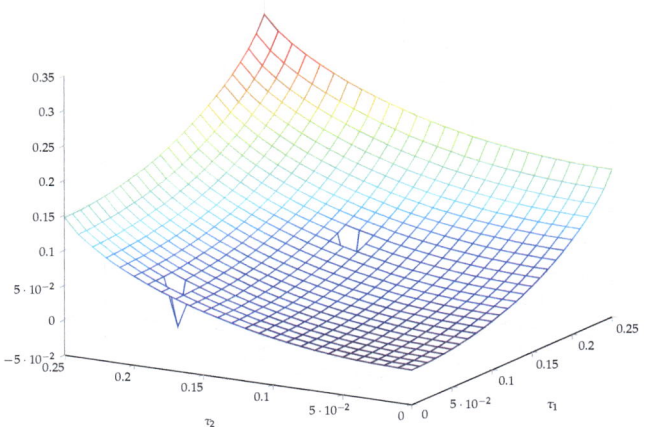

Abbildung 4.8: Beschränkte Arbitrage bei der lncosh-Steuer. Die vereinzelten „Spitzen" in der Abbildung ergeben sich auf Grund von Rechenfehlern.

$(h_0^1, h_1^1) = (-1, 1)$ entspricht einem Gewinn. Numerisch stellen wir fest, dass für alle Anteile $(h_0^1, h_1^1) = \omega(-1, 1)$ mit $\omega > 0$ der heutige Gewinn immer größer wird. Die inkrementellen Zuwächse sind jedoch gering und für höhere Parameterwerte, wie zum Beispiel $\omega = 40$, kaum noch messbar. Das entspricht dem Punkt am linken oberen Ende im Koordinatenkreuz von Abbildung 4.9. Wie wir sehen, konvergiert der Arbitragegewinn, mit dieser Strategie relativ schnell gegen 0.3111 ohne diesen Wert jemals anzunehmen.

Abschließend möchten wir darauf hinweisen, dass wir analog zum Beweis des Satzes 4.5 den optimalen Arbitragegewinn p^* auch aus den KKT-Bedingungen herleiten können.

Korollar 4.20 (Alternative Herleitung des Hauptsatzes). *Ist* $h^* = (h_0^*, \ldots, h_{T-1}^*)$ *eine optimale Handelsstrategie in (P), dann gilt*

$$p^* = -\sum_{t=1}^{T} \frac{T^*(\tau_t)}{\prod_{s=1}^{t}(1 + r_f(1 - \tau_s))}$$

wobei $\tau_1, \ldots, \tau_T$ *implizite Steuersätze bezüglich des Preisprozesses* $(p_0, \ldots, p_{T-1})$ *sind.*

Beweis. Folgt direkt durch iteratives Einsetzen von Bedingung (ii) in Satz 4.16 unter Berücksichtigung von $p_T = 0$ und $p^* = p_0' h_0^*$. □

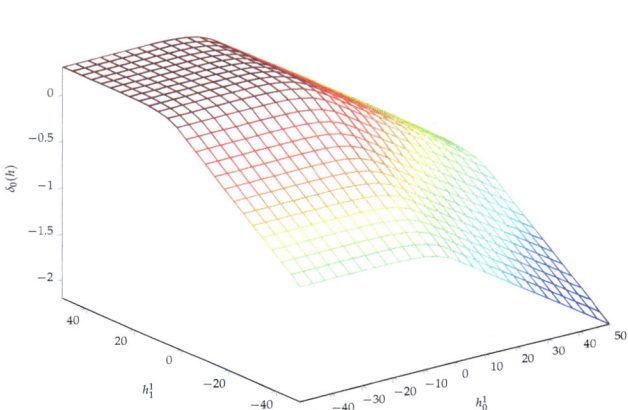

Abbildung 4.9: Beispiel einer beschränkten Arbitrage für die keine optimale Handelsstrategie existiert.

4.5 Modellerweiterungen

4.5.1 Besteuerung des ökonomischen Gewinns

Im Beweis des Satzes 4.5 haben wir festgestellt, dass wir das primale Problem (P) auf S. 103 überführen können in ein duales Problem der Form

$$-\inf_{\tau_t \in \mathbf{dom}(T^*), t=1,\ldots,T} \sum_{t=1}^{T} \frac{T^*(\tau_t)}{\prod_{s=1}^{t}(1+r_f(1-\tau_s))} \quad \text{(D*)}$$

$$\text{s.t.} \quad p_{t-1} = \frac{p_t + (1-\tau_t)x_t + \tau_t a_t}{1+r_f(1-\tau_t)} \quad t=1,\ldots,T.$$

(4.6)

In diesem Abschnitt möchten wir diskutieren, inwiefern die Wahl der Abschreibungen a_t die fairen Preise des zu bewertenden Bonds beeinflusst. Wie wir bereits in Kapitel 4.2 festgestellt haben, können wir im Fall $a_t \neq x_t - r_f p_{t-1}$ die impliziten Steuersätze eindeutig mit Hilfe von Gleichung (4.4) bestimmen und daraus mittels Satz 4.5 eindeutige Aussagen über die Höhe der Arbitragegewinne treffen. Diese können sowohl beschränkt als auch unbeschränkt sein. Für den Fall, dass der Gesetzgeber die steuerliche Bemessungsgrundlage $x_t - a_t = r_f p_{t-1}$ vorschreiben sollte, liegen die Dinge etwas anders. In diesem Fall sprechen Finanzwissenschaftler auch von der ökonomischen Gewinnbesteuerung, wie von Preinreich (1951) und Samuelson (1964) postuliert. Wir werden im Folgenden zeigen, dass bei diesem Steuersystem auch unter Annahme nichtlinearer konvexer Steuern die arbitragefreien Bondpreise vor und nach Steuern übereinstimmen, was einem Steuersatz von $\tau_t = 0$ für alle t in (4.6) gleichkommt.[34]

Setzen wir hierzu $a_t = x_t - r_f p_{t-1}$ in Gleichung (4.6) ein, so erhalten wir nach einer kleinen Äquivalenzumformung für alle Zeitpunkte $t = 1, \ldots, T$ die neue Nebenbedingung

$$p_{t-1} = \frac{p_t + x_t}{1 + r_f}$$

in (D*). Man beachte hierbei die Unabhängigkeit von den Steuersätzen τ_t. Das duale Optimierungsproblem beschränkt sich somit auf das Infimum der Funktion

$$(\tau_1, \ldots, \tau_t) \mapsto \sum_{t=1}^{T} \frac{T^*(\tau_t)}{\prod_{s=1}^{t} (1 + r_f(1 - \tau_s))},$$

über alle $\tau_t \in \mathbf{dom}(T^*)$. Da immer $T^*(\tau_t) \geq 0$ und $\frac{1}{\prod_{s=1}^{t}(1+r_f(1-\tau_s))} > 0$ erfüllt ist, ist die Objektfunktion nach unten durch Null beschränkt und wird tatsächlich für alle $\tau_t \in \partial T(0) \subset \mathbf{dom}(T^*)$ angenommen. Wir können daher das duale Lagrange-Problem vereinfachen zu

$$\sup \quad 0 \quad \text{(D*)}$$
$$\text{s.t.} \quad p_{t-1} = \frac{p_t + x_t}{1 + r_f} \quad t = 1, \ldots, T. \quad (4.7)$$

Im Falle der Zulässigkeit von (D*) gilt auf Grund der starken Dualität für den optimalen Wert in (P)

$$p^* = d^* = 0.$$

Somit ist der Markt arbitragefrei genau dann, wenn alle Bondpreise die Nebenbedingungen in (4.7) erfüllen. Dies entspricht der traditionellen Arbitragegleichung von Bonds in einer Welt ohne Steuern. Ist (4.7) für mindestens ein t nicht erfüllt, so erhalten wir $p^* = d^* = \sup \emptyset = -\infty$ in (D*).[35] Man beachte, dass dieses Ergebnis unabhängig davon ist, ob $T(\cdot)$ linear verläuft oder nicht. Wir manifestieren unser Ergebnis im folgenden Satz:

Satz 4.21 (Besteuerung des ökonomischen Gewinns)**.** *Wenn* $a_t = x_t - r_f p_{t-1}$ *gilt, dann sind die Bondpreise arbitragefrei genau dann, wenn*

$$p_{t-1} = \frac{p_t + x_t}{1 + r_f}$$

für alle $t = 1, \ldots, T$ *erfüllt ist. Insbesondere sind die arbitragefreien Bondpreise unabhängig von den Steuersätzen* $\tau_t \in \mathbf{dom}(T^*)$.

Beweis. Folgt unmittelbar aus obiger Herleitung. □

[34] Das von Preinreich und Samuelson betrachtete Modell gilt nur für lineare Steuersysteme. Die folgende Herleitung gilt jedoch für alle nichtlinearen Steuersysteme, die die Voraussetzungen in Kapitel 2 erfüllen.

[35] Es gibt also im Fall des ökonomischen Gewinns keine beschränkten Arbitragemöglichkeiten.

4.5.2 Vollständigkeit

Wir möchten nun den Fall untersuchen, wenn zu einer beliebigen Anzahl an risikofreien Basistiteln ($n \geq 1$) ein weiterer Titel $i = n+1$ mit sicheren Zahlungsströmen x_t^{n+1} für $t = 1, \ldots, T$, sowie Abschreibungen a_t^{n+1} auf dem Markt eingeführt wird.[36] In diesem Fall betrachten wir das erweiterte Marktmodell $\hat{x}_t' = (x_t', x_t^{n+1})$, wobei x_t' der Zeilenvektor der Cashflows der Wertpapiere $i = 1, \ldots, n$ zum Zeitpunkt t sei. Die erweiterte Abschreibung sei gegeben durch $\hat{a}_t' = (a_t', a_t^{n+1})$. Der erweiterte Preisvektor sei $\hat{p}_t' = (p_t', p_t^{n+1})$. Wir gehen wie in Kapitel 4.2 davon aus, dass wir die Preise der ersten n Basistitel kennen. Wir können nun die Marktpreise p_t^{n+1}, die mit einer maximal beschränkten Arbitrage vereinbar sind, ermitteln, indem wir die beiden Optimierungsprobleme

$$d_{t-1}^- := \inf_{\tau=(\tau_1,\ldots,\tau_t)} p_{t-1}^{n+1} \qquad (d^-)$$
$$\text{s.t.} \qquad \tau_s \in \mathbf{dom}(T^*) \quad s = t, \ldots, T$$
$$\hat{p}_{t-1} = \frac{\hat{p}_t + (1-\tau_t)\hat{x}_t + \tau_t \hat{a}_t}{1 + r_f(1-\tau_t)},$$

sowie

$$d_{t-1}^+ := \sup_{\tau=(\tau_1,\ldots,\tau_t)} p_{t-1}^{n+1} \qquad (d^+)$$
$$\text{s.t.} \qquad \tau_s \in \mathbf{dom}(T^*) \quad s = t, \ldots, T$$
$$\hat{p}_{t-1} = \frac{\hat{p}_t + (1-\tau_t)\hat{x}_t + \tau_t \hat{a}_t}{1 + r_f(1-\tau_t)},$$

sukzessive von hinten lösen, d.h. beginnend von $t = T, \ldots, 1$. Im Falle der Eindeutigkeit nennen wir den Markt vollständig.

Definition 4.22 (Vollständigkeit). *Wir nennen einen Markt vollständig, wenn*

$$d_{t-1}^- = d_{t-1}^+$$

gilt für alle $t = 1, \ldots, T$.

Offensichtlich gilt im Falle Zulässigkeit $d_{t-1}^- \leq d_{t-1}^+$.[37] Weiter sei

$$\mathcal{P} := \mathbf{conv}(d = (d_0, \ldots, d_{T-1}) \in \mathbb{R}^T \mid d_t \in \{d_t^-, d_t^+\}),$$

wobei $\mathbf{conv}(\cdot)$ die konvexe Hülle bezeichnet.[38] Offensichtlich beschreibt $\mathcal{P}$ einen T-dimensionalen Polyeder. Der Markt ist somit vollständig genau dann, wenn das Innere des Polyeders die leere Menge beschreibt.

Handelt es sich bei dem betrachten Steuersystem um eine ökonomische Gewinnbesteuerung ($a_t = x_t - r_f p_{t-1}$), sind nach Lemma 4.21

---

[36] Wir haben im Hauptteil, aus Gründen der besseren, Übersicht zunächst nur den Fall $n = 1$ betrachtet.

[37] Andernfalls gilt für mindestens ein t
$$d_{t-1}^- = \inf_\tau \emptyset := +\infty > -\infty =: \sup_\tau \emptyset = d_{t-1}^+.$$

[38] Sei C eine beliebige (nicht notwendigerweise konvexe) Teilmenge des $\mathbb{R}^T$, dann ist die konvexe Hülle von C gegeben durch
$$\mathbf{conv}(C) := \left\{\sum_{t=0}^{T-1} \lambda_t x_t \mid x_t \in C, \lambda_t \geq 0, \sum_{t=0}^{T-1} \lambda_t = 1\right\}.$$

alle Bondpreise unabhängig von den jeweiligen Steuersätzen τ_t und analog zum Modell ohne Steuern folgt

$$p_{t-1}^i = \frac{p_t + x_t}{1 + r_f} \quad t = 1, \ldots T \quad \text{und} \quad i = 0, \ldots, n+1,$$

woraus sich unmittelbar $d_{t-1}^- = d_{t-1}^+$ in den obigen Optimierungsproblemen ergibt. Folglich wäre das Marktmodell in einer Ökonomie, die den ökonomischen Gewinn besteuert, wie im vorherigen Kapitel festgestellt, nicht nur arbitragefrei sondern auch vollständig.

Stimmt das zu Grunde liegende Steuersystem allerdings nicht mit der Besteuerung des ökonomischen Gewinns überein, was in der Regel der Fall ist (i.e. $x_t - a_t \neq r_f p_{t-1}$ für mindestens ein t), so lassen sich die impliziten Steuersätze mit Hilfe von Gleichung (4.4) bereits eindeutig durch Kenntnis des ersten Titels ($i = 1$) bestimmen. Jeder neu hinzugefügte Titel muss über dieselben impliziten Steuersätze verfügen. Andernfalls sind die Probleme (d^-) und (d^+) nicht zulässig und es gilt

$$d_{t-1}^- = \inf_\tau \varnothing = +\infty \neq \sup_\tau \varnothing = d_{t-1}^+$$

für mindestens ein t. Darüber hinaus ist dann der Markt auch nicht mehr arbitragefrei, da wir anhand der beiden Titel, für welche die impliziten Steursätze divergieren, analog zu dem Vorgehen in Kapitel 4.2 eine unbeschränkte Arbitrage herleiten können.[39] Für sichere Wertpapiere können wir somit im Allgemeinen von der Vollständigkeit des Marktes ausgehen. Für unsichere Wertpapiere ist der Sachverhalt deutlich komplexer.

[39] Formal würden wir zeigen, dass das duale Problem (D*) in (4.6) nicht zulässig ist und somit

$$p^* = d^* = -\inf_\tau \varnothing = -\infty$$

gelten würde.

4.5.3 Unsicherheit

Möchten wir unser Modell auf unsichere Zahlungsreihen ausweiten, müssen wir zunächst einen Zustandsraum definieren. Wir gehen der Einfachheit davon aus, dass im Folgenden $T = 1$ gilt und die Anzahl der verschiedenen Zukunftsszenarien $s = 1, \ldots, S$ endlich ist. Statt der sicheren zeitabhängigen Zahlungen p_t^1 eines weiteren Bonds treten nun die zustandsabhängigen Zahlungen p_s^1 eines riskanten Wertpapiers, z.B. einer Aktie. Wir können somit den gleichen Ansatz wie in Kapitel 4.2 wählen. Dort hatten wir bereits angedeutet, dass es nicht die Zeitdynamik des Modells ist, die die Besonderheiten beschränkter Arbitragemöglichkeiten bedingt, sondern die spezielle Form der zu Grunde liegenden Steuerfunktion.

Wir setzen weiterhin die Existenz eines risikofreien Kupon-Bonds als Nummeraire voraus, mit Preis $p^0 = 1$ und zustandsunabhängigen Cashflowzahlungen $x_s^0 = 1 + r_f$ für $s = 1, \ldots, S$. Der Preis der Aktie sei gegeben durch p^1.[40] Die Cashflowzahlungen des zu

[40] Wir verzichten an dieser Stelle auf einen zusätzlichen Zeitindex ($t = 0$), da klar ist, dass wir den Preis heute zahlen und in Zukunft die Cashflows erhalten.

bewertenden Wertpapiers im s-ten Zustand seien x_s^1. Fassen wir Preis und Cashflows beider Wertpapiere zusammen, schreiben wir wieder $p' = (p^0, p^1)$ und $x_s' = (x_s^0, x_s^1)$. Da wir nur eine Periode betrachten, bilden wir nur heute (in $t = 0$) ein Portfolio, welches wir bis zur Endfälligkeit halten. Die Portfolioanteile von Bond und Aktien beschreiben wir mit dem Vektor $h = (h^0.h^1)'$.

Der Abschreibungsvektor, mit dem wir Gewinne in jedem Zustand bemessen können, sei $a_s' = (a_s^0, a_s^1)$ mit $a^0 = 1$ für den Bond. Die Einkommensteuerfunktion $T(\cdot)$ erfülle alle Eigenschaften von Annahme 2.7. Das zu versteuernde Einkommen sei gegeben durch $(x_s - a_s)'h$. Die zu zahlende Steuerschuld in Abhängigkeit des Zustands s beträgt $T((x_s - a_s)'h)$. Die zustandsabhängige Payoff-Matrix mit Komponenten x_s^i bezeichnen wir mit $X \in \mathbb{R}^{S \times 2}$. Analog definieren wir die Abschreibungsmatrix $A \in \mathbb{R}^{S \times 2}$ mit Komponenten a_s^i. Die zustandsabhängige Steuerschuld werde beschrieben durch die mehrdimensionale Funktion

$$(zvE_1, \ldots, zvE_S) \mapsto \begin{pmatrix} T(zvE_1) \\ \vdots \\ T(zvE_S) \end{pmatrix},$$

die wir aus Vereinfachungsgründen wiederum mit $T(\cdot)$ bezeichnen.

Wie wir in den Modellerweiterungen von Kapitel 1.1.3 gezeigt haben, ist es sinnvoll bei einem Arbitragemodell unter Unsicherheit, statt des Kostenminimierungsansatzes die Maximierung zukünftiger erwarteter Netto-Auszahlungen in Betracht zu ziehen. Konkret wollen wir dadurch erreichen, dass jedem Arrow-Debreu-Titel auch ein positiver Preis zugeordnet wird. Hierzu mussten wir das Konzept einer subjektiven Wahrscheinlichkeitsverteilung $\mathbb{P}$ einführen, welche die Einschätzung über zukünftige Preisentwicklungen eines einzelnen Investors wiedergibt. Im Falle einer Arbitrage, versucht der Investor ein selbstfinanzierendes Portfolio zu entwickeln, das in Zukunft in *allen* Zuständen s nichtnegative Netto-Auszahlungen aufweist, wobei in mindestens einem Zustand s' die Auszahlungen sogar echt positiv sind. Die erwartete (Netto-) Auszahlung bezüglich $\mathbb{P}$ bezeichnen wir mit

$$E_{\mathbb{P}}[Xh - T((X-A)h)] := \sum_{s=1}^{S} \left(p_s x_s' h - T((x_s - a_s)'h) \right)$$

Wir betrachten nun folgendes Optimierungsproblem:

$$\begin{aligned} \sup_{h} \quad & E_{\mathbb{P}}[Xh - T((X-A)h)] \\ \text{s.t.} \quad & Xh - T((X-A)h) \geq 0 \\ & p'h \leq 0. \end{aligned} \qquad \text{(PU)}$$

In diesem Fall liegt eine nachsteuerliche Arbitragegelegenheit nur dann vor, wenn der optimale Wert p^* in (PU) positiv ist, was auf Grund der nichtnegativen Einzelzahlungen in den Zuständen nur dann erfüllt ist, wenn mindestens ein Zustand echt positive Auszahlungen realisiert. Da $h = 0$ ein zulässiges Portfolio ist, gilt $p^* \geq 0$ und insbesondere $p^* = 0$, falls der Markt arbitragefrei ist. Das duale Lagrangeproblem lässt sich nun mit einigen technischen Schritten, analog zum Beweis von Satz 4.5, darstellen durch

$$\inf_{\lambda,\tau} \sum_{s=1}^{S} (p_s + \lambda_s) T^*(\tau_s) \tag{DU*}$$

$$\text{s.t.} \quad \lambda_s \geq 0, \quad s = 1,\ldots,S,$$
$$\tau_s \in \mathbf{dom}(T^*), \quad s = 1,\ldots,S,$$
$$p^1 = \sum_{s=1}^{S} \frac{p_s + \lambda_s}{\sum_{k}^{S}(p_k + \lambda_k)(1 + r_f(1-\tau_k))} (x_s - \tau_s(x_s - a_s)),$$

wobei $\lambda = (\lambda_1,\ldots,\lambda_S)$ die Lagrangefaktoren für die Ungleichungsbedingungen in (PU) sind und $\tau = (\tau_1,\ldots,\tau_S)$ die *zustandsabhängigen* impliziten Steuersätze darstellen. Für die genaue Herleitung verweisen wir auf Anhang A.5 (S. 185). Definieren wir nun $q = (q_1,\ldots,q_S)$ durch

$$q_s := \frac{(p_s + \lambda_s)(1 + r_f(1-\tau_s))}{\sum_{k}^{S}(p_k + \lambda_k)(1 + r_f(1-\tau_k))},$$

dann gilt für alle zulässigen τ_s in (DU*) offensichtlich $0 < q_s < 1$ und $\sum_{s=1}^{S} q_s = 1$. Wir erhalten somit eine risikoneutrale Wahrscheinlichkeitsverteilung. Es gilt analog zu Satz 4.5:

Satz 4.23 (Hauptsatz unter Unsicherheit). *In einem Marktmodell mit endlich vielen Zukunftsszenarien $s = 1,\ldots,S$ gilt unter Einbezug von Steuern:*

1. *Die Marktpreise sind arbitragefrei genau dann, wenn für alle Zustände s Steuersätze $\tau_s \in \partial T(0)$ existieren, sowie risikoneutrale Wahrscheinlichkeiten $0 < q_s < 1$ mit*

$$p^1 = E_{\mathbb{Q}}\left[\frac{x^1 - \tau(x^1 - a^1)}{1 + r_f(1-\tau)}\right],$$

   wobei $\tau = (\tau_1,\ldots,\tau_S)$ die zustandsabhängigen Steuersätze angibt.

2. *Es gibt unbeschränkte Arbitragemöglichkeiten genau dann, wenn für mindestens einen impliziten Steuersatz $\tau_s \notin \mathbf{dom}(T^*)$ gilt.*

3. *In allen anderen Fällen gibt es beschränkte Arbitragemöglichkeiten. Dies ist genau dann der Fall, wenn für alle impliziten Steuersätze $\tau_s \in \mathbf{dom}(T^*)$ gilt und für mindestens ein s' die Bedingung $\tau_{s'} \in \mathbf{dom}(T^*) \setminus \partial T(0)$ erfüllt ist.*

Beweis. Der Beweis folgt direkt aus obiger Herleitung. Da $T^*(\tau_s) \geq 0$ für alle s ist, gilt $p^* = d^* = 0$ in (DU*) genau dann, wenn für alle impliziten Steuersätze τ_s in den Nebenbedingunen von (DU*) auch $\tau_s \in \partial T(0)$ gilt. Definieren wir nun die risikofreien Wahrscheinlichkeiten q_s wie oben, dann erhalten wir

$$p^1 = \sum_{s=1}^{S} \frac{p_s + \lambda_s}{\sum_{k=1}^{S}(p_k + \lambda_k)(1 + r_f(1-\tau_k))} (x_s - \tau_s(x_s - a_s))$$

$$= \sum_{s=1}^{S} q_s \frac{x_s - \tau_s(x_s - a_s)}{1 + r_f(1-\tau_s)}$$

$$= E_{\mathbb{Q}} \left[\frac{x^1 - \tau(x^1 - a^1)}{1 + r_f(1-\tau)} \right]$$

und analog gilt $-\infty < d^* = p^* < 0$ in (DU*) genau dann, wenn $\tau_s \in \mathbf{dom}(T^*)$ für alle s und für mindestens ein s' gilt $\tau_{s'} \in \mathbf{dom}(T^*) \setminus \partial T(0)$, was gleichbedeutend ist mit $T^*(\tau_{s'}) > 0$. Falls für alle möglichen Kombinationen $\tau_s \notin \mathbf{dom}(T^*)$ ist, so folgt nach Definition der Konjugierten $T^*(\tau_s) = \infty$ und somit auch $p^* = d^* = \infty$. □

Gilt $x_s - a_s = r_f p^1$, d.h. der Gesetzgeber schreibt in jedem Zukunftsszenario den ökonomischen Gewinn als Bemessungsgrundlage vor, dann können wir wiederum zeigen, dass obige Bewertungsgleichung unabhängig ist von den zustandsabhängigen Steuersätzen τ_s und wir erhalten:

Satz 4.24 (Ökonomische Gewinnbesteuerung unter Unsicherheit). *Gilt $x_s - a_s = r_f p^1$ in allen Zuständen s, dann ist der Markt arbitragefrei genau dann, wenn*

$$p^1 = E_{\mathbb{Q}} \left[\frac{x^1}{1 + r_f} \right]$$

gilt. Für den Fall, dass obige Preisgleichung nicht erfüllt ist, liegen stets unbeschränkte Arbitragemöglichkeiten vor. In diesem Steuersystem existieren keine beschränkten Arbitragemöglichkeiten.

Beweis. Setzen wir $x_s - a_s = r_f p^1$ in den Nebenbedingungen von (DU*) ein, erhalten wir nach einer Äquivalenzumformung zunächst

$$p^1 = \sum_{s=1}^{S} \frac{p_s + \lambda_s}{\sum_{k=1}^{S}(p_k + \lambda_k)(1+r_f)} x_s$$

und durch

$$0 < q_s := \frac{p_s + \lambda_s}{\sum_{k=1}^{S}(\mathbb{P}()k + \lambda_k)(1+r_f)} < 1$$

risikoneutrale Wahrscheinlichkeiten, die unabhängig sind von den Steuersätzen τ_s. Da auf Grund der starken Dualität $0 \leq p^* = d^*$

gilt, können wir ohne Weiteres $\tau_s \in \partial T(0)$ in der Objektfunktion von (DU*) wählen und erhalten als Minimum $p^* = d = 0$. Im Falle der Nichtzulässigkeit gilt wiederum $p^* = d^* = \inf \emptyset = \infty$. □

Möchten wir obigen Sachverhalt auf ein allgemeines Mehrperiodenmodell unter Unsicherheit übertragen, müssen wir zunächst zeigen, dass die Abwesenheit einer mehrperiodigen Handelsarbitrage äquivalent zu der Abwesenheit einer Ein-Perioden-Arbitrage in einem der Zeitpunkte $t' \in \{1, \ldots, T\}$ ist.[41] In diesem Fall ergeben sich die Preisgleichungen durch die iterierte Erwartung bezüglich einer risikoneutralen Wahrscheinlichkeit $\mathbb{Q}$ und der Informationsmenge $\mathcal{F}$, so dass in jedem Zeitpunkt für die fairen Preise der riskanten Wertpapiere

$$p_{t-1} = E_\mathbb{Q}\left[\frac{p_t + x_t - \tau_t(x_t - a_t)}{1 + r_f(1 - \tau_t)} \,\bigg|\, \mathcal{F}_{t-1}\right] \quad t = 1, \ldots, T$$

gilt, wobei $\tau_t = (\tau_t^1, \ldots, \tau_t^s)$ mit $\tau_t^s \in \partial T(0)$ einen Vektor von zustandsabhängigen Grenzsteuersätzen in t beschreibt.[42]

Für allgemeine Wahrscheinlichkeitsräume $(\Omega, \mathcal{F}, \mathbb{P})$, in denen der Zustandsraum Ω nicht notwendigerweise endlich ist, werden wir in dieser Arbeit jedoch keinen analogen Fundamentalsatz herleiten. Wir vermuten jedoch, dass sich die vorliegenden Ergebnisse nicht ändern werden. Die notwendige Mathematik, um solch ein Modell aufzustellen, wäre jedoch weitaus komplexer und ginge zu Schulden der ökonomischen Intuition.

[41] Ein formales Vorgehen verlangt somit einen Beweis, analog zu Satz 3.5 in Irle (2003, S. 65-67).

[42] Man beachte hierbei, dass im Falle der Nichtdifferenzierbarkeit die Menge $\partial T(0)$ nun eine $\mathbb{R}^S$ wertige kompakte, konvexe Menge beschreibt.

5
Anwendungsbeispiele

5.1 Allgemeine Vorbemerkungen zur Computersimulation

Der vorliegende Abschnitt soll zur Illustration und numerischen Überprüfung unserer Ergebnisse von Kapitel 4 dienen. Hierzu betrachten wir verschiedene konvexe Steuersysteme und berechnen die optimalen Handelsstrategien, die sich bei einer Fehlbewertung eines Zero-Bonds im 2-Perioden-Modell ergeben und zu einem risikolosen Arbitragegewinn führen.

Wir haben gesehen, dass für die arbitragefreien Zero-Bondpreise von Kapitel 4.2 gemäß Satz 4.5 folgende Preisrelationen gelten müssen

$$p_{t-1}^1 = \frac{p_t^1 + x_t^1 - \tau(x_t^1 - a_t^1)}{1 + r_f(1 - \tau_t)} \quad t = 1, \ldots, T, \tag{5.1}$$

wobei $\tau_t \in \partial T(0)$ und $p_T = 0$ sind. Für alle Steuersätze

$$\tau \in \mathbf{dom}(T^*) \setminus \partial T(0) = [\tau_{min}, \tau_{max}] \setminus [\tau_0^-, \tau_0^+]$$

liegen beschränkte Arbitragemöglichkeiten vor. Gilt $a_t \neq x_t - r_f p_{t-1}$, können wir die Steuersätze τ_t aus Gleichung (5.1), für gegebene Marktpreise, zurückrechnen mittels

$$\tau_t = \frac{p_t + x_t - (1 + r_f)p_{t-1}}{x_t - a_t - r_f p_{t-1}} \quad t = 1, \ldots, T. \tag{5.2}$$

Der optimale Arbitragegewinn in $t = 0$, kann dann mit Hilfe der konjugierten Steuerfunktion ermittelt werden durch

$$p^* = \sum_{t=1}^{T} \frac{T^*(\tau_t)}{\prod_{s=1}^{t}(1 + r_f(1 - \tau_s))}. \tag{5.3}$$

Ist $\tau_t \notin \mathbf{dom}(T^*)$, gilt $p^* = -\infty$, was einem unbegrenzten Arbitragegewinn gleichkommt. Für alle anderen Zeitpunkte ist die zu Grunde liegende Arbitragestrategie selbstfinanzierend mit $\delta_t(h^*) = 0$. Hierbei handelt es sich um ein nichtlineares Gleichungssystem, das relativ einfach mit Hilfe von Computer-Algebra-Programmen wie MATLAB gelöst werden kann, z.B. mit der Methode **fsolve()**.[1] Alternativ können wir durch Anwendung von Satz 4.16 die optimalen Handelsstrategien auch mit Hilfe der dualen Lösung bestimmen. In diesem Fall lösen wir das System

$$(x_t - a_t)' h_{t-1}^* \in \partial T^*(\tau_t) \tag{5.4}$$

und

$$p_t' h_t^* = (1 + r_f(1 - \tau_t)) p_{t-1}' h_{t-1}^* + T^*(\tau_t) \quad t = 1, \ldots, T, \tag{5.5}$$

wobei $\partial T^*(\tau_t)$ das Subdifferential der konjugierten Steuerfunktion $T^*(\cdot)$ für einen impliziten Steuersatz τ_t beschreibt.

Im Folgenden betrachten wir, analog zum einführenden Beispiel von Kapitel 4.1, ein 2-Perioden-Modell mit Kupon- und Zero-Bond. Der risikofreie Zins sei $r_f = 0.1$. Preis-, Cashflow- und Abschreibungsprozess der beiden Titel seien wie in Tabelle 4.1 auf S. 96 gegeben. Der einfacheren Implementierung geschuldet realisieren wir etwaige Arbitragegewinne, statt in $t = 0$ erst in $T = 2$. In diesem Fall ergibt sich der optimale Arbitragegewinn p_2^* aus der Summe der aufgezinsten Steuervorteile, i.e.

$$\begin{aligned} p_2^* &= (1 + r_f(1 - \tau_1))(1 + r_f(1 - \tau_2)) p^* \\ &= (1 + r_f(1 - \tau_2)) T^*(\tau_1) + T^*(\tau_2), \end{aligned} \tag{5.6}$$

wobei sich die impliziten Steuersätze τ_t gemäß Preisgleichung (5.2) berechnen lassen. Dieses Vorgehen hat den Vorteil, dass wir das oben beschriebene nichtlineare Gleichungssystem $\delta_t(h) = 0$ umgehen. Stattdessen wählen wir von vornherein die Anteile des Kupon-Bonds h_0^0 und h_1^0, so dass stets Selbstfinanzierung in $t = 0, 1$ herrscht. Hierzu setzen wir

$$h_0^0 = -p_0^1 h_0^1$$

und

$$h_1^0 = p_1^1(h_0^1 - h_1^1) + (1 + r_f)h_0^0 - T(r_f h_0^0).$$

Wir können nun h_0^0 in die zweite Gleichung einsetzen. Das Ergebnis liefert uns eine Formel für die Anteile des Kupon-Bonds zum Zeitpunkt $t = 1$ in Abhängigkeit der Zero-Bond-Anteile (h_0^1, h_1^1). Das Ergebnis setzen wir wiederum in die Formel für die Netto-Entnahme $\delta_2(\cdot)$ ein.[2] Wir erhalten eine modifizierte Netto-Entnahme $\tilde{\delta}_2$, die nicht mehr von den Anteilen des Kupon-Bonds abhängt. Für vorgegebene Preispaare (p_0^1, p_1^1) und Steuerschuldfunktionen $T(\cdot)$ lösen wir dann das unbeschränkte Optimierungsproblem $(\tilde{P})$, gegeben durch

$$\sup_{h=(h_0^1, h_1^1)} \tilde{\delta}_2(h).$$

[1] Die Methode verwendet in den vorliegenden Fällen automatisch den Levenberg-Marquardt-Algorithmus, eine Art Gauß-Verfahren mit Zusatzrestriktion an die Iterationswerte, so dass die Funktionswerte nach jeder Iteration betragsmäßig immer kleiner werden (auch *Descent Direction* genannt, vgl. hierzu Boyd und Vandenberghe (2004, S. 463)).

[2] Für eine Definition der Netto-Entnahme zum Zeitpunkt $T = 2$ siehe Gleichung (4.1).

Im Folgenden werden wir für verschiedene Preis- und Steuerschuldkonstellationen eine Lösung des Problems $(\tilde{P})$ angeben. Dabei greifen wir auf drei Lösungsalternativen zurück:

Graphische Lösung: Im ersten Schritt können wir ein Gitternetz von Datenpunkten (h_0^1, h_1^1) generieren und prüfen, welche Datenpunkte die maximal mögliche Entnahme in $T = 2$ liefern. Ein Beispiel für diese Vorgehensweise haben wir bereits in Abbildung 4.2 auf S. 101 vorgestellt.

Numerische Lösung: Im zweiten Schritt können wir für ein Gitternetz von Preispaaren (p_0^1, p_1^1) den zugehörigen optimalen Arbitragegewinn p_2^* und die zu Grunde liegende Handelsstrategie $h^* = (h_0^{1*}, h_1^{1*})$ berechnen. Hierzu verwenden wir die in MATLAB vorimplementierte Methode **fminunc()**.[3]

Analytische Lösung: Im dritten und letzten Schritt können wir die computergestützten Lösungen mit unserer Theorie von Kapitel 4.2 abgleichen. Dabei bestimmen wir die impliziten Steuersätze mit Hilfe von Gleichung (5.2). Der optimale Arbitragegewinn ergibt sich aus (5.6). Wollen wir zusätzlich die optimale(n) Handelsstrategie(n) berechnen, benutzen wir die beiden Relationen (5.4) und (5.5), wobei die erste Bedingung im Allgemeinen eine Ungleichungsbedingung beschreibt und die zweite Bedingung uneingeschränkt eine Gleichungsbedingung ist.[4]

Betrachten wir Preisgleichung 5.1 etwas genauer, so stellen wir fest, dass lediglich die Grenzsteuersätze für eine Bemessungsgrundlage von null für die arbitragefreie Bewertung entscheidend sind. Dadurch resultieren streng genommen nur zwei Möglichkeiten. Entweder ist die zu Grunde liegende Steuerfunktion an der Stelle null differenzierbar, in diesem Fall ist $\tau_0 = \tau_0^- = \tau_0^+$ eindeutig und somit auch die arbitragefreien Preise (p_0^1, p_1^1), oder die zu Grunde liegende Steuerfunktion ist nicht in null differenzierbar, wie im Beispiel der unterschiedlichen Besteuerung von Gewinnen und Verlusten. In diesem Fall sind die arbitragefreien Preise nicht eindeutig und müssen, laut unserer Theorie, in einem konvexen Polyeder liegen. Wir können nun noch einen weiteren Spezialfall (des ersten Falls) betrachten. Ist $\tau_0 = 0$, wie z.B. bei einer Steuer mit Freibetrag, dann verschwinden Steuersätze vollkommen aus der Bewertungsgleichung 5.1 und Vor- und Nach-Steuerpreise des Bonds stimmen überein. Wir erhalten also insgesamt zwei Fälle und einen Unterfall, wie bereits im Anschluss von Satz 4.5 dargestellt. Zur Analyse realer Steuergesetze genügt es die zu Grunde liegende Tariffunktion in einen dieser drei Fälle einzuordnen.

[3] Alternativ könnte man natürlich auch das beschränkte Optimierungsproblem

$$\sup_h \; \delta_2(h),$$
$$\text{s.t.} \quad \delta_t(h) \geq 0 \quad t = 0, 1$$

lösen. Hierzu würde man die Methode **fmincon()** verwenden. Das Verfahren konvergiert allerdings wesentlich langsamer und liefert nicht immer das korrekte Ergebnis. Besonders schwerwiegend ist der Fehler, wenn der Optimalwert auf einer Spitze der Funktion $\delta_T(h_0^1, h_1^1)$ liegt (vgl. Abbildung 4.3 in Kapitel 4.1). Das hängt mit der Nichtdifferenzierbarkeit der Objektfunktion an der Stelle h zusammen. In solchen Fällen müsste man, die für konvexe Probleme geeigneten, Subgradienten-Verfahren implementieren, wie sie in Šor (1985) beschrieben sind.

[4] Relation (5.4) beschreibt nur im Fall der Differenzierbarkeit von $T^*(\cdot)$ an der Stelle τ_t eine Gleichheit. Ist die zu Grunde liegende Steuer sogar strikt konvex, folgt die (Stetig-) Differenzierbarkeit von $T^*(\cdot)$ im inneren des Definitionsbereichs unmittelbar (vgl. Hiriart-Urruty und Lemaréchal (2001, Theorem 4.1.1, S. 238)).

5.2 Lineare Steuer

Da lineare Steuern insbesondere konvex sind, muss unsere Theorie auch für lineare Steuern gelten. In diesem Fall ist

$$T(x) = \tau x$$

und Grenz- und Durchschnittssteuersatz stimmen für alle Bemessungsgrundlagen x überein und es gilt $\partial T(0) = \{\tau\}$. Insbesondere gilt für den optimalen Gewinn

$$T^*(\tau) = \sup_x \tau x - T(x) = \sup_x \tau x - \tau x = 0.$$

Setzen wir diesen Steuersatz in Preisgleichung (5.1) ein, ergibt sich für den Zero-Bond (mit Endfälligkeit in $T = 2$) das arbitragefreie Preispaar

$$p_0^1 = \frac{(1+r_f)^2 - \tau(r_f^2 + 2r_f)}{(1+r_f(1-\tau))^2} \quad \text{und} \quad p_1^1 = \frac{(1+r_f)^2 - \tau(r_f^2 + 2r_f)}{1+r_f(1-\tau)}. \tag{5.7}$$

Abbildung 5.1 veranschaulicht die Menge optimaler Handelsstrategien sowie den arbitragefreien Preis für einen impliziten Steuersatz $\tau = 0.25$. In diesem Fall beträgt der arbitragefreie Preisvektor $(1.0016, 1.0767)$. Da Bedingung (5.4) stets erfüllt ist, können wir die optimalen Portfolioanteile allein unter Anwendung von Gleichung (5.5) berechnen, was äquivalent ist zu der Lösung von

$$p_t' h_t = 0 \quad t = 0, 1.$$

Das gleiche Resultat hätten wir im Übrigen auch unmittelbar aus einer Anwendung von Satz 4.17 folgern können.

Gilt $\tau \neq 0$, stimmen die fairen Nach-Steuerpreise offensichtlich *nicht* mit den arbitragefreien Brutto-Preisen $(1, 1.1)$ überein (siehe blauer Punkt in Abbildung 5.1 (d)).[5]

[5] Die Brutto-Preise lassen sich formal durch Einsetzen des Steuersatzes $\tau = 0$ in Preisgleichung (5.7) berechnen, wodurch sich $(p_0^1, p_1^1) = (1, 1 + r_f)$ ergibt.

5.3 Steuer mit Freibetrag

Befassen wir uns im Folgenden mit dem bekannten Beispiel einer Steuer mit Freibetrag der Form

$$T(x) = 0.25 \max(x - 1, 0).$$

Mit Hilfe von Satz 5.1 folgern wir, dass die fairen Preise des Zero-Bonds gegeben sind durch $(1, 1.1)$. In Beispiel 4.18 hatten wir bereits gesehen, dass für die optimalen Handelsstrategien $h^* = (h_0^0, h_0^1, h_1^0, h_1^1)$ die folgenden zwei Bedingungen gelten müssen:

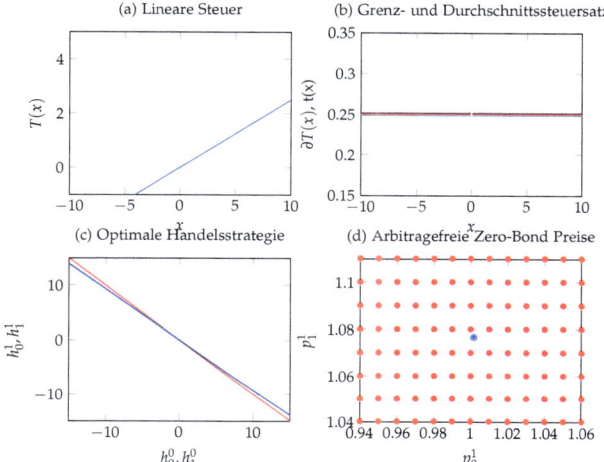

Abbildung 5.1: (a) Steuerschuldfunktion T einer linearen Steuer. (b) Grenzsteuersatz (blau) und Durchschnittssteuersatz (rot) stimmen für alle Bemessungsgrundlagen überein. (c) Optimale Handelsstrategien h^* den Zeitpunkten 0 (rot) und 1 (blau). (d) Arbitragemöglichkeiten (rot), arbitragefreier Preis (blauer Punkt). In diesem Fall existieren keine beschränkte Arbitragen.

(i) $h_0^1 = -h_0^0$, $h_0^0 \leq 10$ sowie

(ii) $h_1^1 = -\frac{h_1^0}{1{,}1}$, $h_1^0 \geq -11$.

Offensichtlich handelt es sich hierbei um zwei Geradengleichungen mit eingeschränktem Definitionsbereich, wie Abbildung 5.2 (c) bestätigt.

Setzen wir nun Steuersätze τ_t in Preisgleichung (5.1) ein, für die Grenz- und Durchschnittssteuersatz auseinanderfallen, dann muss laut Satz 4.5 eine begrenzte Arbitrage existieren. Abbildung 5.2 (unten rechts) zeigt, dass das auch tatsächlich der Fall ist. Jede Abweichung vom arbitragefreien Preis (blauer Punkt), birgt die Möglichkeit eines risikolosen Gewinns (in $T = 2$). Alle Preise innerhalb des blauen Polyeders in Abbildung 5.2 (d) entsprechen dabei einer beschränkten Arbitragemöglichkeit. Für alle Preispaare außerhalb des blauen Polyeders sind Arbitragemöglichkeiten unbeschränkt.

In Abbildung 5.3 haben wir explizit die vier Eckpunkte der Preise betrachtet, die die konvexe Hülle beschränkt arbitragefreier Preise bilden. Das entspricht den impliziten Steuersätzen $\tau_i \in \{0, 0{,}25\}$ für $i = 1, 2$.

1. *Fall* Es gelte für die impliziten Steuersätze $\tau_1 = \tau_2 = 0$. Das entspricht einem Preis von $(1, 1{,}1)$. In diesem Fall ist der Preis arbitragefrei, was einem maximalen Gewinn von null gleichkommt. Eine optimale Handelsstrategie ist z.B. $h^* = (0, 0, 0, 0)'$. Es gibt, wie Abbildung 5.2 (c) bereits vermuten lässt, allerdings auch optimale Handelsstrategien die nicht trivial sind, so z.B. $h^* = (10, -10, 0, 0)$.

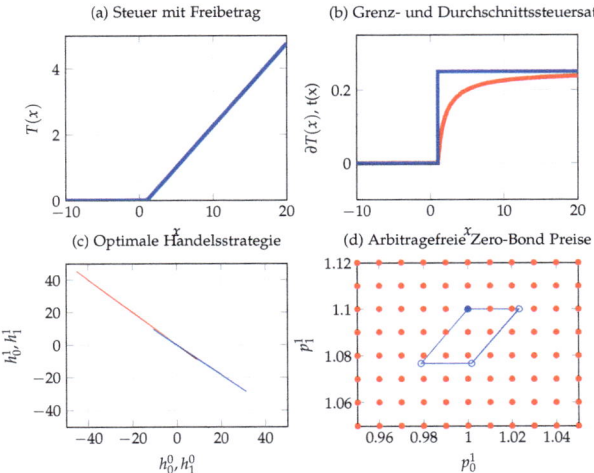

Abbildung 5.2: (a) Steuerschuldfunktion T einer Steuer mit Freibetrag. (b) Grenzsteuersatz (blau) und Durchschnittssteuersatz (rot). (c) Optimale Handelsstrategien h^* den Zeitpunkten 0 (rot) und 1 (blau). (d) Arbitragemöglichkeiten (rot), arbitragefreier Preis (blauer Punkt), begrenzt arbitragefreie Preise (innerhalb des blauen Polyeders).

2. *Fall* Es gelte $\tau_1 = 0.25$ und $\tau_2 = 0$. Dies entspricht einem Bondpreis von ungefähr $(1.0233, 1.1)$, also dem eingekreisten blauen Punkt rechts oben im blauen Polyeder von Abbildung 5.2 (d). Betrachten wir zudem Abbildung 5.3 (d), so stellen wir fest, dass eine beschränkte Arbitragemöglichkeit von maximal 0.275 vorliegt. Dies entspricht gerade dem verzinsten Arbitragegewinn aus Periode 1, falls wir den Freibetrag $(F = 1)$ steuerlich geltend machen, also exakt $(1 + r_f)\tau_1 F$. Da wir die Anteile des Kupon-Bonds bereits so gewählt haben, dass die Handelsstrategie in den Zeitpunkten $t = 0, 1$ selbstfinanzierend ist, können wir die optimalen Anteile durch Bedingung 5.4 berechnen, indem wir alle Handelsstrategien betrachten, für die

$$\tau_t \in \partial T((x_t - a_t)' h^*_{t-1})$$

gilt. Für $\tau_1 = 0.25$ und $\tau_2 = 0$ ist das genau dann erfüllt, wenn $(x_1 - a_1)' h^*_0 \geq F$ und $(x_2 - a_2)' h^*_1 \leq F$ ist.[6] Analog gehen wir für alle anderen Fälle vor, bei denen eine beschränkte Arbitrage vorliegt.

[6] Man beachte, dass aufgrund der Definition impliziter Steuersätze Bedingung (5.5) in Satz 4.16 automatisch folgt.

3. *Fall* Es gelte $\tau_1 = 0$ und $\tau_2 = 0.25$. Das entspricht einem Bondpreis von ungefähr $(0.9789, 1.0767)$ (siehe blauer Kreis links unten im Polyeder von Abbildung 5.2 (d)). In diesem Fall stimmen Grenz- und Durchschnittssteuersatz in Periode 1 überein und der Investor kann zunächst keinen Gewinn erzielen. In der zweiten Periode kann er allerdings, wie im vorherigen Fall, den Freibetrag F steuerlich geltend machen. Dieser bleibt jedoch un-

verzinst, da wir bereits am Laufzeitende angelangt sind. Es gilt somit $p_2^* = T^*(0.25) = 0.25$. Die optimalen Bondanteile ergeben sich durch $\delta_0(h^*) = \delta_1(h^*) = 0$ sowie $(x_1 - a_1)'h_0^* \leq F$ und $(x_2 - a_2)'h_1^* \geq F$.

4. *Fall* Es gelte $\tau = \tau_1 = \tau_2 = 0.25$. Dies entspricht einem Bondpreis von $(1.0016, 1.0767)$ (siehe blauer Kreis rechts unten im Polyeder von Abbildung 5.2 (d)). In diesem Fall können wir sowohl in der ersten als auch in der zweiten Periode Arbitragegewinne realisieren, und es gilt für den optimalen Gewinn $p_2^* = 1.075 \cdot 0.25 + 0.25 = 0.51875$, was ein Blick auf Abbildung 5.3 (d) bestätigt. Für die optimale Handelsstrategie gilt in diesem Fall $(x_1 - a_1)'h_0^* \geq F$ und $(x_2 - a_2)'h_1^* \geq F$.

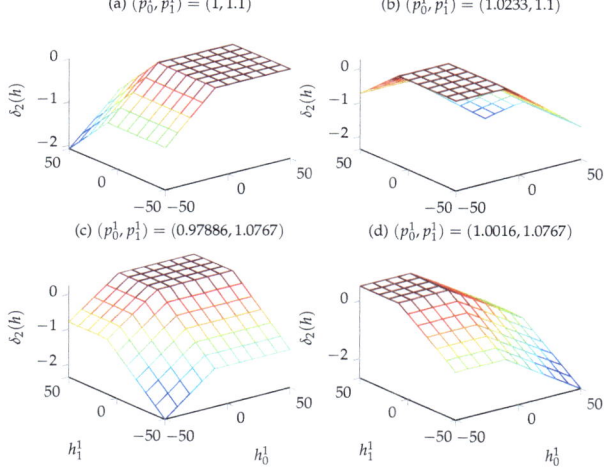

Abbildung 5.3: Beschränkte Arbitragemöglichkeiten am Beispiel einer Steuer mit Freibetrag.

Durch ein vergleichbares Vorgehen können wir nun im zweiten Schritt, die Arbitragegewinne für alle impliziten Steuersätze $\tau_1, \tau_2 \in (0, 0.25)$ berechnen. Das entspricht allen Bondpreisen innerhalb des blauen Polyeders in Abbildung 5.2 (d). Abbildung 5.4 zeigt den optimalen Arbitragegewinn in Abhängigkeit der impliziten Steuersätze τ_1, τ_2.

Wie wir bereits im einführenden Beispiel von Kapitel 4.1 angedeutet haben, können wir für alle impliziten Steuersätze $\tau_t \in (0, 0.25)$ sogar die optimale Handelsstrategie eindeutig bestimmen, indem wir nach Anwendung von (5.4) und (5.5) das folgende lineare Glei-

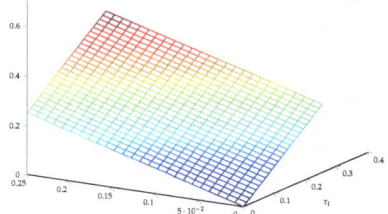

Abbildung 5.4: Menge der impliziten Steuersätze, die einen beschränkten Arbitragegewinn im 2-Perioden-Modell ermöglichen.

chungssystem lösen:

$$(x_1 - a_1)'h_0 = F$$
$$(x_2 - a_2)'h_1 = F$$
$$(p_1 + x_t)'h_0 - p_1'h_1 = 0$$
$$x_2'h_1 = 0.$$

Das entspricht einer Handelsstrategie, die nach der ersten und zweiten Periode eine steuerliche Bemessungsgrundlage in Höhe des Freibetrages vorschreibt und Netto-Entnahmen von null generiert. In diesem konkreten Fall (mit Kupon- und Zero-Bond) lösen wir also

$$\begin{pmatrix} r_f & 0 & 0 & 0 \\ 0 & 0 & r_f & r_f^2 + 2r_f \\ 1+r_f & p_1^1 & -1 & -p_1^1 \\ 0 & 0 & 1+r_f & (1+r_f)^2 \end{pmatrix} \cdot \begin{pmatrix} h_0^0 \\ h_0^1 \\ h_1^0 \\ h_1^1 \end{pmatrix} = \begin{pmatrix} F \\ F \\ 0 \\ 0 \end{pmatrix}.$$

Auflösen des Gleichungssystems liefert als optimale Handelsstrategie

$$h^* = \begin{pmatrix} \frac{F}{r_f} \\ \frac{F}{r_f} - \frac{2(1+r_f)}{p_1^1 r_f} F \\ -\frac{1+r_f}{r_f} F \\ \frac{F}{r_f} \end{pmatrix}.$$

Für die Parameterwerte $r_f = 0.1$, $F = 1$ und $\tau_t = 0.1$ ($t = 1, 2$) ergeben sich zum Beispiel die Portfolioanteile $h^* \approx (10, -10.168, -11, 10)$. Insgesamt ergibt sich somit ein optimaler Gewinn von

$$\delta_0(h^*) = -(10 \cdot 1 - 10.168 \cdot p_0^1) = -10 + 10.168 \cdot p_0^1 \approx 0.176,$$

wobei wir wiederum Gleichung (5.1) anwenden, um $p_0^1 \approx 1.0008$ zu berechnen. Auch dieses Ergebnis deckt sich mit unserer Theorie. Einhergehend mit (5.3) ergibt sich (ohne Kenntnis der optimalen Handelsstrategie)

$$p_2^* = \frac{\tau_1 F}{1 + r_f(1 - \tau_1)} + \frac{\tau_2 F}{(1 + r_f(1 - \tau_1))(1 + r_f(1 - \tau_2))}$$
$$= \frac{0.1}{1.09} + \frac{0.1}{1.09^2} \approx 0.176.$$

Möchten wir analog zu dem einführenden Beispiel auf S. 102 die optimale Handelsstrategie für eine positive Gewinnentnahme zum Endzeitpunkt $T = 2$ berechnen, müssen das folgende Gleichungssystem berechnen

$$(x_1 - a_1)' h_0 = F$$
$$(x_2 - a_2)' h_1 = F$$
$$-p_0' h_0 = 0$$
$$(p_1 + x_t)' h_0 - p_1' h_1 = 0,$$

was äquivalent ist zu

$$\begin{pmatrix} r_f & 0 & 0 & 0 \\ 0 & 0 & r_f & r_f^2 + 2r_f \\ -1 & -p_0^1 & 0 & 0 \\ 1 + r_f & p_1^1 & -1 & -p_1^1 \end{pmatrix} \cdot \begin{pmatrix} h_0^0 \\ h_0^1 \\ h_1^0 \\ h_1^1 \end{pmatrix} = \begin{pmatrix} F \\ F \\ 0 \\ 0 \end{pmatrix}.$$

Das entspricht einer Handelsstrategie mit einer steuerlichen Bemessungsgrundlage von F in den letzten beiden Zeitpunkten sowie einer Netto-Entnahmen von null in den ersten beiden Zeitpunkten. Wählen wir wiederum $r_f = 0.1$, $F = 1$ und $\tau_t = 0.1$, so erhalten wir exakt das selbe Gleichungssystem, wie auf S. 102 beschrieben. In diesem Fall beträgt der optimale Gewinn

$$p_2^* = (1 + r_f(1 - \tau_1))\tau_1 F + \tau_2 F = 1.09 \cdot 0.1 + 0.1 = 0.209.$$

Analog berechnet man den optimalen Arbitragegewinn für alle anderen Grenzsteuersätze $\tau_t \in (0, 0.25)$.

Gilt für mindestens einen impliziten Steuersatz $\tau_t \notin [0, 0.25]$, so ergibt sich die Möglichkeit, unbeschränkte Arbitragegewinne zu erzielen. Betrachten wir z.B. den Preis $(1, 1.1001)$, dann stellt das eine Abweichung von „nur" einem Basispunkt vom arbitragefreien Zero-Bond-Preis im Zeitpunkt $t = 2$ dar. Wie der Plot in Abbildung 5.5 zeigt, steigen die Arbitragegewinne in diesem Fall ab einem gewissen Punkt linear an und es gilt $p_2^* \to \infty$.

5.4 Sublineare Steuer

Im Falle einer Steuer mit Freibetrag sind die arbitragefreien Preise eindeutig. Wie das folgende Beispiel zeigt, muss das nicht immer der Fall sein. Abbildung 5.6 zeigt eine abschnittsweise lineare Steuerschuldfunktion mit einem Knick bei einer Bemessungsgrundlage von null. Wir nennen eine solche Funktion auch sublinear. Die in Abbildung 5.6 gezeigte Steuer bietet keinen sofortigen Verlustausgleich ($\tau_{min} = 0$) und bemisst Gewinne ab dem ersten verdienten Euro mit einem konstanten Steuersatz von $\tau_{max} = 0.25$. Formal können wir die Steuer wie folgt ausdrücken:

$$T(x) = \tau_{min} \min(x, 0) + \tau_{max} \max(x, 0) = 0.25 \max(x, 0).$$

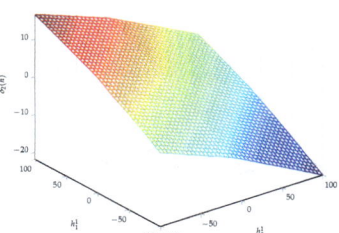

Abbildung 5.5: Beispiel unbeschränkter Arbitragegewinne bei einem Zero-Bondpreisvektor von $(1, 1.1001)$.

Wie wir in Abbildung 5.6 (oben rechts) sehen, stimmen in diesem Fall Grenz- und Durchschnittssteuersatz für alle Bemessungsgrundlagen überein. Eine Anwendung von Satz 4.8 besagt nun, dass für alle impliziten Steuersätze $\tau_t \in [0.25]$ arbitragefreie Preise erzeugt werden. In Abbildung 5.6 (d) äußert sich das dadurch, dass die Menge arbitragefreier Preise einen Polyeder beschreibt.[7] Die Eckpunkte berechnen sich dabei analog zum vorherigen Beispiel der Steuer mit Freibetrag, indem wir die impliziten Steuersätze $\tau_t \in \{0, 0.25\}$ in Preisgleichung 5.1 einsetzen.

[7] Vgl. hierzu analog Dermody und Rockafellar (1991, S. 43). Man beachte: Wie eine genauere Rechnung zeigt, handelt es sich bei der in 5.6 dargestellten Figur *nicht* um ein Parallelogramm.

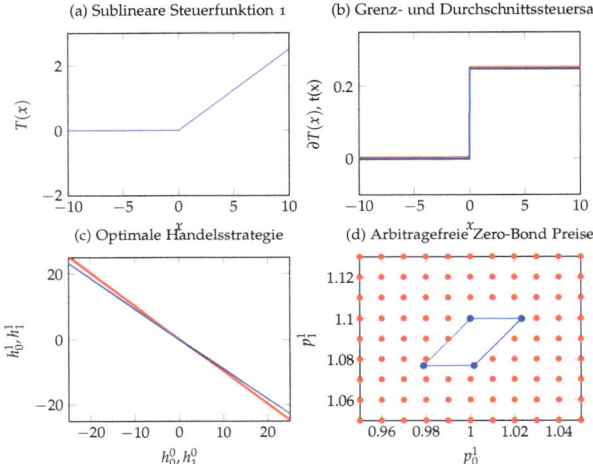

Abbildung 5.6: (a) Steuerschuldfunktion T einer Steuer ohne Verlustausgleich. (b) Grenzsteuersatz (blau) und Durchschnittssteuersatz (rot). (c) Optimale Handelsstrategien h^* den Zeitpunkten 0 (rot) und 1 (blau). (d) Arbitragemöglichkeiten (rot), arbitragefreie Preise innerhalb des blauen Polyeders.

Offensichtlich existieren in diesem Fall keine beschränkten Arbitragemöglichkeiten. Der optimale Wert bei Preisen innerhalb des Polyeders in Abbildung 5.6 ist stets $p_2^* = 0$. Dabei müssen auch hier die optimalen Handelsstrategien nicht trivial sein, sondern können von null verschieden sein. Da sich jedoch für alle möglichen Grenzsteuersätze keine Arbitragemöglichkeit ergibt, kann die Menge optimaler Handelsstrategien, ähnlich wie bei einer linearen Steuer, ausschließlich mit Hilfe von Eigenschaft (5.5) berechnet werden. Im Gegensatz zu der linearen Steuer lösen wir jedoch eine *Menge* an (linearen) Gleichungssystemen gegeben durch

$$p'_{t,\tau_t} h_t = 0 \quad \tau_t \in [0, 0.25], \ t = 0, 1, \tag{5.8}$$

wobei p_{t,τ_t} den Preisvektor aus Kupon- und Zero-Bond für einen impliziten Steuersatz τ_t beschreibt. Dieser lässt sich wiederum mit Hilfe von Gleichung (5.1) berechnen.[8] Folglich spannen die linearen Funktionen einen (unbeschränkten) Doppelkegel auf, wie man in

[8] Die Preisgleichung gilt insbesondere auch für den Kupon-Bond, da in diesem Fall

$$p_t = \frac{1 + r_f(1-\tau_t)}{1 + r_f(1-\tau_t)} = 1$$

erfüllt ist für alle t.

Abbildung 5.6 (c) sieht. Die seitlichen Grenzen des Doppelkegels werden nach Gleichung (5.8) bestimmt, indem wir für τ_t jeweils den minimalen und maximalen Grenzsteuersatz 0 bzw. 0.25 einsetzen.

Für alle Preise, die einen impliziten Steuersatz von $\tau_t \notin [0, 0.25]$ offenbaren, besteht wiederum die Möglichkeit unendlich reich zu werden. Wie Abbildung 5.7 zeigt, ändern sich die vorangegangenen Aussagen nicht, wenn man einen minimalen Steuersatz ungleich null annimmt. In dem abgebildeten Beispiel werden Verluste mit einer Steuererstattung von anteilig 10% subventioniert. Wie man sieht verkleinert sich der Polyeder arbitragefreier Preise, da τ_{min} und τ_{max} nun näher beieinander liegen.

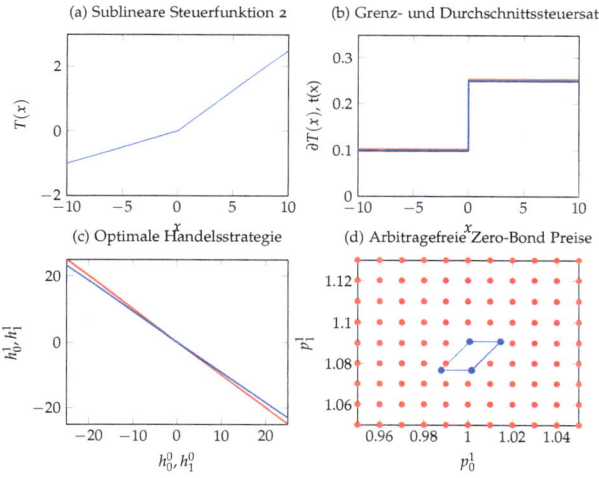

Abbildung 5.7: (a) Steuerschuldfunktion T einer Gewinn- und Verlustbesteuerung. (b) Grenzsteuersatz (blau) und Durchschnittssteuersatz (rot). (c) Optimale Handelsstrategien h^* den Zeitpunkten 0 (rot) und 1 (blau). (d) Arbitragemöglichkeiten (rot), arbitragefreie Preise innerhalb des blauen Polyeders.

Wir fassen zusammen: Im Falle einer unterschiedlichen Besteuerung von Gewinnen und Verlusten, sind die arbitragefreien Zero-Bond-Preise nicht eindeutig, sondern bilden eine Menge möglicher Preiskonstellationen, welche gegeben ist durch den Polyeder

$$\mathcal{P} = \mathbf{conv}\left((p_0^1, p_1^1) \mid p_1^1 = \frac{(1+r_f)^2 - \tau_2(r_f^2 + 2r_f)}{1 + r_f(1-\tau_2)},\ p_0^1 = \frac{p_1^1}{1 + r_f(1-\tau_1)},\ \tau_1, \tau_2 \in \{\tau_{min}, \tau_{max}\} \right).$$

5.5 Stückweise affin-lineare Steuer

Betrachten wir nun eine Steuer der Form

$$T(x) = \tau_{min} \min(x, 0) + \frac{\tau_{min} + \tau_{max}}{2} \max(x, 0) + \frac{\tau_{max} - \tau_{min}}{2} \max(x - F, 0),$$

mit $F > 0$. In diesem Fall stimmen Grenz- und Durchschnittssteuersatz nur im Intervall $[\tau_{min}, \frac{\tau_{min}+\tau_{max}}{2}]$ überein. Abbildung 5.8 veranschaulicht ein Beispiel für Parameterwerte $\tau_{min} = 0$, $\tau_{max} = 0.25$ und $F = 1$.

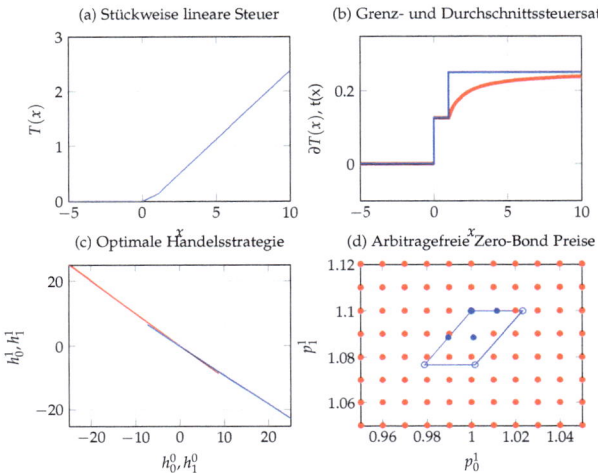

Abbildung 5.8: (a) Steuerschuldfunktion T einer stückweise (affin)-linearen Steuer. (b) Grenzsteuersatz (blau) und Durchschnittssteuersatz (rot). (c) Optimale Handelsstrategien h^* den Zeitpunkten 0 (rot) und 1 (blau). (d) Arbitragemöglichkeiten (rot), arbitragefreie Preise (blauer Punkt), beschränkt arbitragefreie Preise (innerhalb des blauen Polyeders).

Folglich ist die Menge impliziter Steuersätze, die keine Arbitragemöglichkeiten bieten, gegeben durch $\tau_t \in [0, 0.125]$ für $t = 1, 2$. Im Gegensatz zur sublinearen Steuer existieren nun beschränkte Arbitragen für alle Steuersätze $\tau_t \in (0.125, 0.25]$. Das sind alle Steuersätze bei denen Grenz- und Durchschnittssteuersatz auseinanderfallen. Wie bei der sublinearen Steuer, beschreiben die optimalen Handelsstrategien zu jedem Zeitpunkt einen Doppelkegel, allerdings ist dieser, wie man in Abbildung 5.8 (c) erkennen kann, in $t = 0$ (rote Linien) nach unten und in $t = 1$ (blaue Linien) nach oben beschränkt. Die Begründung hierfür ist die gleiche wie bei der Steuer mit Freibetrag.[9]

[9] Formal folgt dies wiederum aus Bedingung (5.4). Demnach muss für die optimalen Handelsstrategien zu den Zeitpunkten $t = 0, 1$
$$(x_t - a_t)' h^*_{t-1} \leq F$$
gelten.

5.6 Progressive Steuern

Wir hatten gesehen, dass die Existenz eines Freibetrags stets die Eindeutigkeit arbitragefreier Preise mit sich zieht. Wir geben nun Beispiele für Steuerfunktionen an, bei denen keine Freibeträge existieren und trotzdem Eindeutigkeit in den arbitragefreien Preisen herrscht. Betrachten wir zunächst eine exotische Steuer der Form

$$T(x) = \begin{cases} 0.25 \ln(\cosh(x)), & x \geq 0 \\ 0, & sonst. \end{cases}$$

Wie Abbildung 5.9 zeigt, ist der einzige faire Preis wiederum $(1, 1.1)$. Für positive Bemessungsgrundlagen ist $T(\cdot)$ streng monoton wachsend, da für den Grenzsteuersatz $T'(x) = 0.25 \tanh(x) > 0$ gilt. Jedoch übersteigt die Steuer niemals den Spitzensteuersatz von 25% da gleichzeitig $\tanh(x) < 1$ erfüllt ist für alle x.

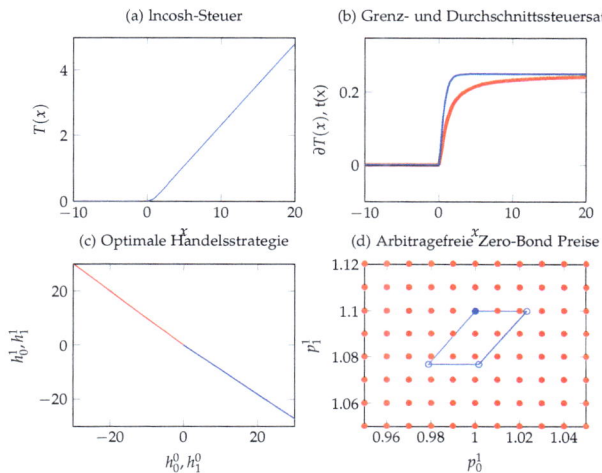

Abbildung 5.9: (a) Steuerschuldfunktion T einer lncosh-Steuer. (b) Grenzsteuersatz (blau) und Durchschnittssteuersatz (rot). (c) Optimale Handelsstrategien h^* den Zeitpunkten 0 (rot) und 1 (blau). (d) Arbitragemöglichkeiten (rot), arbitragefreier Preis (blauer Punkt), begrenzt arbitragefreie Preise (innerhalb des blauen Polyeders).

Da $\tanh(x)$ streng monoton steigend ist, gilt für den maximalen Grenzsteuersatz

$$\tau_{max} = \lim_{x \to \infty} T'(x) = 0.25 \lim_{x \to \infty} \tanh(x) = 0.25.$$

Dieser Wert wird jedoch erst im Unendlichen angenommen. Somit gilt für alle Bemessungsgrundlagen x stets $T'(x) < 0.25$. Es gilt jedoch, wie wir in Beispiel (2.12) bereits gezeigt haben, $T^*(0.25) = 0.25 \ln(2) \approx 0.1733$, was gleichzeitig die obere Schranke für den steuerlichen Arbitragegewinn innerhalb einer Periode darstellt. Gilt zum Beispiel $\tau_1 = \tau_2 = 0.25$, dann beläuft sich der maximale Gewinn auf

$$p_2^* = 1.075 \cdot 0.25 \ln 2 + 0.25 \ln(2) \approx 0.3596,$$

wie in Abbildung 5.10 zu sehen ist. Allerdings gibt es keine Handelsstrategie, die diesen Wert tatsächlich realisiert.

Ein Beispiel einer nichtlinearen Steuer, für die der arbitragefreie Preis nach Steuern eindeutig ist, und nicht mit dem fairen Brutto-

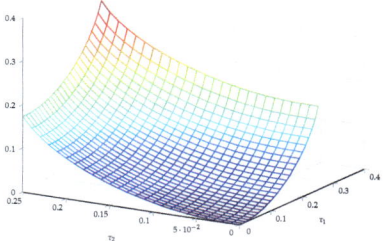

Abbildung 5.10: Menge der impliziten Steuersätze, die einen beschränkten Arbitragegewinn bei einer lncosh-Steuer hervorrufen.

Preis $(1, 1.1)$ übereinstimmt, ist gegeben durch

$$T(x) = \begin{cases} 0.25\,x - 0.0625, & x < -0.5 \\ 0.25\,(x+1)^2 - 0.25, & -0.5 \leq x < 0.5 \\ 0.75\,x - 0.0625, & \text{sonst.} \end{cases}$$

In diesem Fall verläuft die Steuerschuldfunktion mit einer quadratischen Funktion durch den Nullpunkt und ist somit in $x = 0$ differenzierbar. Für den impliziten Steuersatz τ_0 gilt dann $\tau_0 = T'(0) = 0.5$. Der arbitragefreie Preis $(1.002, 1.052)$ ergibt sich wieder durch Einsetzen von $\tau_1 = \tau_2 = 0.5$ in Preisgleichung (5.1). Wie wir in Abbildung 5.11 (c) sehen, gibt es in diesem Fall nur eine einzige Handelsstrategie, die in einer arbitragefreien Welt optimal ist. Das ist das Nullportfolio $h^* = (0, 0, 0, 0)$.[10]

[10] In diesem Beispiel wäre nach Dermody und Rockafellar (1991) die CNA-Bedingung erfüllt und der arbitragefreie Preis $(1, 1.1)$ wäre in einem Marktmodell mit mehreren Investoren sogar ein Gleichgewichtspreis.

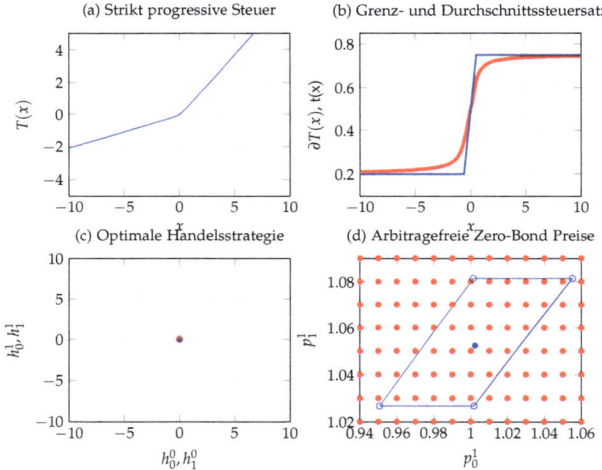

Abbildung 5.11: (a) Steuerschuldfunktion T einer strikt progressiven Steuer. (b) Grenzsteuersatz (blau) und Durchschnittssteuersatz (rot). (c) Optimale Handelsstrategie h^* zu den Zeitpunkten 0 (rot) und 1 (blau). (d) Arbitragemöglichkeiten (rot), arbitragefreie(r) Preise (blauer Punkt), begrenzt arbitragefreie Preise (innerhalb des blauen Polyeders).

Für die minimalen und maximalen Grenzsteuersätze gelten jeweils $\tau_{min} = 0.25$ und $\tau_{max} = 0.75$. Für negative Bemessungsgrundlagen erhält der Investor somit eine Steuererstattung. Abbildung 5.12 zeigt die optimalen Arbitragegewinne in Abhängigkeit der impliziten Steuersätze $\tau_t \in [0.25, 0.75]$.

Die folgende Funktion ist ein Beispiel für eine Steuer, deren maximaler Grenzsteuersatz, analog zur lncosh-Steuer, niemals erreicht wird:

$$T(x) = \begin{cases} 0, & x \leq \frac{1}{4} \\ x - \frac{1}{2}\sqrt{x}, & \text{sonst.} \end{cases} \qquad (5.9)$$

Da $T^*(\tau_{max}) = \infty$ gilt, sind die Arbitragemöglichkeiten für einen

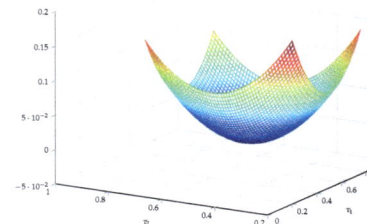

Abbildung 5.12: Menge der impliziten Steuersätze, die einen beschränkten Arbitragegewinn bei einer quadratischen Steuer hervorrufen.

impliziten Steuersatz $\tau_t = 1$ unbeschränkt (vgl. Abbildung 5.14). Wir hatten die Steuer bereits in Kapitel 2.6 diskutiert, als einzige Steuerfunktion, die eine konstante Residualeinkommenselastizität aufweist für ausreichend hohe Bemessungsgrundlagen ($X > \frac{1}{4}$).

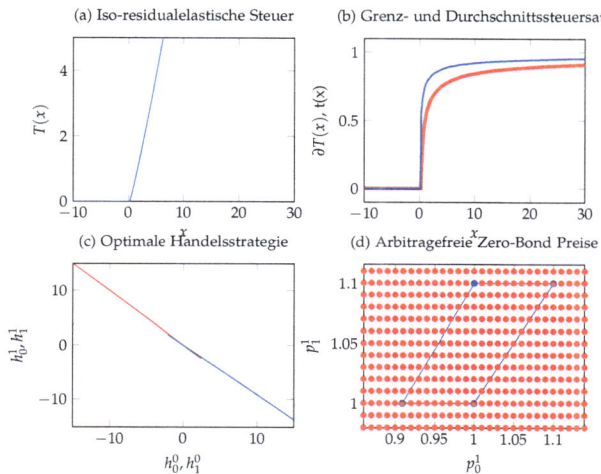

Abbildung 5.13: (a) Steuerschuldfunktion T einer iso-residualelastischen Steuer. (b) Grenzsteuersatz (blau) und Durchschnittssteuersatz (rot). (c) Optimale Handelsstrategien h^* den Zeitpunkten 0 (rot) und 1 (blau). (d) Arbitragemöglichkeiten (rot), arbitragefreier Preis (blauer Punkt), begrenzt arbitragefreie Preise (innerhalb des blauen Polyeders).

5.7 Vereinfachte Einkommensteuer

Zuletzt betrachten wir der Vollständigkeit halber den Fall einer vereinfachten Einkommensteuer der Form

$$T(x) = \begin{cases} 0 & x < 1 \\ 0.25\,(x-1)^2, & 1 \leq x < 2 \\ 0.5\,x - 0.75, & \text{sonst.} \end{cases}$$

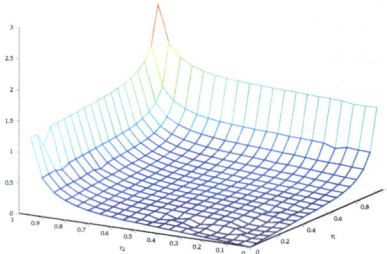

Abbildung 5.14: Beschränkte Arbitrage bei einer iso-residualelastischen Steuer für implizite Steuersätze im Intervall $[0, 0.95]$. Für $\tau_t \to 1$, ist die Arbitragemöglichkeit unbeschränkt.

Dies entspricht streng genommen wiederum dem Typ „Steuer mit Freibetrag". Zusätzlich ist die Funktion strikt progressiv für $x > F$ (siehe Abbildung 5.15). Eine Anwendung des Satzes 4.5 liefert unmittelbar $(1, 1.1)$ als einzigen arbitragefreien Zero-Bond-Preis.

Abbildung 5.16 zeigt die optimalen Arbitragegewinne für alle impliziten Steuersätze $\tau_t \in [0, 0.5]$. Gilt für die impliziten Steuersätze $\tau_1 = \tau_2 = 0.5$, dann errechnet sich nach 5.6 ein maximaler Wert von

$$p_2^* = 1.05 \cdot 0.75 + 0.75 \approx 1.538,$$

wie man auch an der zu Grunde liegenden Graphik 5.16 erkennen kann. Der Wert ergibt sich wiederum aus den maximalen Ein-

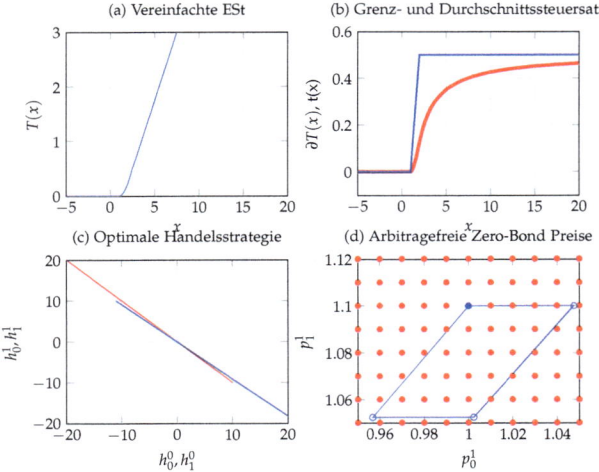

Abbildung 5.15: (a) Steuerschuldfunktion T einer vereinfachten ESt. (b) Grenzsteuersatz (blau) und Durchschnittssteuersatz (rot). (c) Optimale Handelsstrategien h^* den Zeitpunkten 0 (rot) und 1 (blau). (d) Arbitragemöglichkeiten (rot), arbitragefreier Preis (blauer Punkt), begrenzt arbitragefreie Preise (innerhalb des blauen Polyeders).

zelsteuervorteilen, die sich nach Satz 4.5 errechnen lassen durch $T^*(0.5) = 0.75$.[11]

Analog könnte man für den real geltenden ESt-Tarif nach §32a EStG (2014) steuerliche Arbitragegewinne berechnen. Setzen wir einen impliziten Steuersatz von $\tau_{max} = 0.45$ voraus, dann ergibt sich, nach der damals geltenden Tariffunktion bei Einzelveranlagung, ein maximaler Arbitragegewinn von (Angaben in Euro)

$$T^*(0.45) = 0.45x - (0.45x - 15{,}761) = 15{,}761$$

Die optimalen Handelsstrategien werden nach (5.4) und (5.5) durch das System

$$(x_t - a_t)' h_{t-1}^* \geq 250{,}731$$
$$1.075\, p_{t-1}' h_{t-1}^* - p_t' h_t^* = -15{,}761 \qquad t = 1, 2,$$

vollständig beschrieben.

[11] Mit Hilfe von Eigenschaft 2.11 gilt die folgende Äquivalenz:
$$0.5 \in \partial T(x) \Leftrightarrow T^*(0.5) = 0.5\,x - T(x)$$
$$\Leftrightarrow T^*(0.5) = 0.5\,x - (0.5\,x - 0.75).$$

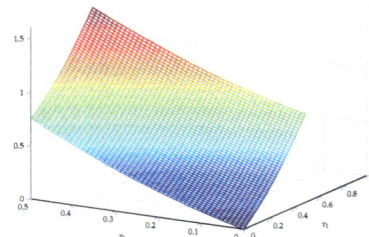

Abbildung 5.16: Menge der impliziten Steuersätze, die einen beschränkten Arbitragegewinn bei einer vereinfachten ESt hervorrufen.

6
Limitationen & Ausblick

6.1 Limitationen

Modelle sind eine vereinfachende Darstellung der Realität. Ihr größter Angriffspunkt sind daher die getroffenen Annahmen. Es gibt Annahmen, die nur schwer vereinbar sind mit der Realität, so zum Beispiel die Annahme linearer Steuern. Diese Annahme scheint im ersten Schritt zweckdienlich zu sein, da die damit verbundene Mathematik überschaubar bleibt und mögliche Steuervorteile relativ eindeutig abgebildet werden können. Wie die vorliegende Arbeit zeigt, wird das Steuersystem dadurch jedoch zu stark simplifiziert. In unserer Arbeit haben wir versucht, Steuern realitätsnäher abzubilden, wodurch es uns gelingt die exakte Struktur von Wertpapierpreisen und die daraus resultierenden Arbitragemöglichkeiten in realen Steuersystemen exakt darzustellen. Die Theorie linearer Steuern ergibt sich dabei als ein Spezialfall.

Tabelle 6.1 zeigt eine Übersicht der modelltheoretischen Einschränkungen dieser Arbeit. Wir nehmen eine subjektive Unterteilung nach geringfügigen, mittleren und schwerwiegenden Limitationen vor. Wir werden im Folgenden jede einzelne Limitation diskutieren und überprüfen, inwiefern sie gelöst werden kann.

6.1.1 Geringfügige Limitationen

Affin-lineare Ränder (G1) Die Annahme affin-linearer Ränder ist aus rein illustrativen Gründen vorgenommen worden und nach Rockafellar (1997, S. 227) sowohl notwendig als auch hinreichend für die Identität von $\mathbf{dom}(T^*)$ und $\partial T(\mathbb{R})$. In diesem Fall können wir die impliziten Steuersätze τ_t in Formel 4.4 als „Grenzsteuersätze" ansehen, die auch tatsächlich angenommen werden.[1] Die Annahme wird dadurch gestützt, dass weltweit alle Steuersysteme, für ausreichend hohe Bemessungsgrundlagen, affin-linear sind. Im Gegensatz zu der Annahme von Ross (1987), der den Fundamentalsatz *nur* für

[1] Es sei an dieser Stelle noch einmal ausdrücklich darauf hingewiesen, dass es synthetische Steuerfunktionen gibt, bei denen der maximale Grenzsteuersatz τ_{max} nicht erreicht wird, ein impliziter Steuersatz in Höhe von τ_{max} jedoch eine beschränkte Arbitrage zulässt.

Geringfügig	Mittel	Schwerwiegend
G1: $T(\cdot)$ affin-linear an den Rändern.	M1: Grenzsteuersätze liegen zwischen 0% und 100%.	S1: $T(\cdot)$ konvex.
G2: Kein zeitstetiges Modell.	M2: Verlustvor-/ Rücktrag nicht modelliert.	S2: Gewinnsteuer nicht im Modell abgebildet.
G3: Keine zusätzlichen Transaktionskosten betrachtet.	M3: $T(0) = 0$.	S3: Definition des Arbitragebegriffs unabhängig von der Anfangsausstattung des Investors.
G4: Unterschiedliche Besteuerung einzelner Wertpapiere.	M4: Es werden keine Steuern in $t = 0$ gezahlt.	
	M5: Keine Aussagen über Gleichgewichtspositionen (Klientel-Effekte).	S4: Kein allgemeines stochastisches Mehrperiodenmodell betrachtet.

Tabelle 6.1: Limitationen.

reine Stufentarife beweist, lässt sich unsere Annahme auf quadratische Funktionsverläufe der Steuerschuld anwenden, wie sie z.B. im deutschen Einkommensteuerrecht vorzufinden sind. Heben wir die Annahme auf, ändert sich nicht die Struktur der Bondpreise, sondern nur die Menge der impliziten Steuersätze, die beschränkte Arbitrage aufweisen. Wir können jedoch weiterhin genau-dann-wenn-Beziehungen für die Existenz beschränkter Arbitragen angeben.[2]

[2] Vergleiche hierzu die Herleitung von Satz 4.5 im Appendix A.2 auf S. 179.

Zeitstetigkeit (G2) Zeitstetigkeit ist zum Beispiel im Fall des Hochfrequenzhandels eine unabdingbare Voraussetzung für die Herleitung von Preisbildungsoperatoren. Zwar könnte man argumentieren, dass auch die Handelszeitpunkte diskret sind, allerdings liegen hier oft nur Nanosekunden dazwischen. Typischerweise können Firmen, denen die Möglichkeit des stetigen Handels gegeben ist, aufgrund ihrer immens hohen Handelsvolumina, Transaktionskosten und Steuern vernachlässigen.[3] Mathematisch spricht einer stetigen Modellierung des Problems nichts im Wege; im Zuge eines stochastischen Modells werden stetige Modelle üblicherweise als Spezialfall gleich mitgeliefert (siehe hierzu Kapitel 1.1.3). In diesem Fall muss der Preisprozess jedoch einer bestimmten stochastischen Differentialgleichung genügen und der zusätzliche formale Aufwand, um ein in sich konsistentes Modell zu präsentieren, erhöht sich enorm. Es ist jedoch nicht zu erwarten, dass sich die hier dargestellten Resultate verändern. Im Allgemeinen werden bei Stetigkeit die hier verwendeten Summenformeln durch Integrale ersetzt, welche wiederum durch diskrete Trep-

[3] Die Zahlung einer Finanztransaktionssteuer oder die Einführung einer zusätzlichen Umsatzsteuer auf Börsen- und Handels-Verrechnungsgebühren wäre jedoch denkbar. Für eine Diskussion siehe zum Beispiel Michler und Penatzer (2012).

penfunktionen approximiert werden können. Diskontierungsfaktoren werden in diesem Fall durch die e-Funktion approximiert, in deren Exponenten der risikofreie Zins per anno steht.[4] Für „normale" Investoren macht die Formulierung eines stetigen Modells keinen Sinn, auf Grund der Tatsache, dass sie nur an endlich vielen Zeitpunkten handeln und Steuern zahlen können. Die Bewegung der Preisprozesse mag vielleicht stetige Pfade beschreiben. Die Zeitpunkte, zu denen ein normaler Investor agieren kann, sind jedoch diskret.

Transaktionskosten (G3) Die Einführung von Transaktionskosten führt dazu, dass Kauf- und Verkaufskurse (auch *Bid-Ask-Spread* genannt) auseinander fallen.[5] Wie Dermody und Rockafellar (1991) feststellen, sind die Bewertungsoperatoren in diesem Fall nichtlinear. Wie die vorliegende Arbeit zeigt, ist das in der Regel nicht der Steuer geschuldet, da typische Steuerfunktionen Freibeträge vorsehen. Vermischt man Steuern mit weiteren Transaktionskosten, wie Konto- und Beratungsgebühren sowie Ordergebühren, kann man den Effekt der Steuern an sich nicht mehr herausstellen. Gehen wir zudem davon aus, dass der Kapitalmarkt annähernd liquide ist, schließt sich die Lücke des Bid-Ask-Spreads und wir können davon ausgehen, dass unser Preis p_t sowohl für den Käufer als auch für den Verkäufer gilt. Andernfalls müsste man entsprechend den Ausführungen von Dermody und Rockafellar (1991) folgen, wobei man die Nichtlinearität der Einkommensteuerschuld in Abhängigkeit der Handelsstrategie in das Modell aufnehmen müsste.[6]

Unterschiedliche Besteuerung von Bonds (G4) Nehmen wir an, dass Kupon-Bond und Zero-Bond in Kapitel 4.1 unterschiedlich besteuert werden und zwar mit Steuerschuldfunktionen $T_i: \mathbb{R} \to \mathbb{R}$ für $i = 0, 1$. Es gelten weiterhin die üblichen Annahmen von Kapitel 2.1. In diesem Fall ist die Netto-Entnahme gegeben durch

$$\delta_h(h) = \sum_{i=0}^{1} \left((p_t^i + x_t^i) h_{t-1}^i - T_i((x_t - a_t) h_{t-1}^i) \right) - \sum_{i=0}^{1} p_t^i h_t^i \quad t = 0, \dots, T.$$

Wir können nun eine (mehrdimensionale) Steuerfunktion $T: \mathbb{R}^2 \to \mathbb{R}$ definieren durch
$$T(x, y) := T_0(x) + T_1(y).$$
Da T_i konvex ist, ist auch $T(\cdot)$ konvex, als Verkettung zweier konvexer Funktionen. Nach bekannter Eigenschaft des Subdifferentials gilt dann
$$\partial T(0) \equiv \partial T(0,0) = \{(\tau_0, \tau_1) \mid \tau_0 \in \partial T_0(0),\ \tau_1 \in \partial T_1(0)\}.$$
Ist zum Beispiel $T_i(x) = \tau_i \max(x, 0)$ für ein beliebiges $\tau_i \in [0, 1)$, so beschreibt $\partial T(0,0)$ ein Rechteck aufgespannt durch die Punkte $(0,0)$,

[4] Für n unterjährige Zinszahlungen mit Nominalzins r_f p.a. gilt für den effektiven Jahreszins r_{eff}
$$r_{eff} = \left(1 + \frac{r_f}{n}\right)^n - 1.$$
Lassen wir im stetigen Modell Zinszahlungen $n \to \infty$ zu, so erhält man
$$r_{eff} = \lim_{n \to \infty} \left(1 + \frac{r_f}{n}\right)^n - 1$$
$$= e - 1,$$
wobei $e \approx 2{,}71828$ die Eulersche Zahl beschreibt. Für Bonds mit mehrpeiodiger Laufzeit und beliebigem Anlagezeitpunkt t, zeigt man analog, dass die effektive Jahresrendite $r_{eff}^{(t)}$ gegeben ist durch
$$r_{eff}^{(t)} = e^{r_f(T-t)} - 1.$$

[5] Siehe Garman und Ohlson (1981, S. 1).

[6] Dermody und Rockafellar (1991) argumentiert nur für die Besteuerung des Gewinns, der sich bei Wertpapierverkäufen ergibt – nicht für die Handelsstrategie. Eine weitere Arbeit die neben Steuern explizit den Einfluss von Transaktionskosten im Gleichgewichtsmodell analysiert, ist die von Dermody und Prisman (1988).

$(\tau_0, 0)$, $(0, \tau_1)$ und (τ_0, τ_1). Wir können nun analog zum Beweis von Satz 4.5 folgern, dass in diesem Fall die arbitragefreien Zero-Bond-Preise der folgenden Gleichung entsprechen

$$p^1_{t-1} = \frac{p^1_t + x^1_t - \tau_1(x^1_t - a^1_t)}{1 + r_f(1 - \tau_0)} \quad t = 1, \ldots, T,$$

wobei $\tau_i \in \partial T_i(0)$ gelten muss für $i = 0, 1$.

6.1.2 Mittlere Limitationen

Höhe der Grenzsteuersätze (M1)   Kommen wir nun zu den mittleren Limitationen. Ökonomisch sollen Steuern zwei grundlegende Prinzipien erfüllen, die auch 1. und 2. Monotoniepostulat genannt werden.[7] Nach dem 1. Monotoniepostulat (auch Leistungsfähigkeitsprinzip genannt) zahlen Steuerpflichtige mit höheren Brutto-Einkommen auch absolut betrachtet mehr Steuern. Nach dem 2. Monotoniepostulat (auch Prinzip der Rangerhaltung genannt) sollen Steuerpflichtige mit höheren Brutto-Einkommen aber auch über höhere Netto-Einkommen verfügen im Vergleich zu anderen Steuerzahlern mit geringeren Brutto-Einkommen. Dem 1. Gesetz entsprechend sind Grenzsteuersätze nichtnegativ und die Steuerschuld beschreibt eine monoton wachsende Funktion. Dem 2. Gesetz entsprechend, sind Grenzsteuersätze kleiner als 100%. Wie bereits in den Annahmen von Kapitel 2.1 angedeutet, sind beide Voraussetzungen in der Realität nicht immer erfüllt. Das ist wiederum auf eine Vielzahl miteinander interagierender Steuergesetze zurückzuführen, die lokal sinnvoll erscheinen (also für bestimmte Einkommensschichten mit bestimmten steuerlichen Voraussetzungen). Global betrachtet, kann jedoch die Interaktion verschiedener Gesetze dazu führen, dass selbst grundlegende Voraussetzungen, wie die beiden Monotoniepostulate, nicht mehr erfüllt sind. Es stellt sich nun die Frage, ob unsere Ergebnisse in Satz 4.5 dennoch von allgemeiner Natur sind. Dies möchten wir anhand von zwei Beispielen überprüfen. In Abbildung 6.1 betrachten wir eine sublineare Steuer mit Grenzsteuersätzen $\tau_{min} = -0.1$ und $\tau_{max} = 1.1$.

Die Steuer ist offensichtlich konvex. Grenz- und Durchschnittssteuersatz stimmen für alle Bemessungsgrundlagen überein. Einhergehend mit den Implikationen von Satz 4.5, werden die arbitragefreien Preise des Zero-Bonds durch alle impliziten Steuersätze $\tau_t \in \partial T(0) = [-0.1, 1.1]$ bestimmt (vgl. Abbildung 6.1 (d)). Die Höhe der Grenzsteuersätze hat in diesem Fall keinen Einfluss auf die Resultate unseres Hauptsatzes. Wir beobachten jedoch, dass sich mit der höheren Bandbreite von Grenzsteuersätzen zwangsläufig ein erweitertes Preisintervall der fairen Zero-Bond-Preise ergibt, was sich

[7] Vgl. Homburg (2010, S. 80-81).

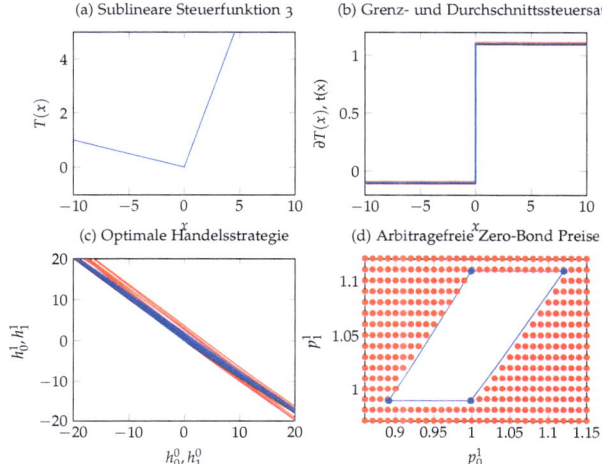

Abbildung 6.1: Arbitragefreie Preise bei konvexen Steuern mit Grenzsteuersätzen kleiner 0 und größer 100 Prozent

in dem größeren Polyeder mit weißer Fläche in Abbildung 6.1 (d) widerspiegelt. In Abbildung 6.2 beobachten wir ein ähnliches Ergebnis für stetig differenziebare Steuerfunktionen der Form

$$T(x) = \begin{cases} \tau_{min} x - \frac{\tau_{min}^2}{4a}, & x < \frac{\tau_{min}}{2a} \\ ax^2, & \frac{\tau_{min}}{2a} \leq x < \frac{\tau_{max}}{2a} \\ \tau_{max} x - \frac{\tau_{max}^2}{4a}, & x \leq \frac{\tau_{max}}{2a} \end{cases}$$

für Parameterwerte $a = 0.1$, $\tau_{min} = -0.5$ und $\tau_{max} = 1.1$.

Offensichtlich ist der einzige Zero-Bond-Preis, für den keine Arbitrage vorliegt, gegeben durch $(p_{0,1}, p_{1,1}) = (1, 1 + r_f)$, was wiederum einem impliziten Steuersatz von $\tau_1 = \tau_2 = 0$ entspricht. Wie Abbildung 6.2 nahe legt, ist das gerade der Grenzsteuersatz bei einer Bemessungsgrundlage von null, der in diesem Fall eindeutig ist. Entsprechend der Resultate von Lemma 4.8 ist das auch die einzige Stelle an der Grenz- und Durchschnittsteuersatz übereinstimmen. Auch hier bewirkt die Höhe der Grenzsteuersätze keine abweichenden Ergebnisse. Es stellt sich nun die Frage, ob die Ergebnisse des Satzes 4.5 erweiterbar sind und auch für Grenzsteuersätze jenseits des Intervalls $[0, 1)$ halten. Die vorliegenden Beispiele sind ein erstes Indiz hierfür. Wir erinnern uns daran, dass Grenzsteuersätze kleiner als 100% in Verbindung mit einem positiven Zinssatz, die Existenz einer inneren Lösung des Problems (P) zusicherten, wodurch wir wiederum mit Hilfe der Slater Bedingung starke Dualität folgern konnten. Zudem konnten wir zeigen, dass auch die Netto-Diskontierungsfaktoren stets positiv sind, wodurch wir ein zum dualen Lagrangeproblem (D)

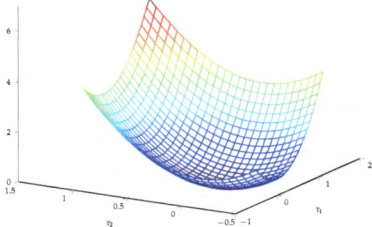

Abbildung 6.2: Arbitragefreie Preise bei stetig differenzierbaren konvexen Steuern mit Grenzsteuersätzen kleiner 0 und größer 100 Prozent

äquivalentes Problem (D*) herleiten konnten, welches zudem starke Dualität aufweist (siehe Anhang A.2). In der Literatur der konvexen Optimierung gibt es neben der Slater-Bedingung allerdings eine Vielzahl weiterer Regularitätsbedingungen, die bei konvexen Problemen die starke Dualität sichern. Gehen wir vereinfachend davon aus, dass die Steuerfunktion für eine Bemessungsgrundlage von $x = 0$ differenzierbar ist und betrachten das einführende Beispiel aus Kapitel 4.1 mit zwei Bonds und einer Laufzeit von $T = 2$, dann gilt für die Handelsstrategie $h \equiv 0$ offensichtlich $\delta_t(h) = 0$. Somit sind alle Ungleichungsbedingungen in (P) mit Gleichheit erfüllt. Da $T(\cdot)$ in $h = 0$ differenzierbar ist, können wir die Gradienten von $\delta_t(h)$ in allen Zeitpunkten t berechnen, die wir üblicherweise mit $\nabla \delta_t(h)$ bezeichnen. In diesem Fall ist

$$\nabla \delta_1(h) = \begin{pmatrix} 1 + r_f(1 - T'(0)) \\ p_1^1 + x_1^1 - T'(0)(x_1^1 - a_1^1) \\ -1 \\ -p_1^1 \end{pmatrix} \quad \text{und} \quad \nabla \delta_2(h) = \begin{pmatrix} 0 \\ 0 \\ 1 + r_f(1 - T'(0)) \\ x_2^1 - T'(0)(x_2^1 - a_2^1) \end{pmatrix}.$$

Sind $\nabla_1(h)$ und $\nabla_2(h)$ linear unabhängig, so folgt mit Hilfe der LICQ-Bedingung (*Linear Independence Constraint Qualification*), dass die KKT-Bedingungen notwendige Optimalitätskriterien sind. Da unser Problem (P) aber auch konvex ist und somit jedes lokale Minimum auch global sein muss, sind die KKT-Bedingungen auch hinreichend und somit genau-dann-wenn-Aussagen für ein globales Minimum. In dem vorliegendem Beispiel gelten die LICQ-Bedingungen bereits, wenn $1 + r_f(1 - T'(0)) \neq 0$ oder $r_f T'(0) \neq 2$ ist. Für realistische Zins- und Steuersätze ist das in der Regel der Fall. Sind die KKT-Bedingungen sowohl notwendiges als auch hinreichendes Optimalitätskriterium, so erhalten wir für alle optimalen Handelsstrategie h^* automatisch

$$\begin{aligned} d^* &= p_0' h_0^* - \sum_{t=1}^{T} \lambda_t^* \delta_t(h^*) \\ &= p_0' h_0^* \qquad \text{(Complementary Slackness)} \\ &= p^*. \end{aligned}$$

Folglich ist die Höhe der Grenzsteuersätze gar nicht maßgeblich, sondern vielmehr die Konvexität von (P). Ist die zu Grunde liegende Steuer nicht konvex, so liefert die LICQ-Bedingung lediglich ein notwendiges Optimalitätskriterium. Zu guter Letzt sei angemerkt, dass man (auch im Falle der Konvexität) die KKT-Bedingungen nicht als Existenzbedingung eines Optimums ansehen darf. Man kann zwar mit Hilfe der KKT-Bedingungen in den meisten Fällen numerisch und analytisch auf einfache Weise eine Lösung finden, ob diese Lösung a priori existiert, ist aber eine andere Frage. Können wir jedoch, analog zum Beispiel auf S. 102, die Bedingungen (i) und (ii) in Satz 4.16 mit Hilfe eines linearen Gleichungssystems der Form

$$A h = b$$

ausdrücken, dann existiert nach dem Satz von Fontené-Rouché eine Lösung h genau dann, wenn der Rang der Matrix A mit dem Rang der erweiterten Matrix (A, b) übereinstimmt.

Verlustvor-/Rückträge (M2) Gemäß §10d EStG können aktuell entstandene Verluste mit den Gewinnen der unmittelbar vorausgegangenen Vorperiode oder mit zukünftigen Gewinnen in den Folgeperioden verrechnet werden. In der Steuerlehre bezeichnen wir dieses Vorgehen als Verlustrücktrag und Verlustvortrag. Die Berücksichtigung von Verlustrück- und Vorträgen kann zu zusätzlichen Steuervorteilen führen, sofern die Gewinne in den Vor- oder Folgejahren, vom heutigen Standpunkt aus, als besonders hoch eingeschätzt werden. Es ergeben sich hierbei zwei grundlegende Probleme, die wir illustrativ am Verlustvortrag darstellen möchten:

1. Die Einführung von Verlustvorträgen führt dazu, dass die zu Grunde liegende Steuer im Allgemeinen nicht mehr konvex ist.

2. Mit Blick auf unsichere Zahlungsreihen stellen die durch Verlustvorträge entstehenden Steuervorteile eine pfadabhängige Option dar, die nur sehr schwer oder gar nicht analytisch zu bewerten ist. In diesem Fall muss der Barwert der Steuervorteile numerisch berechnet werden (z.B. mittels Monte-Carlo-Simulation oder Rückwärtsiteration).

Wir möchten die obigen zwei Problempunkte auch modelltheoretisch begründen. Betrachten wir hierzu analog zu Kapitel 4 ein Mehrperiodenmodell mit (sicheren) Gewinnen $(x_t - a_t) h_{t-1}$ und betrachten nun ein zusätzlich eingeführtes Verlustvortragskonto lcf_t mit $lcf_0 = 0$ und

$$lcf_t(h) = \max(lcf_{t-1} - (x_t - a_t)' h_{t-1}, 0) \quad t = 1, \ldots, T.$$

Dabei gehen wir aus Vereinfachungsgründen davon aus, dass das Verlustvortragskonto beliebig hoch ausfallen kann.[8] Als Bemessungsgrundlage der Steuer gelten nur die Gewinne, die den angehäuften Verlustvortrag übersteigen. Ansonsten bezahlen wir keine Steuern. Gehen wir zudem von einem konstanten Steuersatz τ aus, so ergibt sich eine Steuerschuld in Höhe von

$$T((x_t - a_t)' h_{t-1}) = \tau \, \max((x_t - a_t)' h_{t-1} - lcf_{t-1}(h), 0).$$

[8] Das ist natürlich nur bedingt mit der Realität vereinbar, da nach §10d EStG Abs. 2 nur Verluste von maximal 1 Mio. Euro bei Einzelveranlagung bzw. 2. Mio. Euro bei Ehegatten uneingeschränkt abgezogen werden dürfen. Sollten die Verluste diesen Wert überschreiten, darf man 60% des 1 Mio. (2 Mio.) überschreitenden Verlusts in den Folgejahren geltend machen. Wir verzichten auf diese obere Schranke in der folgenden Argumentation, da sich an der Aussage nichts ändert.

Setzen wir nun die Definition des Verlustvortrags lcf_{t-1} in obige Gleichung ein, so erhalten wir

$$T((x_t - a_t)'h_{t-1}) = \tau \max((x_t - a_t)'h_{t-1} - \max(lcf_{t-2}(h) - (x_{t-1} - a_{t-1})'h_{t-2}, 0), 0)$$
$$= \tau \max((x_t - a_t)'h_{t-1} + \min((x_{t-1} - a_{t-1})'h_{t-2} - lcf_{t-2}(h) -, 0), 0) \quad t = 1, \ldots, T,$$

wobei wir $lcf_{-2}(h) = 0$ und $h_{-1} = 0$ setzen. Für $t \geq 3$ können wir nun Beispiele erzeugen, in denen obige Steuer nicht mehr konvex ist. Abbildung 6.3 zeigt den Fall, in dem in der ersten Periode ein Verlust in Höhe von $(x_1 - a_1)'h_0 = -1$ und in den folgenden beiden Jahren ein konstanter Gewinn in Höhe von $x = (x_2 - a_2)'h_1 = (x_3 - a_3)'h_2 \geq 0$ realisiert wurde. Der zu Grunde liegende Steuersatz beträgt 20%. In diesem Fall nimmt die Steuerschuld in $t = 3$ die folgende Form an:

$$T(x) = \tau \max(x + \min(x - 1, 0), 0).$$

Wie man sieht, gelten für den links- und rechtsseitigen Grenzsteuersatz $T'_-(1) = 0.4 > 0.2 = T'_+(1)$. Folglich ist die Steuerfunktion nicht mehr konvex. Führen wir zusätzlich Unsicherheit ins Modell ein, so sind die Gewinne Zufallsvariablen. Auf Grund der rekursiven Definition des Verlustvortrags, ergibt sich dann unmittelbar die Pfadabhängigkeit, da sich der Verlustvortrag in t durch die Gewinne der Wertpapiere in den Vorperioden errechnet. Ähnlich wie bei der Optionsbewertung, vergleichen wir die heutigen Gewinne mit und ohne Verlustvortrag in der Folgeperiode. Je nachdem welches Zukunftsszenario in der Vorperiode eingetreten ist, ergibt sich daraus ein unterschiedlicher (fairer) Wert des Verlustvortrags. In diesem Fall existieren die gleichen Probleme wie bei der Bewertung von Optionspreisen. Für den interessierten Leser verweisen wir an dieser Stelle auf die Arbeit von Goldman et al. (1979), die mögliche Hedgestrategien für pfadabhängige Optionen darstellen, Hull und White (1993) zur effizienten Lösung mittels Rückwärtsiteration in Binomialbäumen sowie auf Thompson (1995) für eine Erweiterung des Modells von Hull mit flexiblen Ausübungszeitpunkten. Letztlich sei auch die Arbeit von Grant et al. (1997) erwähnt, zur Erweiterung des Monte-Carlo-Ansatzes, da Monte-Carlo-Simulationen im Allgemeinen sehr langsam konvergieren.

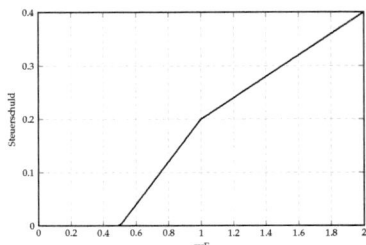

Abbildung 6.3: Berücksichtigung möglicher Verlustvorträge im 3-Periodenmodell bei konstanten zu versteuernden Einkommen x in den Jahren 1 und 2 sowie Verlustvortrag $lcf_1 = 1$.

Keine Steuererstattungen bei einem Einkommen von null (M3) Wie wir bereits in Kapitel 2 beschrieben haben, gilt für typische Steuerfunktionen mit Grenzsteuersätzen kleiner 100%, im Allgemeinen $T(0) \leq 0$. Nehmen wir $T(0) < 0$ an, so würde sich in unserem Modell direkt ein Arbitragegewinn einstellen, da für die Netto-Entnahmen $\delta_t(0) = 0$ gilt für alle $t > 1$. Wir erzielen somit, ohne irgendwelchen Handel zu betreiben, Geld vom Staat. Das gilt für staatliche Subventionen wie Kindergeld, Arbeitslosengeld oder einem gesetzlich festgelegten Grundeinkommen. In diesem Fall wird es keine arbitragefreien Preise am Markt geben, wohl aber Preise mit beschränkter Arbitrage. Abbildung 6.4 zeigt die beschränkten Arbitragegewinne für eine um 0.5 Geldeinheiten reduzierte Steuer mit Freibetrag der Form

$$T(x) = 0.25 \max(x-1, 0) - 0.5.$$

Offensichtlich gilt $T(0) = -0.5$ und für die konjugierte Steuerfunktion ergibt sich analog zur Steuer mit Freibetrag $\mathbf{dom}(T^*) = [0, 0.25]$ sowie $T^*(\tau) = \tau + 0.5$ für alle $\tau \in \mathbf{dom}(T^*)$. Folglich hat sich die konjugierte Steuer lediglich um 0.5 Einheiten im Vergleich zu einer herkömmlichen Steuer mit Freibetrag nach oben verschoben. Berechnen wir nun analog zum einführenden Beispiel in Kapitel 4.1 für einen impliziten Steuersatz von $\tau_1 = \tau_2 = 0$ und einem risikofreien Zins $r_f = 0.1$ den optimalen Arbitragegewinn in $T = 2$, so erhalten wir

$$p_2^* = T^*(0) + (1 + 0.1 \cdot (1-0)) = 0.5 + 1.1 \cdot 0.5 = 1.05.$$

Die gleiche Rechnung für $\tau_1 = \tau_2 = 0.25$ liefert

$$p_2^* = 0.75 + 1.075 \cdot 0.75 = 1.55625.$$

Beide Werte stimmen exakt mit den numerisch errechneten Werten in Abbildung 6.4 überein. Es scheint also, dass unser Ergebnis in 4.5 seine Gültigkeit für Steuern mit $T(0) < 0$ behält, nur dass wir die Existenz arbitragefreier Preise nicht mehr gewährleisten können.

Steuern zum Investitionsanfang (M4) Man könnte weiter vermuten, dass unsere Ergebnisse dadurch geschuldet sind, dass der Investor in $t = 0$ keine Steuern bezahlt und somit etwaige Gewinne aus den Perioden $t = 1, 2, \ldots, T$ am Gesetzgeber „vorbeigeschleust" und in den Zeitpunkt $t = 0$ verschoben werden. Dem ist nicht so.

Betrachten wir hierzu das alt bekannte Beispiel einer Steuer mit Freibetrag mit Steuersatz $\tau = 0.25$ und $F = 1$. Angenommen wir beobachten einen Marktpreis inhärenten Steuersatz von $\tau_1 = 0$ und $\tau_2 = 0.25$. Mithilfe von Satz 4.16 folgern wir für die optimale Handelsstrategie

$$(x_2 - a_2)' h_1^* \in \partial T^*(0.25),$$

was genau dann erfüllt ist, wenn $(x_2 - a_2)' h_1^* \geq 1$ gilt, also die Bemessungsgrundlage oberhalb des Freibetrags liegt. Wie wir bereits argumentiert haben, können Gewinne unter Sicherheit beliebig von einem Zeitpunkt zum anderen transferiert werden, sofern Steuersätze kleiner als 100% sind. Statt den Gewinn in $t = 0$ zu realisieren, können wir auch in $t = 0, 1$ selbstfinanzierende Strategien entwickeln und trotzdem in $T = 2$ eine positive Entnahme nach Steuern erzielen.

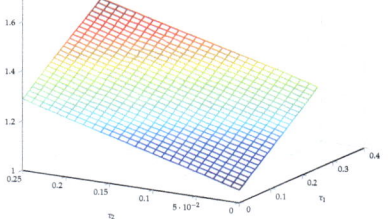

Abbildung 6.4: Beschränkte Arbitragemöglichkeiten bei einer negativen Einkommensteuer.

Eine zusätzlich eingeführte Steuer in $t = 0$ würde daran nichts ändern.

Möchten wir dennoch Steuern in $t = 0$ in das Modell einführen, müssten wir zudem die heutigen Ausgaben $p'_0 h_0$ besteuern. Realisieren wir in $t = 0$ einen Transaktionsgewinn, so sind die heutigen Ausgaben negativ und wir gehen davon aus, dass wir den Betrag $-p'_0 h_0$ versteuern müssen. In diesem Fall lösen wir das primale Problem

$$p^* = \inf_h \quad p'_0 h_0 + T(-p'_0 h_0) \tag{P0}$$
$$\text{s.t.} \quad -\delta_t(h) \leq 0 \quad t = 1, \ldots, T.$$

Setzen wir zudem voraus, dass $\mathbf{dom}(T^*) = \partial T(\mathbb{R}) \subset [0,1)$ gilt, können wir analog zum Beweis von Satz 4.5 zeigen, dass (P0) äquivalent ist zum dualen Problem

$$d^* = -\inf_{\tau_t \in \mathbf{dom}(T^*), t=0,1,\ldots,T} \quad T^*(\tau_0) + \sum_{t=1}^{T} \frac{(1-\tau_0)\, T^*(\tau_t)}{\prod_{s=1}^{t}(1+r_f(1-\tau_s))} \tag{D0*}$$
$$\text{s.t.} \quad p^i_{t-1} = \frac{p^i_t + (1-\tau_t)x_t + \tau_t a_t}{1+r_f(1-\tau_t)} \quad t = 1,\ldots,T, \quad i = 1,\ldots,n.$$

Für eine ausführlichere Herleitung verweisen wir auf Anhang A.6. Da weiterhin die Slater-Bedingung erfüllt ist, gilt $p^* = d^*$. Mt $\tau_0 \neq 1$ und $T^*(\tau_t) \geq 0$ folgt unmittelbar

$$p^* = 0 \Leftrightarrow \tau_t \in \partial T(0) \quad t = 0,\ldots,T.$$

Für das Modell in dem Steuern bereits in $t = 0$ erhoben werden, liegt also Arbitragefreiheit vor, wenn alle impliziten Steuersätze, beginnen mit τ_0, Grenzsteuersätze für eine Bemessungsgrundlage von null sind. Eine Steuer zu Beginn der Investitionsausgabe kann somit ohne Weiteres in unserem Modell von Kapitel 4.2 mit einbezogen werden. Einhergehend mit dem Gros an Literatur[9], haben wir uns aus Gründen der Vergleichbarkeit dazu entschlossen, sowohl Cashflows als auch Steuern erst ab $t = 1$ zu berücksichtigen.[10]

Gleichgewichtspositionen (M5) Kommen wir zum letzten Punkt der mittleren Limitationen. Keine Gleichgewichtspositionen angeben zu können, liegt in der Natur der Arbitragetheorie. Dafür kommt die Arbitragetheorie mit weniger Annahmen als die Gleichgewichtstheorie aus. Bei einem Gleichgewichtsmodell muss man neben Arbitragefreiheit noch Markträumungsbedingungen und zusätzliche Budgetrestriktionen einführen. Zudem müssen investorspezifische Nutzenfunktionen definiert werden. Es gilt also: Kein Gleichgewicht ohne die Annahme von Arbitragefreiheit. Wir können jedoch bereits

[9] Vgl. etwa das Standardmodell einer Gewinnsteuer in Kruschwitz (2014, S. 137ff).

[10] Wir danken an dieser Stelle Lutz Kruschwitz für seine kritischen Selbstreflexionen.

Aussagen über die Struktur möglicher Gleichgewichtspreise treffen, ohne die volle Bandbreite an Annahmen der Gleichgewichtstheorie übernehmen zu müssen. Betrachten wir einen Markt unter Sicherheit, sind die Bondpreise, die keine Arbitrage zulassen, einhergehend mit den Ergebnissen von Kapitel 4.5.2, im Allgemeinen eindeutig bestimmt. Werden jedoch Leerverkaufsbeschränkungen oder Transaktionskosten in das Modell eingeführt, so zeigen u.a. Schaefer (1982) und Dermody und Rockafellar (1991), dass Klientel-Effekte auftreten können. Gleiches gilt für ein Modell unter Unsicherheit, wie Dybvig und Ross (1986) und Dermody und Prisman (1988) zeigen. Für alle möglichen Grenzsteuersätze zu einer Bemessungsgrundlage ungleich null, haben wir gezeigt, dass beschränkte Arbitragemöglichkeiten auftreten, die aber nach Dammon und Green (1987) von den Investoren ausgenutzt werden können, um einen Gleichgewichtszustand zu erreichen. Implizite Steuersätze, die oberhalb (unterhalb) des maximalen (minimalen) Grenzsteuersatzes der Tariffunktion liegen, führen nach Satz 4.5 immer zu unbeschränkter Arbitrage und damit zu einer Vermeidung von Gleichgewichtspositionen.[11]

6.1.3 Schwerwiegende Limitationen

Konvexität (S1)   Wir kommen nun zu den schwerwiegenden Limitationen. Eine zentrale Annahme in unseren Ausführungen ist die Konvexität des Steuersystems. Leider sind reale Steuerfunktionen nicht zu 100% konvex. Wie eine Mikrosimulation von Graham und Smith Jr. (1999) allerdings zeigt, ist auf Firmenebene die Steuerschuld in ungefähr 75% der Fälle annähernd konvex.[12] Auf Investorebene ist die zu Grunde liegende, im Jahr 2009 eingeführte, Abgeltungssteuer nach §20 Abs. 1 Nr. 1 EStG in Verbindung mit §32d Abs. 1 Satz 1 EStG konvex. In diesem Fall gilt bei Einzelveranlagung ohne Berücksichtigung von Solidaritätszuschlag und Kirchensteuer

$$T(x) = 0.25 \max(x - 801, 0).$$

Für geringere bis mittlere Einkommen hat der Investor das Wahlrecht in den normalen Einkommensteuertarif gemäß §32a zu wechseln, der, wie Abbildung 6.5 veranschaulicht, ebenfalls eine konvexe Funktion beschreibt (Günstigerprüfung gemäß § 32d Abs. 6 Satz 1 EStG). Das war bei dem deutschen Einkommensteuertarif von 2014 bei einem zu versteuerndem Einkommen von weniger als 46.800 € der Fall.

Aufgrund zusätzlicher Steuergesetzgebungen besteht jedoch die Möglichkeit, dass Steuersysteme partiell nicht mehr konvex sind. Als Beispiel betrachten wir den Solidaritätszuschlag (Soli). Abbildung 6.6 zeigt den Verlauf des Grenzsteuersatzes der Einkommensteuerschuld nach §32a unter Berücksichtigung des Solis für zvE bis 20.000 € (Ta-

[11] Vgl. hierzu Dammon und Green (1987, Theorem 3, S. 1158).

[12] Die Autoren simulieren für die amerikanische Einkommensteuer mögliche Einkommensentwicklungen auf Basis von 80.000 Firmenjahre-Beobachtungen (Compustat) und berechnen dadurch mögliche Steuerersparnisse durch die Geltendmachung von Verlustvor-/Rückträgen, Zinszahlungen sowie der Berücksichtigung einer Zusatzbesteuerung durch die *Alternative Minimum Tax* (AMT), welches ein paralleles zur *Federal Income Tax* (FIT) laufendes Verfahren ist und andere Abschreibungsmöglichkeiten vorsieht. Das Steuersubjekt hat dann einen zusätzlichen Betrag zu entlohnen, sofern die nach der AMT-Methode festgesetzte Steuer höher ist als die nach FIT festgesetzte Steuer.

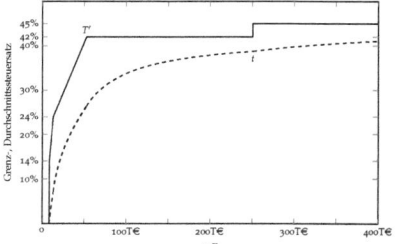

Abbildung 6.5: Grenz- und Durchschnittssteuersatz des deutschen Einkommensteuertarifs 2014 nach §32a EStG.

rif 2014 bei Einzelveranlagung). Unterhalb der Freigrenze (gemäß §3 Abs. 3, §4 Satz 2 SolzG) ergibt sich der normale Grenzsteuersatz nach §32a EStG. Innerhalb der Gleitzone (13.470 € bis 14.720 €) wird der Grenzsteuersatz mit einem Faktor von 1.2 multipliziert. Für zu versteuernde Einkommen größer als 14.720 €, multipliziert man den Grenzsteuersatz mit einem Faktor von $1{,}055$. Dadurch springt der Grenzsteuersatz innerhalb der Gleitzone zunächst von 24% auf 28,8%, steigt danach linear an auf fast 30% und fällt danach wieder auf ca. 26%. Gemäß Kapitel 2 kann die zu Grunde liegende Steuerschuld dann nicht mehr konvex sein, da die Grenzsteuersätze nicht monoton wachsen. Die Einführung des Solis führt also dazu, dass die Annahme der Konvexität nicht mehr erfüllt ist. In diesem Fall ist das Subdifferential an der Stelle $x = 14.730$ nicht definiert, da $T'_-(x) > T'_+(x)$ und somit $\partial T(x) = \emptyset$ gilt. Streng genommen dürfen wir die Theorie der Subdifferentiale an dieser Stelle gar nicht anwenden. Die Frage ist nun, ob wir dennoch Aussagen über arbitragefreie Preise treffen können.

Hierzu wiederholen wir unsere Simulation aus Kapitel 5 unter Berücksichtigung des Solidaritätszuschlags für eine vereinfachte Einkommensteuer. Abbildung 6.7 zeigt die sich ergebenden beschränkten Arbitragemöglichkeiten aus dem Handel zweier Bonds (Kupon- und Zero-Bond) mit 2-periodiger Laufzeit und $r_f = 0.1$, in Abhängigkeit der impliziten Steuersätze τ_1, τ_2 gemäß Gleichung (4.4). Wie man sieht, ergibt sich ein ähnliches Bild wie in Abbildung 5.16, nur dass das Auszahlungsprofil nicht glatt ist, sondern an einigen Stellen Knicke aufweist. Das ist genau an den Stellen, für die einer der impliziten Steuersätze im Bereich der 30% liegt, also innerhalb der Gleitzone. Darüber hinaus ist analog zur Einkommensteuer ohne Soli der einzige arbitragefreie Preis gegeben durch $(p_0^1, p_1^1) = (1, 1.1)$, was einem impliziten Steuersatz von $\tau_t = 0$ für $t = 1, 2$ entspricht.

Abbildung 6.7 legt die Vermutung nahe, dass die Resultate aus Satz 4.5 mitunter sogar für nichtkonvexe Steuerfunktionen gültig sind. Betrachten wir jedoch eine Steuer mit Freigrenze der Form

$$T(x) = \begin{cases} 0, & x < FG \\ 0.25\,x, & \text{sonst} \end{cases}$$

so erhalten wir eine etwas andere Situation. Abbildung 6.8 zeigt die möglichen Arbitragegewinne bei einer Steuer mit Freigrenze $FG = 1$. Die Steuer ist nicht stetig und nicht konvex, besitzt jedoch die Eigenschaft, dass für alle Bemessungsgrundlagen außerhalb der Freigrenze Grenz- und Durchschnittssteuersatz übereinstimmen. Würde Satz 4.5 auch für nichtkonvexe Funktionen gelten, müsste, analog zur sublinearen Steuer, für alle impliziten Steuersätze

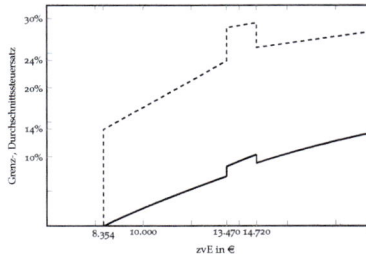

Abbildung 6.6: Grenz- und Durchschnittssteuersatz des deutschen Einkommensteuertarifs 2014 nach §32a EStG in Verbindung mit §3 Abs. 3, §4 Satz 2 SolzG.

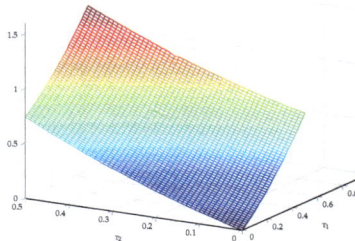

Abbildung 6.7: Beschränkte Arbitragemöglichkeiten bei einer vereinfachten ESt unter Berücksichtigung des Solis.

$\tau_t \in [0, 0.25]$ Arbitragefreiheit vorliegen. Zwar beobachten wir, dass für alle impliziten Steuersätze $\tau_t \in \{0, 0.25\}$ der Markt (annähernd) arbitragefrei ist, für implizite Steuersätze $\tau_1 = 0.24$ und $\tau_2 = 0.21$ ergibt sich jedoch ein deutlich von null verschiedener Arbitragegewinn in Höhe von 0.4684. Das ist auch der maximal mögliche Gewinn.[13] Folglich ist der Markt nicht komplett arbitragefrei, wohl aber frei von unbeschränkter Arbitrage.

Die Erklärung für unsere Beobachtung leitet sich direkt aus dem dualen Lagrangeproblem (D*) ab. Hierzu stellen wir zunächst fest, dass eine wichtige Voraussetzung der Slater-Bedingung, die uns starke Dualität lieferte, die Konvexität der Steuer ist. Sofern $T(\cdot)$ nicht konvex ist, können wir lediglich schwache Dualität in (D*) folgern ($d^* \leq p^*$), wobei die Ungleichung sogar strikt sein kann, wie Abbildung 6.8 zeigt. Können wir jedoch $d^* = 0$ zeigen, so folgt wegen $p^* \leq 0$ auch gleichzeitig $d^* = p^* = 0$. Gilt hingegen $-\infty < d^* < 0$, können wir zumindest unbeschränkte Arbitragegewinne ausschließen. Es kann jedoch sein, dass die durch das duale Problem berechneten Arbitragegewinne die real existierenden Arbitragegewinne überschätzen.[14] In diesen Fällen muss man vorsichtig sein, wenn man versucht die optimale Lösung numerisch bestimmen zu wollen. Für konvexe Probleme, die eine zulässige Lösung im Inneren bereit halten, können wir dank der Slater-Bedingung jedoch stets die starke Dualität folgern.[15] Weiterhin hat die Forschung gezeigt, dass im Allgemeinen lineare und quadratische Probleme starke duale Lösungen besitzen.[16] Es gibt weltweit kein einziges Steuergesetz, das nicht in eines dieser beiden Fälle eingebettet werden kann. Entweder besteht die Tariffunktion ausschließlich aus stückweise linearen Funktionen oder die Steuer weist quadratische Terme für mittlere Einkommen auf, wie es bei der deutschen ESt der Fall ist. Alle anderen Steuersysteme wären rein theoretisch.

Neben der mathematischen Handhabbarkeit überwiegen natürlich auch die ökonomischen Argumente für die Annahme einer konvexen Steuerfunktion. Die Increasing-Slope-Eigenschaft aus Kapitel 2.3 zeigt, dass Konvexität gleichzusetzen ist mit der Existenz monoton wachsender Grenzsteuersätze. Das bedeutet: Investoren, die mehr verdienen, zahlen auf einen zusätzlich zu versteuernden Euro auch mehr Steuern als Investoren mit niedrigeren Brutto-Löhnen. Darüber hinaus konnten wir zeigen, dass konvexe Steuern stets progressiv sind. Das ist eine wichtige Eigenschaft realer Steuersysteme, die dazu führt, dass Steuerzahler mit höheren Einkommen auch höhere Durchschnittssteuersätze haben. Umgekehrt können wir nicht ohne Weiteres aus der Progression Konvexität folgern. Progression als einzige Voraussetzung ist jedoch zu schwach, um irgendwelche Strukturaussagen arbitragefreier Preise liefern zu können. Die Theorie der

[13] Die errechneten Arbitragegewinne an den Rändern sind marginal und liegen im 15. Nachkommabereich, also annähernd bei Null. Auf Grund der Unstetigkeit der Steuer bei einer Bemessungsgrundlage von FG sind mögliche Rechenfehler allerdings nicht auszuschließen.

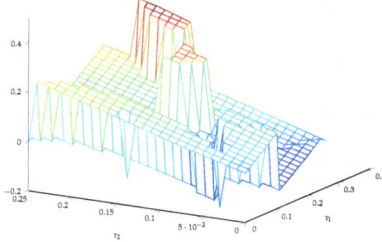

Abbildung 6.8: Beschränkte Arbitragemöglichkeiten bei einer Steuer mit Freigrenze $FG = 1$.

[14] Für eine graphische Motivation, wann starke Dualität versagt, siehe Boyd und Vandenberghe (2004, S. 233).

[15] Oder anders ausgedrückt: Wir können zeigen, dass die Existenz einer unbeschränkten Arbitrage und die Existenz von Netto-Diskontierungsfaktoren so genannte starke Alternativen zueinander sind. In diesem Fall impliziert die Nichtexistenz einer Arbitrage die Existenz der Netto-Diskontierungsfaktoren, und umgekehrt ist die Nichtexistenz der Netto-Diskontierungsfaktoren einhergehend mit der Existenz von unbeschränkten Arbitragemöglichkeiten.

[16] Für lineare Programme ist das der Fall, sofern entweder das primale oder duale Problem eine zulässige Lösung besitzt (vgl. Kapitel 1.1.2). Ist die Slater-Bedingung für nichtkonvexe quadratische Probleme erfüllt zeigen Nocedal und Wright (1999, S. 78) starke Dualität basierend auf der Anwendung so genannter *Trust Region Methods* für nichtlineare Optimierungsprobleme.

konvexen Analysis bietet hier ein sehr viel breiteres Spektrum an Methodenwissen.[17] Zudem ist die Annahme der Konvexität mit dem Leitungsfähigkeitsprinzip vereinbar. Ausgehend von risikoaversen Investoren, nimmt der Grenznutzen für jeden zusätzlich verdienten Euro ab, so dass eine zusätzliche Besteuerung dazu führt, dass Investoren über alle Einkommensschichten „gefühlt" gleich stark belastet werden.[18]

Gewinnsteuer (S2) Betrachtet man reale Steuergesetze etwas genauer, stellt man fest, dass bei Privatanlegern neben Cashflows (Dividenden) auch etwaige (realisierte) Kursgewinne besteuert werden. Möchten wir Kursgewinne in unser Modell integrieren, müssen wir die Bemessungsgrundlagen $(x_t - a_t)h_{t-1}$ anpassen. In diesem Fall ist die Steuerschuld nicht nur abhängig von Kauf- und Verkaufspreisen des Wertpapiers, sondern auch von der jeweiligen Verkaufsmenge. Bei einem statischen Modell mit mehreren Perioden (Buy-and-Hold-Strategie) sind die Portfolioanteile bei Kauf in $t = 0$ und Verkauf in T identisch. Lösen wir jedoch die einzelnen Positionen stückweise auf oder kaufen neue Wertpapiere hinzu, ist die Sache etwas komplizierter. Betrachten wir hierzu das Beispiel eines Zero-Bonds mit 5-jähriger Laufzeit. Nehmen wir an, die Anteile des Zero-Bonds eines Investors zum Zeitpunkt t seien

$$h = (1, 1.5, 1.5, 0.5, 0.5, 0).$$

In diesem Fall kauft der Investor in $t = 0$ einen Bond und kauft in der nächsten Periode 0.5 Einheiten dazu, die er insgesamt eine Periode hält. Danach verkauft der Investor eine Einheit und hält insgesamt nur noch einen halben Bond in den Zeitpunkten $t = 3, 4$. In $T = 5$ wird die Position komplett aufgelöst. Der Preisvektor des Bonds sei wie im arbitragefreien Modell ohne Steuern gegeben durch $p_t^1 = (1 + r_f)^t$.[19] Die Frage ist nun, wie wir etwaige Kursgewinne zusätzlich besteuern können. Halten wir eine Einheit des Bonds vom Zeitpunkt s bis t mit $s < t < T$, dann ergibt sich der zu versteuernde Kursgewinn aus der Differenz $p_t^1 - p_s^1 > 0$. Wir können nun unsere Handelsstrategie „aufsplitten" in drei verschiedene Zero-Bonds mit jeweils unterschiedlicher Laufzeit. Wir halten also insgesamt einen halben Zero-Bond über die volle Laufzeit von 5 Perioden, gekennzeichnet durch die Strategie

$$h^1 = (0.5, 0.5, 0.5, 0.5, 0.5, 0),$$

einen halben Zero-Bond mit 3-periodiger Laufzeit, gegeben durch die Strategie

$$h^2 = (0.5, 0.5, 0.5, 0, 0, 0)$$

[17] Das hängt vor allem mit dem in Kapitel 2.4 vorgestellten Konzept des Subgradienten zusammen, der bei konvexen Funktionen stets existiert und eine untere Schranke für die Steuerfunktion liefert.

[18] Dies folgt formal aus dem abnehmenden Grenznutzen des Investors. Hierzu gehen wir vereinfachend davon aus, dass jeder Investor über eine nichtfallende konkave Nutzenfunktion $u(\cdot)$ verfügt. Dann folgt mit unserer Annahme 2.7 an die Steuerschuldfunktion, dass für beliebige Einkommen $x \in \mathbb{R}$ stets

$u''(x - T(x)) = -u'(x - T(x))\,T''(x) + (1 - T'(x))$

erfüllt ist.

[19] Wir haben hier den Nominalpreis auf eine Geldeinheit gesetzt. Analog dazu könnten wir für einen beliebigen Nominalpreis $p > 0$ argumentieren. In diesem Fall setzen wir $p_t = p(1 + r_f)^t$.

und einen halben Zero-Bond über eine 2-periodige Laufzeit realisiert durch
$$h^3 = (0, 0.5, 0.5, 0, 0, 0).$$
In diesem Fall definieren wir die Brutto-Cashflows
$$x_t^1 = 1_{\{t=5\}}(1+r_f)^5, \quad x_t^2 = 1_{\{t=3\}}(1+r_f)^3, \quad x_t^3 = 1_{\{t=3\}}(1+r_f)^2,$$
mit Abschreibungsprozess
$$a_t^1 = 1_{\{t=5\}}(p_0 - p_5), \quad a_t^2 = 1_{\{t=3\}}(p_0 - p_3), \quad a_t^3 = 1_{\{t=3\}}(p_1 - p_3),$$
wobei Werte $a_t^i < 0$ eine Wertzuschreibung im Folge eines Kursgewinns berücksichtigt. Wir können nun analog zu Kapitel 4.2 die Netto-Entnahme definieren durch
$$\begin{aligned}\delta_t(h) :&= (p_t + x_t)' h_{t-1} - T((x_t - a_t)h_{t-1}) - p_t h_t \\ &= \sum_{i=0}^{3}(p_t^i + x_t^i)h_{t-1}^i - T((x_t^i a_t^i)h_{t-1}^i) - p_t^i h_t^i,\end{aligned}$$
wobei $p_t^i = (1+r_f)^i$ der Standard-Preis des Zero-Bonds ist. Der Index $i = 0$ spiegelt die Anlage eines möglichen Kupon-Bonds wider. Da die Preise des Kupon-Bonds zu jedem Zeitpunkt auf eine Geldeinheit normiert sind, können wir hier keine Kursgewinne erzielen. Für Verkaufspositionen wäre das Vorgehen analog.

Es sei angemerkt, dass das obige Verfahren nur unter Sicherheit gilt. Für unsichere Zahlungsreihen wäre das Vorgehen etwas komplexer, da der Zeitpunkt zu dem wir den Bond verkaufen eine unsichere Größe darstellt, die heute nicht messbar ist.

Definition des Arbitragebegriffs unabhängig von der Anfangsausstattung des Investors (S3) Man könnte durchaus die berechtigte Frage stellen, wie der in Definition 4.3 manifestierte Arbitragebegriff abzuändern ist, wenn der Investor neben Einkünfte aus Kapitalvermögen noch weitere Einkommensquellen besitzt. Ausgehend von der Notation in Kapitel 4.2, führen wir hierzu eine investorspezifische Anfangsausstattung $w_t \geq 0$ ein, die alle weiteren Vermögensgegenstände subsumiert. Das können z.B. Lohneinkünfte, Einkünfte aus Gewerbebetrieb und/oder Vermietung und Verpachtung sein.[20] In diesem Fall verfügt der Investor, ohne weiteren Handel, in jedem Zeitpunkt über eine Netto-Auszahlung in Höhe von
$$n(w_t) = w_t - T(w_t).$$
Dabei unterstellen wir, ohne Einschränkung, dass die Einkünfte jeweils voll angerechnet werden.[21] Erlauben wir nun analog zum Modellansatz von Kapitel 4.2 den dynamischen Handel mit Bonds,

[20] Würden wir zusätzlich Unsicherheit in das Modell einführen, wären in der Anfangsausstattung z.B. auch weitere Aktienpakete enthalten.

[21] Eine Verallgemeinerung auf teilweise anrechenbare Einkünfte $w_t^* := w_t - a_t^w$ für beliebige Abzugsposten a_t^w wäre jedoch ohne Weiteres möglich. Hierzu ersetze man in der folgenden Argumentation lediglich das Einkommen w_t durch das Teileinkommen w_t^*.

könnten wir die obige Netto-Auszahlung ausgehend von der Anfangsausstattung w_t mit Hilfe einer Handelsstrategie h_{t-1} erhöhen oder verringern. Die modifizierte Netto-Auszahlung in Abhängigkeit der Handelsstrategie $h = (h_0, \ldots, h_{T-1})$ is dann

$$\delta_t^w(h) := (p_t + x_t)'h_{t-1} + w_t - T\left((x_t - a_t)'h_{t-1} + w_t\right) - p_t'h_t \quad t = 1, \ldots, T,$$

wobei wir wieder h_T und p_T gleich Null setzen. Man beachte, dass sich der obige Ausdruck nur durch die in ROT hinzugefügten Terme von der ursprünglichen Definition 4.2 einer Netto-Entnahme unterscheidet. Der Preis für die Handelsstrategie bleibt unverändert $p_0'h_0$, da wir die Vermögenspositionen w_t bereits innehaben und nicht noch zusätzlich bezahlen müssen. Ein rationaler Investor wird nun versuchen eine Handelsstrategie h zu finden, mit der er seine Netto-Auszahlung erhöhen kann, d.h.

$$\delta_t^w(h) \geq n(w_t) \quad t = 1, \ldots, T$$

erreicht, ohne dafür zusätzliche finanzielle Mittel aufwenden zu wollen, im Sinne von

$$p_0'h_0 \leq 0.$$

In diesem Fall versucht der Investor folgendes Optimierungsproblem zu lösen:

$$p^* = \inf_h \; p_0'h_0 \quad \text{(PW)}$$
$$\text{s.t.} \quad -\delta_t^w(h) + n(w_t) \leq 0 \quad t = 1, \ldots, T,$$

mit dem dualen Lagrange-Problem

$$d^* = \sup_{(\tau_1, \ldots, \tau_T), \, \tau_t \in \mathbf{dom}(T^*)} \sum_{t=1}^T \frac{\tau_t w_t - T(w_t) - T^*(\tau_t)}{\prod_{s=1}^t (1 + r_f(1 - \tau_s))} \quad \text{(DW*)}$$
$$\text{s.t.} \quad p_{t-1} = \frac{p_t + x_t - \tau_t(x_t - a_t)}{1 + r_f(1 - \tau_t)} \quad t = 1, \ldots, T.$$

Für die Herleitung des dualen Problems sei auf Anhang A.7 verwiesen. Da nach Definition der Konjugierten zunächst

$$T^*(\tau_t) := \sup_{\bar{x}_t} \tau_t \bar{x}_t - T(\bar{x}_t) \geq \tau_t w_t - T(w_t)$$

folgt, und $\tau_t \in \mathbf{dom}(T^*) \subset [0,1]$ gilt, sind alle Summanden der Objektfunktion in (DW*) nichtpositiv und auf Grund der starken Dualität[22] folgt dann

$$0 = d^* = p^* \Leftrightarrow p_{t-1} = \frac{p_t + x_t - \tau_t(x_t - a_t)}{1 + r_f(1 - \tau_t)}, \quad \tau_t \in \partial T(w_t) \quad t = 1, \ldots, T.$$

Wir können somit folgenden Satz formulieren:

[22] Man beachte, dass für den Fall $w_t > 0$ die starke Slater-Bedingung bereits für $h = 0$ erfüllt ist. Für $w_t = 0$ setzen wir, wie im Modell von Kapitel 4.2, wiederum $\bar{h}_t = e_1$ für alle t und folgern dadurch eine innere zulässige Lösung des Problems (PW).

Satz 6.1. *Verfügt ein Investor in jedem Zeitpunkt t über eine Anfangsausstattung $w_t \geq 0$, dann gelten folgende Äquivalenzen:*

1. *Es liegen keine Arbitragemöglichkeiten vor genau dann, wenn für alle t Grenzsteuersätze $\tau_t \in \partial T(w_t)$ existieren mit*

$$p_{t-1} = \frac{p_t + x_t - \tau_t(x_t - a_t)}{1 + r_f(1 - \tau_t)} \quad t = 1, \ldots, T. \quad (6.1)$$

2. *Es existieren beschränkte Arbitragemöglichkeiten genau dann, wenn für alle t Steuersätze $\tau_t \in \mathbf{dom}(T^*)$ existieren, die allesamt Gleichung (6.1) erfüllen, wobei für mindestens ein $\tau_{t'} \in \mathbf{dom}(T^*) \setminus \partial T(w_{t'})$ gilt.*

3. *Es existieren unbeschränkte Arbitragemöglichkeiten genau dann, wenn für mindestens ein τ_t in Gleichung (6.1) $\tau_t \notin \mathbf{dom}(T^*)$ gilt.*

Beweis. Der erste Teil des Satzes folgt unmittelbar mit Hilfe obiger Herleitung. Ist $\tau_t \in \mathbf{dom}(T^*) \setminus \partial T(w_t)$ gilt offensichtlich $-\infty < d^* < 0$ in (DW*) und auf Grund der starken Dualität auch $-\infty < d^* = p^* < 0$, was einer beschränkten Arbitrage gleichkommt. Analog folgert man für $\tau_t \in \mathbf{dom}(T^*)$, dass $-\infty = d^* = p^*$ gilt und somit unbeschränkte Arbitrage vorliegt. □

Das obige Resultat erinnert stark an das Arbitragemodell von Ross (1987), welches wir bereits in Kapitel 4.3 genauer diskutiert haben. Existieren, ausgehend von dem Vermögen w_t, keine (lokalen) Arbitragemöglichkeiten für den Investor, so lassen sich Bondpreise mit Hilfe der marginalen Grenzsteuersätze bzgl. w_t erklären.[23] Nach Dammon und Green (1987) verhindert die Existenz einer lokalen Arbitrage per se jedoch nicht die Existenz eines kompetitiven Finanzmarktgleichgewichts, sondern führt lediglich dazu, dass jeder Investor versucht seine lokalen Arbitragemöglichkeiten dazu zu nutzen, um seine Steuerschuld zu minimieren. Gleichgewichtstheoretisch führt das dazu (ohne zusätzliche Annahmen), dass bei Bonds mit preisinhärenten marginalen Steuersätzen bei einer Bemessungsgrundlage von Null, Investoren ihre Steuerzahlungen durch geschickte Transaktionen zurückerstatten lassen und dadurch einen Durchschnittssteuersatz von Null erzielen können, so dass de facto im Gleichgewicht überhaupt keine Steuern bezahlt werden.

Andernfalls impliziert ein Gleichgewichtspreis in Abhängigkeit einer bestimmten Anfangsausstattung $w_t > 0$, dass alle Marktteilnehmer theoretisch über dieselbe Anfangsausstattung im Gleichgewicht verfügen müssen, da ansonsten Marktteilnehmer mit anderer Anfangsausstattung wiederum lokale Arbitragegeschäfte betreiben können, was einem Gleichgewichtszustand per Definition der Nutzenmaximierung jedoch widerspricht. Insbesondere darf es in diesem

[23] Das Resultat gilt nach Ross (1987) auch unter Unsicherheit, allerdings wird der Beweis nur für stückweise lineare Steuerfunktionen geführt.

zweiten Gleichgewicht keine Marktteilnehmer geben, die eine Anfangsausstattung von $w_t = 0$ haben, da diese dann mit Hilfe des Ansatzes (P) in Definition 4.2 ihre Netto-Auszahlungen heute oder in Zukunft erhöhen können, ohne finanzielle Mittel aufwendenden zu müssen.

Beide Gleichgewichtszustände erscheinen uns nicht besonders realistisch. Entweder bezahlen alle Marktteilnehmer überhaupt keine Steuern oder es herrschen perfekte „kommunistische" Zustände in denen alle Marktteilnehmer über dieselbe Anfangsausstattung verfügen und dieselben Steuerbeträge zahlen.

In der Realität beobachten wir jedoch häufig, dass einzelne Marktteilnehmer über sehr viel Grundausstattung verfügen und ihr Vermögen durch geschickte Kapitalmarktanlagen weiter ausbauen, dabei ihre Steuerlast aber auf einem sehr niedrigen Niveau halten. Andere Marktteilnehmer verfügen über wenig bis gar keine Grundausstattung und zahlen dafür auch keine Steuern, erhalten jedoch vom Staat Geld, um die Basiszahlungen für ihren Lebensunterhalt finanzieren zu können. All diese Fälle können wir mit Hilfe der zwei vorgestellten Arbitragemodelle (mit und ohne Anfangsausstattung) nicht ausreichend erklären.[24]

Daraus schließen wir Folgendes: Wir können mit Hilfe der Arbitragetheorie zwar Aussagen über die Struktur (beschränkt) arbitragefreier Bondpreise im Gleichgewicht begründen.[25] Zur weiteren Analyse von Preisbildungsprozessen und Wertpapierallokationen, welche die in Kapitel 3 beschriebenen steuerlichen Klientel-Effekte erklären können, müssen wir jedoch zusätzliche Annahmen treffen. Das können u.a. die Einführung von Transaktionskosten, Leerkaufsbeschränkungen oder eine Rückallokation durch den Staat sein. Welcher der hier vorgestellten Arbitragebegriffe entscheidend für die Existenz eines (mehrperiodigen) Marktgleichgewichts ist, bleibt jedoch Gegenstand künftiger Forschung.

Allgemeines stochastisches Mehrperiodenmodell (S4) Kommen wir nun zur letzten und mit Wahrscheinlichkeit auch größten Limitation. Uns ist bekannt, dass wir in einer Welt unter Unsicherheit leben. Vermutlich existiert kein einziges Wertpapier auf der Welt, das nicht ausfallgefährdet ist.[26] Ein Wertpapier, dass jedoch mit einer positiven Wahrscheinlichkeit, und sei sie noch so gering, ausfallen kann, ist per Definition nicht sicher. Trotzdem haben wir uns in der vorliegenden Arbeit zunächst einem Modell unter Sicherheit gewidmet. Wir wollten dadurch explizit den Einfluss von nichtlinearen Steuern so offensichtlich wie möglich herausfiltern.

Wir haben in Kapitel 4.5.3 unser Modell auf unsichere Wertpapierzahlungen übertragen. Dabei sind wir vereinfachend davon

[24] Eine mögliche Ursache für die wachsende ungleichmäßige Verteilung von Einkommen haben wir mit Blick auf die Progressionsmaße in Kapitel 2.6 identifizieren können.
[25] Unbeschränkte Arbitragen dürfen im Gleichgewicht definitiv nicht existieren, da eine Nutzenmaximierung in diesem Fall kein Ergebnis liefert.

[26] A+ gerankte deutsche Staatsanleihen verlieren zum Beispiel ihren Wert, wenn die Bundesrepublik zahlungsunfähig ist. Geld kann auf Grund von Inflation entwertet werden. Bankeinlagen sind nur bedingt gesichert, bis zu einem Betrag von 100,000 € in Deutschland. Gibt es einen Bank Run, ist fragwürdig, ob das Land allen Ausfallsicherheiten nachkommen kann, wie der Fall Zypern zeigt.

ausgegangen, dass die Menge möglicher Zukunftsszenarien endlich ist. Im Allgemeinen sollte man jedoch davon ausgehen, dass die Zustandsmenge unendlich ist. Am Beispiel des stetigen Modells ist die Erklärung ziemlich einleuchtend. Rein theoretisch könnte eine Aktie in Zukunft jeden beliebigen Wert zwischen 0, im Falle einer Insolvenz, und 1000, im Falle einer (möglichen) Kursexplosion, annehmen. Darüber hinaus könnte man argumentieren, dass sogar alle Preise im Intervall $[0, \infty)$ einen möglichen Zukunftspreis angeben.[27] Kurz gesagt, der zukünftige Wert unserer Aktie könnte eine beliebige reelle Zahl sein, und somit gibt es unendlich viele Zukunftsszenarien. In diesem Fall erschwert sich die zu Grunde liegende Stochastik ungemein, wie bereits das einleitende Kapitel 1.1.3 vermuten lässt. Wir werden in dieser Arbeit nicht mehr den Versuch unternehmen, ein allgemeingültiges Modell für riskante Wertpapiere aufzustellen. Ausgehend von der Notation in Kapitel 1.1.3 dürfen wir jedoch Mutmaßungen darüber treffen, wie ein entsprechender Fundamentalsatz für riskante Wertpapiere aussehen könnte. Wir vermuten, dass ein Fundamentalsatz unter Unsicherheit für beschränkte Preisprozesse wie folgt lauten müsste:

[27] Im Falle unbeschränkter Aktienpreisprozesse wird die Theorie sogar noch komplexer wie Delbaen und Schachermayer (1994) zeigen.

Ein beschränkter Preisprozess $S = (S_t)_{t=0,\ldots,T}$ erlaubt *kein free lunch* genau dann, wenn es ein zu $\mathbb{P}$ äquivalentes Wahrscheinlichkeitsmaß $\mathbb{Q}$ gibt, sowie $\tau_{t,0} \in \partial T(0)$ mit

$$S_{t-1} = E_{\mathbb{Q}} \left[\frac{S_t + (1-\tau_{t,0})X_t + \tau_{t,0}A_t}{1 + r_f(1-\tau_{t,0})} \,\Big|\, \mathcal{F}_{t-1} \right] \quad t = 1,\ldots,T. \quad (6.2)$$

Der Beweis wird vermutlich auf Dualitätsargumente in allgemeinen Maßräumen zurückgreifen. Analog zum Beweis unter Sicherheit ist nicht auszuschließen, dass das Konzept der Konjugierten eine tragende Rolle spielt.

6.2 Forschungsausblicke

Wir möchten abschließend weitere Anwendungsmöglichkeiten unseres Arbitragemodells diskutieren. Wir untersuchen, welchen Einfluss nichtlineare Einkommensteuern auf Wertpapierpreise in einem dynamischen Kontext ausüben. Die Frage welcher, den Preisen inhärenten, Steuersatz keine Arbitragemöglichkeiten verursacht, ist insbesondere für den wirtschaftspolitisch-/rechtlichen Sektor relevant. Wir sehen insbesondere in den folgenden vier Bereichen mögliche Anwendungen unserer Theorie:

- Empirische (Nicht-)Evidenz für die Existenz impliziter Steuersätze.
- Entwicklung (nichtlinearer) investitionsneutraler Steuersysteme.
- Analyse der momentan geltenden Steuergesetzgebung.
- Bestimmung der Kapitalkostensätze nach Steuern im Rahmen einer Unternehmensbewertung.

6.2.1 Empirische (Nicht-)Evidenz

Die Existenz von Gleichgewichtspreisen impliziert stets die Existenz arbitragefreier Preise. Andernfalls könnten einzelne Marktakteure ihr Vermögen ohne den Einsatz zusätzlicher finanzieller Mittel erhöhen, wodurch eine Verletzung der Budgetrestriktion erfolgt. Gehen wir davon aus, dass die Wertpapierpreise so konzipiert sind, dass die Möglichkeit eines Gleichgewichts in einer Ökonomie nicht ausgeschlossen ist und das Nutzenmaximierungskalkül jedes einzelnen Investors lösbar ist, dann hängen nach Brennan (1970) Gleichgewichtspreise von einem gewichteten Durchschnitt der marginalen Steuersätze aller Marktteilnehmer ab. Dieses Modell ist gemeinhin auch als TAX-CAPM Modell bekannt. Der Einfluss von Einkommensteuern auf Wertpapierpreise wurde vielfach empirisch getestet. Typischerweise gilt für die erwartete Brutto-Rendite im Gleichgewicht

$$E[\tilde{R}_i] = r_f + \beta_i MRP^\tau + \tau(d_i - r_f)$$
$$= (1-\tau)r_f + \beta_i MRP^\tau + \tau d_i, \qquad (6.3)$$

wobei $E[\tilde{R}_i]$ die erwartete Brutto-Rendite aus Kursgewinnen und sicheren Dividendeneinkünften eines Wertpapiers i darstellt und β_i das systematische Risiko misst.[28] Die Marktrisikoprämie nach Steuern MRP^τ gibt die Überschussrendite des Marktportfolios in Bezug auf eine risikolose Anlage mit Zins r_f und den zu versteuernden

[28] Der Beta-Faktor ist bei dem Modell mit und ohne Steuern identisch und ergibt sich formal aus der Kovarianz der Rendite des i-ten Titels mit der Rendite des Gesamtmarktes, im Verhältnis gesetzt zur Varianz der Gesamtmarktrendite.

Dividenden mit Rendite d_i an. Da Dividendeneinkünfte in den Modellen als sicher angenommen werden, gilt somit für die erwartete Nettorendite nach Umformung von Gleichung (6.3)

$$E[\tilde{R}_i - \tau d_i] = (1-\tau)r_f + \beta_i MRP^\tau. \qquad (6.4)$$

Man beachte hierbei, dass in diesem Modell Steuern als *linear* angenommen werden und die Steuersätze für Kursgewinne, Dividenden und Zinsen jeweils identisch sind.[29]

Offen bleibt, welchen Grenzsteuersatz man in einer Welt mit nichtlinearen Steuern in die Bewertungsgleichung (6.3) einsetzen muss. Klar ist, wenn wir einen Steuersatz von $\tau = 0$ benutzen, erhalten wir das Standard-Tax-CAPM Modell nach Mossin (1966), Sharpe (1964) und Lintner (1965a,b). Da Nach-Steuer-Renditen empirisch schwer messbar sind, verwendet man zur Überprüfung des Tax-CAPMs typischerweise die erwarteten Brutto-Renditen nach Gleichung (6.3). Somit ergibt sich als endogene Größe die erwartete Brutto-Rendite in Abhängigkeit der exogenen Größen, in diesem Fall der Marktrisikoprämie und des risikofreien Zins als Achsenabschnitt (auch *Intercept* genannt). In ihrem berühmten Aufsatz zeigen Fama und French (1993), dass das Standard-CAPM einen höheren Erklärungsgehalt bietet, wenn man neben dem ersten Beta-Faktor zwei weitere Beta-Faktoren hinzufügt (deshalb auch Drei-Faktoren-Modell genannt). Der zweite Beta-Faktor misst die Marktkapitalisierung, um die Renditedifferenz von kleinen und großen Unternehmen zu berücksichtigen. Der dritte Beta-Faktor misst das Buch-Marktwert-Verhältnis, um den Unterschied zwischen etablierten börsennotierten Unternehmen und Startups zu berücksichtigen. Zudem wird eine weitere Intercept-Variable α eingeführt, welche die mögliche Überrendite einzelner Hedgefonds-Manager misst.[30] Die gleiche Anpassung kann auch zur empirischen Überprüfung des Tax-CAPMs vorgenommen werden.

Tabelle 6.2 gibt einen ersten Überblick der relevanten empirischen Studien zum Tax-CAPM in Anlehnung an Schulz (2006, S. 104). Unterschieden wird nach Kapitalmarkt, Zeitraum, Fristigkeit der Dividendenrendite, Messungsmethode und dem Koeffizienten der Dividendenrendite, der in diesem Fall den impliziten Steuersatz τ misst. Es wird weiterhin angegeben, ob das Testergebnis sich innerhalb eines 5-%-Signifikanzniveaus bewegt.[31]

[29] Für eine unterschiedliche Besteuerung von Dividenden, Zinsen und Kursgewinnen siehe z.B. Wiese (2004). Allerdings lässt auch Wiese die Progressionseffekte außer Acht, indem er proportionale Steuern voraussetzt.

[30] Wäre der Markt tatsächlich effizient, d.h. alle relevanten Informationen wären in den Marktpreisen von Aktientiteln enthalten, dann müsste stets $\alpha = 0$ gelten. Die Ergebnisse von Fama und French lassen jedoch auf einen nicht effizienten Markt schließen. Vgl. hierzu die Tabellen 9b und 11 in Fama und French (1993). Auch die empirischen Untersuchungen von Shiller (1981, S. 434) deuten auf Nichteffizienz hin.

[31] Eine ähnliche Darstellung findet sich auch in König (1990, S. 139). Wir erheben an dieser Stelle natürlich keinen Anspruch auf Vollständigkeit. Wie Wiese (2006) bereits richtigerweise feststellt, sei der Versuch sämtliche Studien zum Tax-CAPM in einer Übersicht darstellen zu wollen fruchtlos.

Studie	Kapitalmarkt	Zeitraum	Definition der Dividendenrendite	Methode	Koeffizient der Dividendenrendite	Signifikanz (5%-Niveau)
Black/Scholes (1974)	US-amerikanisch	1/1936-12/1966	langfristig	Portefeuillekonstruktion (mtl.Portef.-Renditen)	0,0009	insignifikant
Litzenberger/Ramaswamy (1979)	US-amerikanisch	1/1936-12/1977	kurzfristig	Fama/MacBeth (mtl. Einzelrenditen)	0,236	signifikant
Miller/Scholes (1982)	US-amerikanisch	1/1940-12/1978	kurzfristig langfristig	Fama/MacBeth (mtl. Einzelrenditen)	0,179 0,038	signifikant insignifikant
Elton/Gruber/Rentzlar (1983)	US-amerikanisch	1/1937-12/1976	langfristig	Fama/MacBeth (jährl. Portef.-Renditen)	0,344	signifikant
Capitelli (1989)	schweizerisch	1/1977-12/1985	kurzfristig	Fama/MacBeth (mtl. Einzelrenditen)	0,248	signifikant
König (1990)	deutsch	1/1959-9/1977 10/1977-12/1986	kurzfristig	Fama/MacBeth (mtl. Einzelrenditen)	0,263 0,091	signifikant signifikant
Kalay/Michaely (2000)	US-amerikanisch	7/1967-12/1986	kurzfristig langfristig	Fama/MacBeth (wöchentl. Einzelrenditen)	0,162 0,002	signifikant insignifikant
Chen/Grundy/Stambaugh (1990)	US-amerikanisch	1/1943-12/1978	langfristig	SUR[a] (mtl. Portef.-Renditen)	0,172	insignifikant
Naranjo/Nimalendran/Ryngaert (1998)	US-amerikanisch	7/1963-12/1994	langfristig	SUR[b] (mtl. Portef.-Renditen)	1.608	signifikant

[a] Risikoanpassung auf Basis einen Zweifaktorenmodells (Marktrisikoprämie sowie Renditedifferenz zwischen Junk Bonds und langfristigen Staatsanleihen).
[b] Risikoanpassung auf Basis des Dreifaktorenmodells von Fama/French (1993).

Tabelle 6.2: Literaturübersicht zum Tax-CAPM nach Schulz (2006).

Wie man sieht, sind die Ergebnisse zum Tax-CAPM sehr inkonsistent. Betrachtet man jedoch vorwiegend langfristige Dividendenrenditen, stellt man fest, dass einige Studien wie die von Black und Scholes (1974), Miller und Scholes (1982) sowie Kalay und Michaely (2000) und Nai-Fu et al. (1990) insignifikante Ergebnisse in Bezug auf mögliche Steuereinflüsse bei Marktpreisen aufweisen. So fassen Black und Scholes (1974, S. 1) zusammen:

> ...it is not possible to demonstrate that the expected returns on high yield common stocks differ from the expected returns on low yield common stocks either before or after taxes.

Andere Autoren, wie zum Beispiel Litzenberger und Ramaswamy (1979), gelangen jedoch zu dem Schluss, dass Steuern sehr wohl einen Einfluss auf die Gleichgewichtspreise nehmen. Ihrer empirischen Analyse geht ein theoretisches Modell voraus, welches sowohl progressive Steuern als auch Kapitalaufnahmerestriktionen berücksichtigt.[32] Aber auch die Autoren stellen auf S. 186 fest:

> ...it is possible that the positive coefficient on dividend yield is not a tax effect and that in non-ex-dividend months the effect completely reverses itself.

und weiter auf S. 188

> ...However, further theoretical work on the combined effects of transaction costs and personal taxes in a multi-period valuation framework is required to be able to understand the cause of a significant yield effect in non-ex-dividend months.

In einer späteren Arbeit erweitern die Autoren ihr Modell unter Annahme von Leerverkaufsbeschränkungen und der unterschiedlichen Besteuerung von Dividenden- und Zinseinkünften.[33] Zinszahlungen sind somit vollabzugsfähig, wohingegen Dividenden voll angerechnet werden, zum Tarif der normalen Einkommensteuer. Dadurch können Klientel-Effekte entstehen, die sich darin äußern, dass Investoren höherer Steuerklassen in Wertpapiere mit geringeren Dividendenrenditen investieren. Investoren in niedrigeren Steuerklassen halten hingegen Wertpapiere mit höheren Dividendenrenditen.[34] Auch hierfür halten die Autoren signifikante Ergebnisse in einer empirischen Überprüfung parat. In einer Untersuchung von Miller und Scholes (1982) sowie Morgan und Thomas (1998) finden die Autoren jedoch keinerlei empirische Belege dafür, dass Steuer-Klientel-Effekte existieren. Gleiches gilt für den deutschen Aktienmarkt in einer Analyse von König (1990).

Zu guter Letzt muss angemerkt werden, dass für alle Formen der statistischen Messung eines Nachsteuer-CAPMs die gleichen Restriktionen wie beim Standard-CAPM gelten. Das theoretische Modell

[32] Vgl. die Annahmen A.8 und A.10 in Litzenberger und Ramaswamy (1979, S. 166).

[33] Kursgewinne werden in dem Modell nicht besteuert. Vgl. hierzu A.2 und A.3 in Litzenberger und Ramaswamy (1980, S. 471).

[34] Eine theoretische Fundierung für dieses Ergebnis liefern auch Dybvig und Ross (1986, S. 752)

verlangt erwartete Renditen der einzelnen Wertpapiere, sowie die erwartete Rendite des gesamten Marktportfolios als Inputgröße. Diese Werte richten sich somit auf zukünftige Ertragspositionen. Die Statistiken zur Schätzung von Renditen basieren jedoch auf Vergangenheitswerten, was somit nicht konsistent zu den Modellannahmen des Tax-CAPMs ist. Weiterhin weist bereits Roll (1977) daraufhin, dass das Marktportfolio nicht durch eine Stichprobe approximiert werden darf, da dies die Effizienz des Schätzverfahrens negativ beeinflusst.[35] Darüber hinaus kann man davon ausgehen, dass ein starkes Rauschen auf den Aktienmärkten die Ergebnisse zusätzlich beeinflusst.

Alles in allem halten wir fest, dass bis dato die empirischen Untersuchungen keinen eindeutigen Rückschluss auf die Existenz eines gewichteten marginalen Steuersatzes in der Renditegleichung (6.3) erlauben und die Meinungen dazu stark auseinandergehen. Unsere Theorie könnte einen ersten Versuch unternehmen, warum das so ist. Wie bereits in Dammon und Green (1987, Theorem 3 S. 1158) festhalten, verhindert die Existenz beschränkter steuerlicher Arbitragen nicht notwendigerweise die Existenz eines ökonomischen Gleichgewichts. Gehen wir davon aus, dass der Markt in einem kontinuierlichen Angleichungsprozess ist, in denen Investoren so lange handeln, bis sie ihre Gleichgewichtsposition erreichen, dann ist es nicht überraschend, dass zu einzelnen Zeitpunkten implizite Steuersätze existieren, die beschränkte Arbitragen zulassen. Das kann sich wiederum in den erwarteten Renditegleichungen der Investoren widerspiegeln, so dass wir Grenzsteuersätze in den Tax-CAPM-Renditeformeln messen, die weit entfernt von den Grenzsteuersätzen für eine Bemessungsgrundlage von null sind. Da zudem Transaktionskosten und Leerverkaufsbeschränkungen an einigen Märkten definitiv vorhanden sind, können ebenfalls Klientel-Effekte auftreten, so dass Investoren unterschiedlicher Steuerklassen, unterschiedliche Wertpapiermengen halten und bereit sind unterschiedliche Preise für ein und dasselbe Wertpapier zu zahlen.[36] Folglich müsste man sich von der Idee, den *einen* Steuersatz in der Renditegleichung des Tax-CAPMs empirisch ausfindig machen zu können, verabschieden, da theoretisch eine Vielzahl möglicher Grenzsteuersätze in Frage kommt.

6.2.2 *Investitionsneutrale Steuersysteme*

Wie bereits in Kapitel 3 dargestellt, sind in der Theorie drei investitionsneutrale Steuersysteme bekannt: Die Besteuerung des ökonomischen Gewinns, die Cashflow-Steuer und die zinskorrigierte Gewinnsteuer. Typischerweise wird in der zu Grunde liegenden Literatur aus

---

[35] Diese Gefahr wird allerdings vermindert bei dem Testmodell von Black et al. (1972) bzw. Black und Scholes (1974), da die Autoren das Marktportfolio aus allen betrachteten Titeln der Stichprobe ersetzen und somit einen *Mean-Variance* effizienten Schätzer für das Marktportfolio erhalten.

[36] Vgl. hierzu Schaefer (1982), Dybvig und Ross (1986) sowie Dermody und Rockafellar (1991).

Vereinfachungsgründen angenommen, dass Steuern linear sind.[37] Uns ist keine einzige Arbeit bekannt, die sich explizit mit nichtlinearen investitionsneutralen Steuern befasst. Unsere Ergebnisse von Satz 4.5 und Satz 4.21 lassen jedoch die Schlussfolgerung zu, dass auch nichtlineare Steuern unter gewissen Umständen investitionsneutral sind. Das ist der Fall wenn

[37] Vgl. hierzu Preinreich (1951) und Samuelson (1964) (zur Besteuerung des ökonomischen Gewinns), Brown (1948) (zur Cashflow-Steuer) sowie Boadway und Bruce (1979) und Wenger (1983) (zur Zinskorrektur).

(a) die Bemessungsgrundlage dem ökonomischen Gewinn entspricht, oder

(b) für den Grenzsteuersatz bei einer Bemessungsgrundlage von null $T'(0) = 0$ gilt.

Im ersten Fall kürzen sich die impliziten Steuersätze aus der Bewertungsgleichung heraus. Im zweiten Fall sind die impliziten Steuersätze null. Beide Fälle führen dazu, dass sich der Wert der Anleihen nicht von dem fairen Preis vor Steuern unterscheidet, wodurch auch der Kapitalwert vor und nach Steuern identisch sein muss. Wie wir bereits erwähnt haben, scheitert die Implementierbarkeit der ökonomischen Gewinnbesteuerung im Allgemeinen daran, dass ein enormer Mehraufwand an Einzelbewertungen stattfinden muss. In der Praxis der Unternehmensbewertung ist diese Einschränkung besonders kritisch zu sehen, bezogen auf die Masse kleiner und mittelständischer Unternehmen, mit geringeren Publizitätspflichten, bei denen eine Quantifizierung der Cashflows nicht immer verlässlich sein mag. Grenzsteuersätze von null erreicht man jedoch relativ kostengünstig durch die Einführung von Freibeträgen. Betrachten wir reale Einkommensteuergesetze, ist das auch tatsächlich der Fall, ähnlich wie Steuersysteme in der Regel konvex sind.

Investitionsneutrale Steuersysteme sind auch aus spieltheoretischer Sicht sinnvoll. Der Gesetzgeber versucht, in jeder Legislaturperiode existierende Steuerschlupflöcher zu schließen und seine Spielgegner, in unserem Fall die steuerpflichtigen Investoren, versuchen die beste Antwort zu spielen, indem sie Gesetzeslücken suchen, um ihre Steuerschuld zu minimieren. Im Gleichgewicht hat der Gesetzgeber alle Steuerlücken geschlossen. Die Investoren müssen dann so handeln wie in einem Kapitalmarkt ohne Steuern und der Gesetzgeber muss nicht zwangsläufig auf Steuereinnahmen in diesem Sektor verzichten.[38]

[38] Es sei denn alle Investoren entschließen sich den Handel aufzugeben.

6.2.3 Steuergesetzgebung

Obige Überlegungen sollte der Gesetzgeber berücksichtigen, um die Rationalität von Steuergesetzen in Zukunft anhand einfacher Mittel, wie Konvexität oder Grenzsteuersätze zwischen 0 und 100 Prozent, zu überprüfen. Diskussionen über die Wirksamkeit von Steuergesetzen müssen auf einer formalen und nicht populistischen Ebene stattfinden. In diesem Sinne sollten Richtlinien, die einzelnen Investoren die Möglichkeit zur Steuerarbitrage bieten, noch einmal überdacht werden. Unternehmen, die Gewinne realisieren ohne Steuern zu zahlen, oder wie im extremen Fall von Apple sogar Steuerrückerstattungen erhalten, reduzieren die Staatseinnahmen zur Rückallokation an die Gemeinschaft.[39]

[39] Die Apple Retail Germany B.V. & Co.KG hat im Jahr 2011 einen Verlustvortrag von ca. 11 Mio. Euro geltend gemacht, wodurch eine Steuerrückzahlung von ca. 200 Tausend Euro im selben Jahr resultiert (vgl. hierzu die Tabellen A.2 und A.1 im Anhang A.8 auf S. 192).

Der Gesetzgeber sollte weiterhin versuchen, mit jeder Gesetzesänderung die Konvexität des Steuersystems zu garantieren. Um ein einfaches Beispiel zu nennen, könnte man sich fragen warum in Zeiten der elektronischen Datenverarbeitung, der Gesetzgeber weiterhin das Abrunden auf den vollen Euro vorschreibt. Es sollte keinen bürokratischen Mehraufwand darstellen, zusätzlich zwei Dezimalstellen zu berücksichtigen. Unter Annahme der Gleichverteilung zufälliger Centbeträge, werden so, pro Steuerposten, dem Steuerzahler im Schnitt 50 Cent als möglicher Abzug vorenthalten. Das Abrunden der Centbeträge führt aber dazu, dass die zu Grunde liegende Steuerfunktion streng genommen Lücken aufweist und somit nicht mehr konvex ist. Statt eines Stufentarifs könnte der Gesetzgeber eine Tariffunktion einführen, deren Grenzsteuersätze gleichmäßiger ansteigen. In Deutschland ist das bereits der Fall für geringe bis mittlere Einkommen. Die Gleichmäßigkeit über alle Bemessungsgrundlagen könnte der Gesetzgeber realisieren, indem er eine streng konvexe Tariffunktion festlegt. Als Beispiel betrachten wir die Steuerschuldfunktion

$$T(x) = \tau \frac{x + \ln \cosh(x)}{2}, \quad 0 \leq \tau < 1,$$

dann gilt

$$T'(x) = \tau \frac{1 + \tanh(x)}{2} \subset (0, \tau).$$

Die obige Steuerfunktion ist für alle Bemessungsgrundlagen x differenzierbar und besitzt Grenzsteuersätze, die stets positiv sind und niemals 100% erreichen. Da $\tanh(\cdot)$ streng monoton wachsend ist, ist $T(\cdot)$ streng konvex. Die wahrgenommene Mehrbelastung für jeden mehr verdienten Euro sinkt. Zudem gilt $T(0) = 0$, so dass die Steuer alle Voraussetzungen von Annahme 2.7 in Kapitel 2.1 erfüllt. Abbildung 6.9 zeigt die Steuerfunktion für einen Spitzensteuersatz von $\tau = 0.5$. Offensichtlich ist der einzige Punkt an dem Grenz- und Durchschnittsteuersatz übereinstimmen $x = 0$, so dass nach Lemma 4.8 die arbitragefreien Preise eindeutig bestimmt werden können für einen impliziten Steuersatz von $\tau_0 = \frac{\tau}{2} = 0.25$. Die optimale Handelsstrategie ist in diesem Fall das Nullportfolio. Des Weiteren offenbart die Steuer für negative Bemessungsgrundlagen Steuersubventionen, die

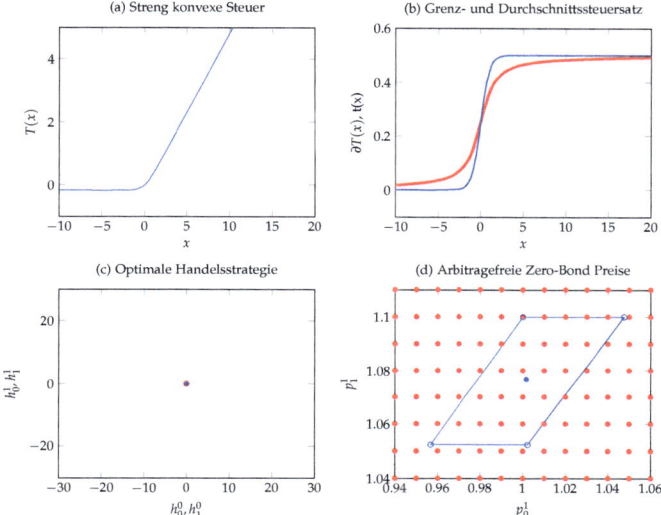

Abbildung 6.9: Beispiel einer streng konvexen Steuer mit Grenzsteuersätzen zwischen 0 und 50 Prozent.

jedoch nicht über einen absoluten Wert von $\frac{\tau \ln(2)}{2} \approx 0.173$ hinausgehen. Dies garantiert auch in einer Welt unter Unsicherheit bereits die Existenz eines Marktgleichgewichts. Siehe hierzu Jones und Milne (1992). Bei einer Verschuldung oder Privatinsolvenz kann der Investor auf staatliche Hilfe hoffen, ohne diese Hilfe ins Grenzenlose auszunutzen. Durch zusätzliche Steigungsparameter $a > 0$ kann der Gesetzgeber die Annäherung gegen τ beliebig verlangsamen, wodurch sich ein geringerer Residualkoeffizient für kleine bis mittlere Einkommen einstellen lässt (siehe Abbildung 6.10 für ein Beispiel mit Parameterwert $a = 100$). In diesem Fall wäre die Steuer der Form

$$T(x) = \tau \frac{x + a \ln \cosh(\frac{x}{a})}{2}.$$

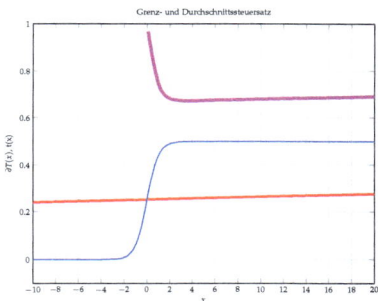

Abbildung 6.10: Residualkoeffizient bei einer streng konvexen Steuer mit Grenzsteuersätzen zwischen 0 und 50 Prozent und Steigungsparamer $a = 100$.

Der Gesetzgeber könnte nun relativ leicht die Steuerfunktion kurzfristig anpassen und für veränderliche Makrodaten wie Inflation, BIP-Steigerungen u.a. korrigieren. Liegt eine Fehlbewertung für implizite Steuersätze $\tau \in [0, 0.5]$ vor, dann ist der optimale Arbitragegewinn beschränkt und lässt sich wie in Abbildung 6.11 darstellen.

6.2.4 Unternehmensbewertung

Schlussendlich interessieren sich Praktiker natürlich dafür, welche Steuersätze in die Bewertungsgleichungen der DCF-Verfahren einzusetzen sind. Die vorliegende Arbeit bietet einen Lösungsansatz

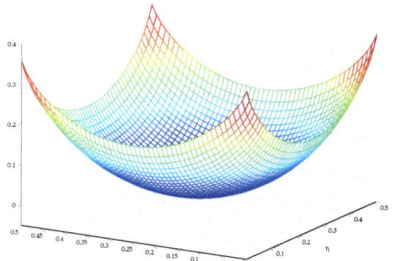

Abbildung 6.11: Beschränkte Arbitrage bei einer streng konvexen Steuer mit Grenzsteuersätzen zwischen 0 und 50 Prozent.

und zugleich eine Grundlage für weitere Forschung. Betrachten wir Fremdkapital als annähernd sicher, deuten unsere Ergebnisse darauf hin, für Fremdkapitalkosten einen Steuersatz von null in die Diskontierungsfaktoren der WACC- und APV-Modelle einzusetzen. Möchte man zudem den Einfluss von Steuern auf Eigenkapitalkosten betrachten, müsste man das Tax-CAPM Modell nach Brennan (1970) auf nichtlineare Steuern formal erweitern. Im Gleichgewicht muss, auch unter Einfluss von Unsicherheit, jedwede Form von Arbitrage ausgeschlossen sein.[40] Kann man zeigen, dass im Gleichgewicht Grenzsteuersätze von null in die Bewertung der Eigenkapitalkosten eingehen, dann ändert sich für eine Vielzahl von Steuersystemen der Kapitalkostensatz im Nenner der Bewertungsgleichung nach Steuern nicht. Um diese Behauptung einzusehen, gehen wir vereinfachend davon aus, dass die unsicheren Cashflows $\widetilde{CF}_t$ eines zu bewertenden Unternehmens schwach autoregressiv sind und Kapitalkosten k und der risikofreie Zins r_f zu jedem Zeitpunkt konstant sind. Schwachautoregressiv bedeutet, dass die erwarteten Cashflows bezüglich der Informationslage in t der Form

$$E[\widetilde{CF}_s \mid \mathcal{F}_t] = (1+g)^{s-t}\widetilde{CF}_t \quad \forall s \geq t \qquad (6.5)$$

[40] Andernfalls würden wir eine Verletzung der Budgetrestriktion herleiten können.

sind, wobei g ein konstanter Wachstumsfaktor ist.[41]

In diesem Fall zeigen Kruschwitz und Löffler (2006, Theorem 2.3, S. 39)), dass in einem Arbitragemodell ohne Steuern die diskontierten iterierten Erwartungen der Brutto-Cashflows bezüglich des risikoneutralen Wahrscheinlichkeitsmaßes $\mathbb{Q}$, und die iterierten Erwartungen bezüglich des subjektiven Wahrscheinlichkeitsmaßes $\mathbb{P}$, diskontiert mit dem Kapitalkostensatz, für jeden Investor, identisch sein müssen. Es gilt also

$$\frac{E_{\mathbb{P}}[\widetilde{CF}_s \mid \mathcal{F}_t]}{(1+k)^{s-t}} = \frac{E_{\mathbb{Q}}[\widetilde{CF}_s \mid \mathcal{F}_t]}{(1+r_f)^{s-t}} \quad \forall s > t.$$

Gehen wir weiter davon aus, dass der Grenzsteuersatz der Steuerschuld des Unternehmens für eine Bemessungsgrundlage von null $\tau_0 = 0$ ist, und nur Cashflows abzüglich der unsicheren Abschreibungen $\widetilde{AfA}_t$ besteuert werden. Gilt nun eine allgemeine Version des Fundamentalsatzes gemäß Gleichung (6.2), und sind die risikoneutralen Wahrscheinlichkeitsmaße vor und nach Steuern identisch[42] dann gilt für den Unternehmenswert nach Steuern $\widetilde{V}_t^\tau$ nach bekannter

[41] Unsere Überlegungen können jedoch genauso gut für deterministische Wachstumsfaktoren, Kapitalkosten und risikofreiem Zins fortgesetzt werden.

[42] Betrachten wir z.B. die Herleitungen des Fundamentalsatzes in Kapitel 4.5.3, dann gilt für die risikoneutrale Wahrscheinlichkeit nach Steuern im Einperioden-Modell

$$q_s^\tau := \frac{(p_s + \lambda_s)(1+r_f(1-\tau_0))}{\sum_{s=1}^S (p_s + \lambda_s)(1+r_f(1-\tau_0))}$$
$$= \frac{(p_s + \lambda_s)}{\sum_{s=1}^S (p_s + \lambda_s)}.$$

Somit ergeben sich für $\tau_0 = 0$ im dualen Problem mit und ohne Steuern jeweils dieselben optimalen Lagrangefaktoren λ_s. Das führt dazu, dass auch die risikoneutrale Wahrscheinlichkeiten vor und nach Steuern identisch sind. Ein ähnlicher Zusammenhang sollte auch im mehrperiodigen Kontext gelten.

Iterationseigenschaft

$$\widetilde{V}_t^\tau = \sum_{s=t+1}^{T} \frac{E_{\mathbb{Q}}[\widetilde{CF}_s - \tau_0(\widetilde{CF}_s - \widetilde{AfA}_s) \mid \mathcal{F}_t]}{(1 + r_f(1-\tau_0))^{s-t}}$$

$$= \sum_{s=t+1}^{T} \frac{E_{\mathbb{Q}}[\widetilde{CF}_s \mid \mathcal{F}_t]}{(1+r_f)^{s-t}} \qquad (\tau_0 = 0)$$

$$= \sum_{s=t+1}^{T} \frac{E_{\mathbb{P}}[\widetilde{CF}_s \mid \mathcal{F}_t]}{(1+k)^{s-t}}. \qquad \text{(Gleichung 6.5)}$$

Der letzte Term stimmt mit der bekannten Kapitalwertgleichung ohne Steuern überein, so dass

$$\widetilde{V}_t^\tau = \widetilde{V}_t$$

gilt für alle t, wobei $\widetilde{V}_t$ den Unternehmenswert vor Steuern bezeichnet. Bei der obigen Herleitung handelt es sich lediglich um eine Beweisskizze. Ein vollständiger Beweis steht definitiv noch aus. Darüber hinaus ist nicht auszuschließen, dass im Fall $0 \neq \tau_0 \in \partial T(0)$ die Kapitalkostensätze nach Steuern, ähnlich wie bei den linearen Modellen, angepasst werden müssen.

Alles in allem ergibt sich eine Vielzahl möglicher Anknüpfungspunkte aus unserer Theorie. Ein weiterer Forschungsbedarf im Bereich der Arbitragetheorie mit nichtlinearen Steuern ist definitiv vorhanden und, wie die obigen Ausführungen nahe legen, auch von gesamtwirtschaftlichem Nutzen.

7 Zusammenfassung

Deutsche Version In der vorliegenden Arbeit untersuchen wir Arbitragegelegenheiten in einem Kapitalmarktmodell unter Sicherheit mit mehreren Handelszeitpunkten und *konvexen* Steuerschuldfunktionen. Hierzu leiten wir aus den gegebenen Marktpreisen risikoloser Titel (*Bonds*) periodenspezifische implizite Steuersätze ab. Diese impliziten Steuersätze werden mit den Grenzsteuersätzen der Steuerschuldfunktion $T(\cdot)$ verglichen. Wenn alle impliziten Steuersätze den Grenzsteuersätzen bei einer Bemessungsgrundlage von null entsprechen, dann existieren keine Arbitragegelegenheiten. Diese Bedingung ist sowohl notwendig als auch hinreichend für Arbitragefreiheit.

Weiter sind wir in der Lage, die möglichen Arbitragegelegenheiten genau zu charakterisieren. Es gibt am Markt unbeschränkte Arbitragegelegenheiten genau dann, wenn mindestens ein impliziter Steuersatz einen Wert annimmt, der in der Steuerschuldfunktion als ein möglicher Grenzsteuersatz (für eine beliebige Bemessungsgrundlage) nie auftaucht. In allen anderen Fällen gibt es begrenzte Arbitragemöglichkeiten.

Unsere Ergebnisse weisen eine starke Analogie zu der Produktions-Kostentheorie auf, in der Grenz- und Durchschnittskosten im Optimum übereinstimmen. Sind in unserem Modell Grenz- und Durchschnittssteuern identisch, so liegen am Markt keinerlei Arbitragegelegenheiten vor. Diese Analogie plausibilisiert unsere Ergebnisse.

In einer weiteren Studie werden wir entsprechende Aussagen auf ein Modell unter Unsicherheit erweitern.

English Version We investigate arbitrage opportunities in a capital market model under certainty with multiple trading periods and *convex* tax liability functions. By deducing period-specific implied tax rates from prevailing market prices of bonds, we can give a complete characterization of arbitrage. If all implied tax rates equal marginal tax rates at a tax base of zero, then the no-arbitrage condition holds. This condition is necessary as well as sufficient.

Further, we show that arbitrage opportunities can be bounded or unbounded. Arbitrage opportunities are unbounded iff there is at least one implied tax rate which is not equal to any possible marginal tax rate (for an arbitrary tax base). In all other circumstances, bounded arbitrage opportunities exist.

Our results conform with classical production and cost theory. By identifying taxes as costs, we show that in the optimum marginal and average tax rates coincide in a market free of arbitrage.

In future studies we will extend our theory to uncertainty.

A
Appendix

A.1 Beweis des Lemmas über den Definitionsbereich der Konjugierten

Der einfachen Lesbarkeit unterteilen wir den Beweis von Lemma 2.13 in mehrere Einzelschritte.

Schritt 1: Aus der Stetigkeit von $T(\cdot)$ folgt unmittelbar auch Abgeschlossenheit von $T(\cdot)$. Weiterhin folgt aus $0 \leq t(x) < 1$ für alle $x \neq 0$, sowie $T(0) = 0$, auch $T(y) > -\infty$ für alle y.

Wir zeigen zunächst, dass $(\tau_{min}, \tau_{max}) \subset \partial T(\mathbb{R})$ ist. Hierzu betrachten wir einen beliebigen Steuersatz $\tau \in (\tau_{min}, \tau_{max})$ und folgern, dass es eine Stelle $x^* \in \mathbb{R}$ gibt, für die $\tau \in \partial T(x^*)$ gilt. Hierzu wählen wir ein beliebiges x und definieren die Slope-Abbildung $s \colon \mathbb{R} \setminus \{x\} \to \mathbb{R}$ durch

$$y \mapsto \frac{T(y) - T(x)}{y - x}.$$

Da die Anzahl der Nicht-Diffbarkeitsstellen endlich ist und $s(\cdot)$ monoton wächst, folgt unter Benutzung der Regel von de l'Hospital

$$\lim_{y \to \infty} s(y) = \lim_{y \to \infty} \frac{T(y) - T(x)}{y - x} = \lim_{y \to \infty, y \gg 0} T'(y) = \tau_{max}$$

und analog $\lim_{y \to -\infty} s(y) = \tau_{min}$. Somit liegen die Wertebereiche von $s(\cdot)$ im Bereich $[\tau_{min}, \tau_{max}]$. Da zusätzlich $s(\cdot)$ auf dem definierten Bereich stetig ist (Die Abbildung $T(\cdot) - T(x)$ ist stetig und die Abbildung $y \mapsto \frac{1}{y-x}$ ist ebenfalls stetig auf $\mathbb{R} \setminus \{x\}$, folglich ist auch das Produkt beider Funktionen stetig) muss es eine Stelle y geben für die $s(y) = \tau$ erfüllt ist. Mit Hilfe des Mittelwertsatzes für konvexe Funktionen (siehe Theorem 2.3.3 in Hiriart-Urruty und Lemaréchal (2001, S. 179)) folgern wir, dass eine Zwischenstelle $x_t = ty + (1-t)x$ für ein $t \in (0,1)$ existiert, so dass $\tau \in \partial T(x_t)$ ist, wodurch die Behauptung für $x^* = x_t$ bewiesen ist.

Schritt 2: Wir zeigen nun, dass auch $\mathbf{dom}(T^*) \subset [\tau_{min}, \tau_{max}]$ gelten muss.

Angenommen, es wäre für $\tau > \tau_{max}$ der Funktionswert $T^*(\tau)$ endlich, also $\tau \in \mathbf{dom}(T^*)$. Dann folgt aus der Fenchel-Ungleichung für $x > 0$

$$T^*(\tau) \geq (\tau - t(x)) \cdot x$$
$$\geq (\tau - \tau_{max}) \cdot x$$

Da diese Ungleichung für alle hinreichend große x gilt und zudem nach Voraussetzung $\tau - \tau_{max} > 0$ ist, folgt aber im Widerspruch zur Voraussetzung $T^*(\tau) = +\infty$. Damit gehört (τ_{max}, ∞) nicht zu $\mathbf{dom}(T^*)$.

Analog beweist man, dass für $\tau < \tau_{min}$ der Funktionswert $T^*(\tau)$ nicht endlich sein kann.

Schritt 3: Insgesamt erhalten wir unter Anwendung von Gleichung (2.11) somit

$$(\tau_{min}, \tau_{max}) \subset \partial T(\mathbb{R}) \subset \mathbf{dom}(T^*) \subset [\tau_{min}, \tau_{max}].$$

Ist $\partial T(\mathbb{R})$ abgeschlossen, so folgt $\partial T(\mathbb{R}) = [\tau_{min}, \tau_{max}]$ und somit

$$[\tau_{min}, \tau_{max}] \subset \partial T(\mathbb{R}) \subset [\tau_{min}, \tau_{max}],$$

was gleichbedeutend ist mit der Identität von $\partial T(\mathbb{R})$ und $\mathbf{dom}(T^*)$.

Wir zeigen nun, dass die Abgeschlossenheit von $\partial T(\mathbb{R})$ äquivalent ist zu der Aussage, dass $T(\cdot)$ affin linear an den Rändern verläuft.

Der Beweis der hinreichenden Bedingung folgt sofort aus der Eigenschaft der Differenzierbarkeit affin-linearer Funktionen, wodurch wir $\tau_{min}, \tau_{max} \in \partial T(\mathbb{R})$ folgern. Auf Grund von Eigenschaft (2.13) folgt wiederum Identität von $\mathbf{dom}(T^*)$ und $\partial T(\mathbb{R})$.

Zum Beweis der notwendigen Bedingung setzen wir die Abgeschlossenheit von $\partial T(\mathbb{R})$ voraus. Mittels (2.13) folgt $\partial T(\mathbb{R}) = [\tau_{min}, \tau_{max}]$. Da $\tau_{max} \in \partial T(\mathbb{R})$, existiert nach Definition des Subgradienten ein $x > 0$ mit

$$T(y) \geq T(x) + \tau_{max}(y - x)$$

für alle y. Insbesondere für alle $y > x$ gilt nach Eigenschaft des maximalen Grenzsteuersatzes aber auch

$$\frac{T(y) - T(x)}{y - x} \leq \tau_{max}$$

woraus

$$T(y) = T(x) + \tau_{max}(y - x)$$

folgt für alle $y > x$. Somit verläuft $T(\cdot)$ affin-linear für ausreichend hohe Bemessungsgrundlagen $y > x$. Für τ_{min} folgt die Behauptung analog für ein $x < 0$ mit $\tau_{min} \in \partial T(x)$.

A.2 Beweis des Hauptsatzes

Der Beweis des Satzes 4.5 beruht ganz erheblich auf der dualen Theorie konvexer Analysis. Wir bilden daher zum ursprünglichen Problem (P) das duale Lagrange-Problem (D), das gegeben ist durch

$$\sup_{\lambda} \inf_{h} \quad L(h,\lambda) \qquad (D)$$
$$\text{s.t.} \qquad \lambda_t \geq 0 \quad t=1,\ldots,T,$$

mit $\lambda = (\lambda_1,\ldots,\lambda_T)'$ sowie der Lagrangefunktion[1]

[1] Wir bezeichnen transponierte Vektoren immer mit $(\cdot)'$.

$$L(h,\lambda) := (p_0)'h_0 - \sum_{t=1}^{T} \lambda_t \delta_t(h)$$
$$= (p_0)'h_0 - \sum_{t=1}^{T} \lambda_t \Big((p_t + x_t)'h_{t-1} - T\big((x_t - a_t)'h_{t-1}\big) - (p_t)'h_t\Big),$$

wobei sich die Vektornotation bei h_t, p_t und x_t sowie a_t auf die beiden Wertpapiere (Standard-Kupon-Bond und den neu zu bewertenden Titel) bezieht.

Sei d^* der optimale Wert von (D). Das duale Problem (D) ist konkav und es gilt $d^* \leq p^*$ (schwache Dualität). Die Slater-Bedingung gilt, weil wegen der Standard-Kupon-Anleihe ein innerer Punkt in (P) existiert, i.e., wird nur diese Anleihe gehalten, entspricht das einer Strategie $h_t^* = (1,0)$ und es gilt für jeden Zeitpunkt t

$$\delta_t(h^*) = r_f - T(r_f) > 0.$$

Damit damit haben wir aufgrund der starken Dualität sogar $d^* = p^*$ und beide Optimalitätsprobleme sind äquivalent.[2]

[2] Wir müssen an dieser Stelle übrigens nicht notwendigerweise $r_f > 0$ voraussetzen. Ist $r_f = 0$ und die Nominalpreise des nullten Bonds sind weiterhin normiert auf $p_t^0 = 1$, dann erfüllt die Handelsstrategie $h_t = (\frac{1}{2^t}, 0 \ldots, 0)'$ für $t = 1,\ldots,T$ die Slater-Bedingung, da nach Voraussetzung $T(0) = 0$ ist und wir immer weniger von der Kupon-Anleihe halten, wodurch die Netto-Entnahmen positiv bleiben.

Nun führen wir weitere Variablen im dualen Problem ein. Wir setzen

$$y_t := (x_t - a_t)'h_{t-1}.$$

Dann lässt sich (D) umschreiben zu folgendem Maximierungsproblem

$$\sup_{(\lambda,\nu)} \inf_{h,y} \quad \hat{L}(h,y,\lambda,\nu)$$
$$\text{s.t.} \qquad \lambda_t \geq 0 \quad t=1,\ldots,T,$$

wobei $\nu = (\nu_1,\ldots,\nu_T)'$ die neuen Lagrange-Multiplikatoren sind und die Lagrangefunktion nun lautet

$$\hat{L}(h,y,\lambda,\nu) := (p_0)'h_0 - \sum_{t=1}^{T} \lambda_t \big((p_t + x_t)'h_{t-1} - T(y_t) - (p_t)'h_t\big)$$
$$+ \sum_{t=1}^{T} \nu_t \big((x_t - a_t)'h_{t-1} - y_t\big).$$

Setzen wir $\lambda_0 = 1$ und nutzen $p_T' h_T = 0$ für beide Titel aus (es gilt nach Voraussetzung sowohl $p_T = 0$ als auch $h_T = 0$), so können wir die Summen in diesem Ausdruck anders zusammenfassen und so den Ausdruck verändern zu

$$\hat{L}(h, y, \lambda, \nu) = \sum_{t=1}^{T} \lambda_{t-1} (p_{t-1})' h_{t-1}$$
$$- \sum_{t=1}^{T} \left(\lambda_t (p_t + x_t)' h_{t-1} - \nu_t (x_t - a_t)' h_{t-1} \right) - \sum_{t=1}^{T} \left(\nu_t y_t - \lambda_t T(y_t) \right),$$

was sich einfacher schreibt als

$$\hat{L}(h, y, \lambda, \nu) = \sum_{t=1}^{T} \left(\lambda_{t-1} p_{t-1} - (\lambda_t (p_t + x_t) - \nu_t (x_t - a_t)) \right)' h_{t-1} - \sum_{t=1}^{T} \left(\nu_t y_t - \lambda_t T(y_t) \right).$$

Einige der Infima und Suprema in diesem Optimierungsproblem lassen sich weiter separieren, so dass sich (D) endlich schreibt als

$$\sup_{(\lambda, \nu)} \sum_{t=1}^{T} \inf_{h_{t-1}} \left(\lambda_{t-1} p_{t-1} - \lambda_t (p_t + x_t) + \nu_t (x_t - a_t) \right)' h_{t-1} - \sum_{t=1}^{T} \sup_{y_t} \left(\nu_t y_t - \lambda_t T(y_t) \right)$$
s.t. $\lambda_t \geq 0 \quad t = 1, \ldots, T.$ \hfill (D1)

Betrachtet man nur den Infimumterm von der Objektfunktion in (D1,) erhält man

$$\inf_{h_{t-1}} \left(\lambda_{t-1} p_{t-1} - \lambda_t (p_t + x_t) + \nu_t (x_t - a_t) \right)' h_{t-1} = \begin{cases} 0, & \lambda_{t-1} p_{t-1} = \lambda_t (p_t + x_t) - \nu_t (x_t - a_t)) \\ -\infty, & \text{sonst.} \end{cases}$$

Somit ist (D1) äquivalent zu

$$\sup_{(\lambda, \nu)} - \sum_{t=1}^{T} \sup_{y_t} \left(\nu_t y_t - \lambda_t T(y_t) \right) \hfill \text{(D2)}$$
s.t. $\lambda_t \geq 0, \quad \lambda_{t-1} p_{t-1} = \lambda_t (p_t + x_t) - \nu_t (x_t - a_t) \quad t = 1, \ldots, T.$

Wir zeigen jetzt, dass zulässige λ_t in (D2) stets positiv sind. Angenommen es existiere ein Zeitpunkt t' mit $\lambda_{t'} = 0$ in (D2). Dann ist $d^* = -\infty$, sofern nicht auch gleichzeitig $\nu_{t'} = 0$ in (D2) erfüllt ist. Aufgrund der rekursiven Beziehung in der Nebenbedingung folgt analog für alle anderen Zeitpunkte $t < t'$, dann auch $\lambda_t = \nu_t = 0$ und insbesondere für $t = 1$

$$\lambda_0 p_0 = p_0 = 0$$

im Widerspruch zu der Existenz einer risikofreien Kupon-Anleihe mit $p_0^0 = 1$. Folglich kommen nur positive Lagrange-Faktoren als zulässige Lösungen in (D1) in Frage.

In diesem Fall ist

$$\sup_{y_t}\left(\nu_t y_t - \lambda_t T(y_t)\right) = \sup_{y_t}\left(\lambda_t \frac{\nu_t}{\lambda_t} y_t - \lambda_t T(y_t)\right)$$
$$= \lambda_t \sup_{y_t}\left(\frac{\nu_t}{\lambda_t} y_t - T(y_t)\right)$$
$$= \lambda_t T^*\left(\frac{\nu_t}{\lambda_t}\right).$$

Dies können wir in (D2) einsetzen und damit wird das Optimierungsproblem äquivalent zu

$$-\inf_{(\lambda,\nu)} \sum_{t=1}^{T} \lambda_t T^*\left(\frac{\nu_t}{\lambda_t}\right) \qquad \text{(D3)}$$

s.t. $\quad \lambda_t > 0, \quad p_{t-1} = \frac{\lambda_t}{\lambda_{t-1}}(p_t + x_t) - \frac{\nu_t}{\lambda_{t-1}}(x_t - a_t) \qquad t = 1,\ldots,T.$

Auch hier gilt wieder die Konvention $\inf \emptyset = \infty$, so dass im Fall der Nichtzulässigkeit

$$p^* = d^* = -\infty$$

folgen würde.

Wir substituieren $\tau_t := \frac{\nu_t}{\lambda_t}$ und betrachten den Standard-Kupon-Bond, so folgt für die optimalen Lagrange-Faktoren

$$\lambda_t = \frac{\lambda_{t-1}}{1 + r_f(1 - \tau_t)} \quad t = 1,\ldots,T.$$

Durch iteratives Einsetzen erhalten wir

$$\lambda_t = \frac{1}{\prod_{s=1}^{t}\left(1 + r_f(1 - \tau_s)\right)} \quad t = 1,\ldots,T.$$

Schlussendlich erhalten wir, dass (D3) äquivalent ist zu

$$-\inf_{\tau_t \in \mathbf{dom}(T^*), t=1,\ldots,T} \sum_{t=1}^{T} \frac{T^*(\tau_t)}{\prod_{s=1}^{t}\left(1 + r_f(1 - \tau_s)\right)} \qquad \text{(D*)}$$

s.t. $\quad p_{t-1} = \frac{p_t + (1 - \tau_t)x_t + \tau_t a_t}{1 + r_f(1 - \tau_t)} \quad t = 1,\ldots,T.$

Wir können nun den Beweis des Satzes zu Ende führen. Die τ_t sind offensichtlich die impliziten Steuersätze des weiteren Wertpapiers. Dann aber gilt:

1. Da nach Eigenschaft (i) in Lemma 2.14 alle Summanden in (D*) nichtnegativ sind, gilt $p^* = d^* = 0$ gdw. $T^*(\tau_t) = 0$ ist für alle t, was nach Eigenschaft (ii) in Lemma 2.14 äquivalent ist zu $\tau_t \in \partial T(0)$ für alle t.

2. Nach Eigenschaft (iii) in Lemma 2.14 folgt $-\infty < p^* < 0$ gdw. $\tau_t \in$ **dom**(T^*) für alle t und für mindestens ein t' ist $\tau_{t'} \in$ **dom**$(T^*) \setminus \partial T(0)$.

3. Da es sich in (D*) um eine endliche Summe nicht negativer Summanden handelt, folgt $p^* = \infty$ genau dann, wenn für mindestens ein t gilt $\tau_t \notin$ **dom**(T^*).

A.3 Lemma zur Vergleichbarkeit des Arbitragebegriffes von Dammon/Green

Wir führen den Beweis des Lemmas 4.12. Seien τ_{min} und τ_{max} der kleinste bzw. größte Grenzsteuersatz. Mit Hilfe von Gleichung (2.6) folgt für alle Bemessungsgrundlagen $\bar{x} \neq 0$ stets

$$\tau_{min} \leq t(\bar{x}) \leq \tau_{max}.$$

und für die Netto-Entnahmen $x - T(\bar{x}) = x - t(\bar{x})\bar{x}$ bei gegebenem Bruttoeinkommen x

$$x - \tau_{min}\bar{x} \geq x - T(\bar{x}) \geq x - \tau_{max}\bar{x}, \quad \bar{x} > 0 \qquad (A.1)$$

und

$$x - \tau_{min}\bar{x} \leq x - T(\bar{x}) \leq x - \tau_{max}\bar{x}, \quad \bar{x} < 0, \qquad (A.2)$$

wobei für (nichtlineare) progressive Steuersysteme die obigen Ungleichungen mitunter sogar strikt ausfallen können. Für $\bar{x}$ ist die Ungleichung trivialerweise erfüllt.

„$\Rightarrow$" Angenommen es gelte $p^{*'} = -\infty$, was nach Lemma 1 in Dammon und Green (1987) äquivalent ist zu der Aussage, dass eine *direction of recession* $v \neq 0$ existiert, so dass für ein beliebiges zulässiges h in (LP) und $\alpha \geq 0$ der Vektor $h + \alpha v$ zulässig ist und $p'_0(h + \alpha v) \to -\infty$ geht für $\alpha \to \infty$. Da insbesondere $h = 0$ zulässig ist, folgt

$$(p_t + x_t)'\alpha v - \tau_{min}(x_t - a_t)'\alpha v \geq 0$$

sowie

$$(p_t + x_t)'\alpha v - \tau_{max}(x_t - a_t)'\alpha v \geq 0$$

und mit Hilfe von Gleichung (A.1) und (A.2) folgt automatisch

$$(p_t + x_t)'\alpha v - T((x_t - a_t)'\alpha v) \geq 0.$$

Somit ist αv auch zulässig in (P') und $p^* = \lim_{\alpha \to \infty} p'_0 \alpha v = -\infty$ im Widerspruch zur Voraussetzung $-\infty < p^*$.

„$\Leftarrow$" Es gelte $p^{*'} = 0$ in (LP). Wir wollen zeigen, dass $-\infty < p^* \leq 0$ in (P') gilt. Offensichtlich ist $h = 0$ eine zulässige Lösung in (P') und somit stets $p^* \leq 0$. Angenommen es gelte $p^* = -\infty$ dann existiert (analog zum Beweis der notwendigen Bedingung) ein $v \neq 0$, so dass αv zulässig ist in (P') und $\alpha p'_0 v \to -\infty$ geht für $\alpha \to \infty$. Wir müssen nun nur noch zeigen, dass αv auch zulässig ist in (LP). Betrachten wir zunächst den Fall $(x_t - a_t)'v > 0$. Mit Hilfe von Satz 2.15 gilt jedoch, dass für beliebig kleine $\varepsilon > 0$ eine Zahl $\alpha^* > 0$ existiert, so dass für alle $\alpha > \alpha^*$ stets

$$|t(\alpha(x_t - a_t)'v) - \tau_{max}| < \varepsilon$$

gilt. Da weiter $t(\alpha(x_t - a_t)'v) \leq \tau_{max}$ gilt, folgt somit

$$-t(\alpha(x_t - a_t)'v) < \varepsilon - \tau_{max}$$

und insbesondere

$$0 \leq (p_t + x_t)'\alpha v - T(\alpha(x_t - a_t)'v) < \alpha\varepsilon(x_t - a_t)'v + (p_t + x_t)'\alpha v - \tau_{max}\alpha(x_t - a_t)'v.$$

Da $\varepsilon > 0$ beliebig klein gewählt werden kann, erhalten wir

$$(p_t + x_t)'\alpha v - \tau_{max}\alpha(x_t - a_t)'v \geq 0.$$

Analog zeigt man für $(x_t - a_t)'v < 0$

$$(p_t + x_t)'\alpha v - \tau_{min}\alpha(x_t - a_t)'v \geq 0.$$

Weiter gilt für $x'_t - a'_t > 0$ nach Gleichung (A.1)

$$(p_t + x_t)'\alpha v - \tau_{min}(x'_t - a'_t)\alpha v \geq (p_t + x_t)'\alpha v - T(x'_t - a'_t)\alpha v \geq (p_t + x_t)'\alpha v - \tau_{max}(x'_t - a'_t)\alpha v \geq 0.$$

und für $x'_t - a'_t < 0$ nach Gleichung (A.2)

$$(p_t + x_t)'\alpha v - \tau_{max}(x_t - a_t)'\alpha v > (p_t + x_t)'\alpha v - T(x_t - a_t)'\alpha v \geq (p_t + x_t)'\alpha v - \tau_{min}(x_t - a_t)'\alpha v \geq 0.$$

Insgesamt folgern wir, dass

$$(p_t + x_t)'\alpha v - \tau(x_t - a_t)'\alpha v \geq 0$$

gilt für $\tau \in \{\tau_{min}, \tau_{max}\}$. Somit ist αv auch zulässig in (LP) im Widerspruch zu $p^{*'} = 0$.

A.4 Folgerungen aus den Karush-Kuhn-Tucker-Bedingungen

Der Beweis des Satzes 4.16 folgt unmittelbar aus einer Folgerung der verallgemeinerten KKT-Bedingungen (siehe z.B. Theorem 2.14 auf S. 305-306 in Hiriart-Urruty (1993)).

Satz A.1 (KKT). *Ist $h^* = (h_0^*, \ldots, h_{T-1}^*)$ eine optimale Handelsstrategie in (P) genau dann, wenn nichtnegative $\lambda_t^* \geq 0$ ($\lambda_0 = 1$) und $\tau_t \in \partial T((x_t - a_t)'h_{t-1}^*)$ existieren, so dass*

(i) für die optimalen Lagrange-Faktoren $\lambda^* = (\lambda_0, \ldots, \lambda_T)$

$$\lambda_{t-1}^* p_{t-1} = \lambda_t^* (p_t + (1 - \tau_t)x_t + \tau_t a_t) \text{ und}$$

(ii) die Complementary Slackness-Bedingung

$$\lambda_t^* \delta_t(h^*) = 0$$

gilt.

Beweis. Wir definieren $f_t, g_t \colon \mathbb{R}^n \to \mathbb{R}$ durch

$$f_t(h_{t-1}) := -\big((p_t + x_t)' h_{t-1} - T((x_t - a_t)' h_{t-1})\big)$$

und

$$g_t(h_t) := p_t' h_t$$

für $t = 0, \ldots, T$, wobei wir $h_{-1} \equiv 0$ setzen und weiter sei $c_t \colon \mathbb{R}^{Tn} \to \mathbb{R}$ gegeben durch

$$h = (h_0, \ldots, h_{t-1}) \mapsto f_t(h_{t-1}) + g_t(h_{t-1}).$$

Offensichtlich gilt dann $c_t(h) = -\delta_t(h)$. Da f_t und g_t konvex sind, folgt

$$\partial(-\delta_t(h)) = \{0\} \times \ldots \times \quad \{0\} \quad \times \{\partial f_t(h_{t-1})\} \times \{\partial g_t(h_t)\} \times \{0\} \times \ldots \times \{0\}$$
$$\partial(-\delta_{t-1}(h)) = \{0\} \times \ldots \times \{\partial f_{t-1}(h_{t-2})\} \times \{\partial g_{t-1}(h_{t-1})\} \times \quad \{0\} \quad \times \{0\} \times \ldots \times \{0\}.$$

Da

$$\partial f_t(h_{t-1}) = -(p_t + x_t) + \partial T((x_t - a_t)' h_{t-1})$$
$$= -(p_t + x_t) + \partial T((x_t - a_t)' h_{t-1}) \cdot (x_t - a_t),$$

mit

$$\partial T((x_t - a_t)' h_{t-1}) \cdot (x_t - a_t) = \{\tau_t (x_t - a_t) \in \mathbb{R}^n \mid \tau_t \in \partial T((x_t - a_t)' h_{t-1})\}$$

und

$$\partial g_{t-1}(h_{t-1}) = p_t'$$

ist, folgt

$$0 \in \partial(-\delta_0(h^*)) + \sum_{t=1}^T \lambda_t^* \partial(-\delta_t(h^*))$$

genau, dann, wenn es ein $\tau_t \in \partial T((x_t - a_t)' h_{t-1}^*)$ gibt, mit

$$\lambda_{t-1}^* p_{t-1} = \lambda_t^* (p_t + (1 - \tau_t) x_t + \tau_t a_t) \quad t = 1, \ldots, T,$$

wobei wir $\lambda_0^* = 1$ gesetzt haben. Feasibility- und Complementary-Slackness-Bedingungen folgen weiter aus Gleichung (2.1.9) in Hiriart-Urruty (1993, S.306). □

Nach Satz 2.11 ist

$$\tau_t \in \partial T(x_t - a_t)'h_{t-1}^* \Leftrightarrow T^*(\tau_t) = \tau_t(x_t - a_t)'h_{t-1}^* - T((x_t - a_t)'h_{t-1}^*) \Leftrightarrow (x_t - a_t)'h_{t-1}^* \in \partial T^*(\tau_t) \tag{A.3}$$

und analog zum Beweis des Hauptsatzes gilt

$$\lambda_t^* = \frac{\lambda_{t-1}^*}{1 + r_f(1 - \tau_t)} \quad t = 1, \ldots, T.$$

Folglich ist $\lambda_t^* > 0$ und wir folgern aus der Complementary Slackness-Bedingung, dass alle Nebenbedingungen in (P) bindend sind und somit zunächst

$$\begin{aligned}
\delta_t(h^*) &= (p_t + x_t)'h_{t-1} - T((x_t - a_t)'h_{t-1}) - p_t'h_t & \text{(Def. Entnahme)} \\
&= (p_t + x_t)'h_{t-1} - \tau_t(x_t - a_t)'h_{t-1}) + T^*(\tau_t) - p_t'h_t & \\
& & \text{(Def. Konjugierte)} \\
&= (1 + r_f(1 - \tau_t))p_{t-1}'h_{t-1} + T^*(\tau_t) - p_t'h_t & \\
& & \text{(Def. implizite Steuersätze)} \\
&\stackrel{!}{=} 0 \quad t = 1, \ldots, T & \text{(Complementary Slackness)}
\end{aligned}$$

gilt, was genau dann erfüllt ist, wenn

$$p_t'h_t = (1 + r_f(1 - \tau_t))p_{t-1}'h_{t-1} + T^*(\tau_t) \quad t = 1, \ldots, T$$

ist.

A.5 Beweis des Hauptsatzes unter Unsicherheit

Wir bilden zum primalen Problem

$$\begin{aligned}
\sup_h \quad & E_{\mathbb{P}}[Xh - T((X - A)h)] & \text{(PU)} \\
\text{s.t.} \quad & x_s'h - T((x_s - a_s)'h) \geq 0, \quad s = 1, \ldots, S \\
& p'h \leq 0,
\end{aligned}$$

die duale Lagrangefunktion

$$\begin{aligned}
L(h, \lambda) &:= E_{\mathbb{P}}[Xh - T((X - A)h)] - \lambda_0 \, p'h + \sum_{s=1}^{S} \lambda_s \left(x_s'h - T((x_s - a_s)'h)\right) \\
&= -\lambda_0 \, p'h + \sum_{s=1}^{S} (p_s + \lambda_s) \left(x_s'h - T((x_s - a_s)'h)\right).
\end{aligned}$$

Dann liefert der duale Optimierungsansatz

$$\inf_{\lambda \geq 0} \sup_h L(h, \lambda) \tag{DU}$$

eine Lösung $p^* \leq d^*$. Führen wir nun analog zum Beweis des Satzes 4.5 eine neue Variable $y_s := (x_s - a_s)'h$ ein, dann lässt sich das duale Problem schreiben als

$$\inf_{\lambda,\nu} \sup_h \quad L(h,\lambda,\nu)$$
$$\text{s.t.} \quad \lambda_s \geq 0 \quad s=0,1\ldots,S,$$

wobei die Lagrangefunktion $L(h,\lambda,\nu)$ gegeben ist durch

$$L(h,\lambda,\nu) := -\lambda_0\, p'h + \sum_{s=1}^S (p_s+\lambda_s)\,(x_s'h - T(y_s)) + \sum_{s=1}^S \nu_s(y_s - (x_s-a_s)')h$$
$$= \left(-\lambda_0 p' + \sum_{s=1}^S (p_s+\lambda_s)\, x_s' - \nu_s(x_s-a_s)'\right)h + \sum_{s=1}^S \left(\nu_s y_s - (p_s+\lambda_s)T(y_s)\right).$$

Wir müssen somit das Supremum der Lagrangefunktion über alle h und alle y_s ziehen. Die Lagrangefunktion in Abhängigkeit von h beschreibt eine lineare Funktion, deren Supremum entweder 0 oder ∞ ist. Folglich ist das duale Problem äquivalent zu

$$\inf_{\lambda,\nu} \sup_y \sum_{s=1}^S \left(\nu_s y_s - (p_s+\lambda_s)T(y_s)\right) \tag{DU'}$$
$$\text{s.t.} \quad \lambda_s \geq 0 \quad s=0,1\ldots,S$$
$$\lambda_0\, p = \sum_{s=1}^S (p_s+\lambda_s)\left(x_s - \frac{\nu_s}{p_s+\lambda_a}(x_s-a_s)\right)$$

Da weiterhin

$$\sup_y \sum_{s=1}^S \left(\nu_s y_s - (p_s+\lambda_s)T(y_s)\right) = \sum_{s=1}^S \sup_{y_s}\left(\nu_s y_s - (p_s+\lambda_s)T(y_s)\right)$$
$$= \sum_{s=1}^S (p_s+\lambda_s)\sup_{y_s}\left(\frac{\nu_s}{p_s+\lambda_s} y_s - T(y_s)\right)$$
$$= \sum_{s=1}^S (p_s+\lambda_s) T^*\left(\frac{\nu_s}{p_s+\lambda_s}\right)$$

und

$$\lambda_0 p^0 = \sum_{s=1}^S (p_s+\lambda_s)\left(x_s^0 - \frac{\nu_s}{p_s+\lambda_a}(x_s^0 - a_s^0)\right)$$
$$= \sum_{s=1}^S (p_s+\lambda_s)\left(1 + r_f - \frac{\nu_s}{p_s+\lambda_a}r_f\right)$$

gilt, folgt für den Lagrangefaktor λ_0

$$\lambda_0 = \sum_{s=1}^S (p_s+\lambda_s)\left(1 + r_f\left(1 - \frac{\nu_s}{p_s+\lambda_s}\right)\right)$$

Wir erhalten schließlich ein zu (DU') äquivalentes Problem durch

$$\inf_{\lambda,\nu} \sum_{s=1}^{S}(p_s+\lambda_s)T^*\left(\tfrac{\nu_s}{p_s+\lambda_s}\right) \quad \text{(DU*)}$$

s.t. $\lambda_s \geq 0, \quad s=1,\ldots,S,$

$$p^1 = \sum_{s=1}^{S} \frac{p_s+\lambda_s}{\sum_{k=1}^{S}(p_k+\lambda_k)\left(1+r_f(1-\tfrac{\nu_k}{p_k+\lambda_k})\right)} \left(x_s - \tfrac{\nu_s}{p_s+\lambda_s}(x_s-a_s)\right).$$

Definieren wir nun $\tau = (\tau_1,\ldots,\tau_S)$ durch

$$\tau_s := \tfrac{\nu_s}{p_s+\lambda_s},$$

so können wir (DU') vereinfachend schreiben als

$$\inf_{\lambda,\tau} \sum_{s=1}^{S}(p_s+\lambda_s)T^*(\tau_s) \quad \text{(DU*)}$$

s.t. $\lambda_s \geq 0, \quad s=1,\ldots,S,$

$$p^1 = \sum_{s=1}^{S} \frac{p_s+\lambda_s}{\sum_{k=1}^{S}(p_k+\lambda_k)\left(1+r_f(1-\tau_k)\right)} \left(x_s - \tau_s(x_s-a_s)\right).$$

Falls $\tau_s \notin \mathbf{dom}(T^*)$ ist, gilt offensichtlich nach Definition der Konjugierten $d^* = \infty$. Gleiches gilt für den Fall, dass kein zulässiges τ_s in den Nebenbedingungen von (DU^*) existiert. In diesem Fall hält die Konvention $d^* = \inf \emptyset = \infty$. Wir können somit die Nebenbedingungen (DU^*) noch ein wenig einschränken, ohne den Optimalwert des ursprünglichen dualen Problems zu verändern, indem wir folgendes Problem betrachten:

$$\inf_{\lambda,\tau} \sum_{s=1}^{S}(p_s+\lambda_s)T^*(\tau_s) \quad \text{(DU*)}$$

s.t. $\lambda_s \geq 0, \quad s=1,\ldots,S,$

$\tau_s \in \mathbf{dom}(T^*), \quad s=1,\ldots,S,$

$$p^1 = \sum_{s=1}^{S} \frac{p_s+\lambda_s}{\sum_{k=1}^{S}(p_k+\lambda_k)\left(1+r_f(1-\tau_k)\right)} \left(x_s - \tau_s(x_s-a_s)\right).$$

A.6 Steuern zu Beginn der Investitionsausgabe

Der Beweis folgt, in weiten Teilen, analog zum Beweis des Satzes 4.5. Die sich neu ergebenen Terme haben wir in ROT gekennzeichnet.

Wir lassen nun Steuerzahlungen in $t=0$ zu, indem wir risikofreie Gewinne $-p'_0 h_0$ besteuern. In diesem Fall ist die Objektfunktion im primalen Problems (P) nicht mehr linear, sondern ebenfalls abhängig von der konvexen Steuerschuld $T(\cdot)$. In diesem Fall versuchen wir die Netto-Entnahme in $t = 0$ gegeben durch

$$\delta_0(h) = -p_0'h_0 - T(-p_0'h_0)$$

zu maximieren. Ist der Preis $p_0'h_0$ nicht positiv, so bekommen wir heute Geld geschenkt, das wir nun versteuern müssen. Da weiterhin

$$\sup_h -p_0'h_0 - T(-p_0'h_0) = -\inf_h p_0'h_0 + T(-p_0'h_0)$$

ist, genügt es das konvexe Problem (P0) gegeben durch

$$\inf_h \quad p_0'h_0 + T(-p_0'h_0) \qquad \text{(P0)}$$
$$\text{s.t.} \quad -\delta_t(h) \leq 0 \quad t = 1, \ldots, T,$$

zu betrachten. Bilden wir wieder das duale Lagrange-Problem (D0), gegeben durch

$$\sup_\lambda \inf_h \quad L(h, \lambda) \qquad \text{(D0)}$$
$$\text{s.t.} \quad \lambda_t \geq 0 \quad t = 1, \ldots, T,$$

mit $\lambda = (\lambda_1, \ldots, \lambda_T)'$ und

$$L(h, \lambda) := (p_0)'h_0 + T(-p_0'h_0) - \sum_{t=1}^{T} \lambda_t \delta_t(h)$$
$$= (p_0)'h_0 - \sum_{t=1}^{T} \lambda_t \big((p_t + x_t)'h_{t-1} - T\big((x_t - a_t)'h_{t-1}\big) - (p_t)'h_t\big),$$

wobei dieselbe Notation wie im Beweis des Satzes 4.5 gilt, so erhalten wir mit Hilfe der Slater-Bedingung wiederum $d^* = p^*$.

Nun führen wir eine Variablentransformation für die Zeitpunkte $t = 0, \ldots, T$ im dualen Problem durch und setzen

$$y_t := (x_t - a_t)'h_{t-1} \quad t = 1 \ldots T$$

sowie

$$y_0 = -p_0'h_0.$$

Dann lässt sich (D0) umschreiben zu

$$\sup_{(\lambda, \nu)} \inf_{h, y} \quad \hat{L}(h, y, \lambda, \nu)$$
$$\text{s.t.} \quad \lambda_t \geq 0 \quad t = 1, \ldots, T,$$

wobei $\nu = (\nu_0, \nu_1, \ldots, \nu_T)'$ die neuen Lagrange-Multiplikatoren für die Gleichheitsbedingungen

$$(x_t - a_t)'h_{t-1} - y_t = 0 \quad t = 1 \ldots T$$

sowie
$$-p_0'h_0 - y_0 = 0$$
sind und die transformierte Lagrangefunktion $\hat{L}(h,y,\lambda,\nu)$ gegeben ist durch

$$\begin{aligned}
\hat{L}(h,y,\lambda,\nu) &:= (p_0)'h_0 + T(y_0) - \sum_{t=1}^{T} \lambda_t \big((p_t + x_t)'h_{t-1} - T(y_t) - (p_t)'h_t\big) \\
&\quad - \nu_0(p_0'h_0 + y_0) + \sum_{t=1}^{T} \nu_t\big((x_t - a_t)'h_{t-1} - y_t\big) \\
&= \big((1-\nu_0)p_0 - \lambda_1(p_1 + x_1) + \nu_1(x_1 - a_1)\big)h_0 - \big(\nu_0 y_0 - T(y_0)\big) \\
&\quad + \sum_{t=1}^{T} \big(\lambda_{t-1}p_{t-1} - (\lambda_t(p_t + x_t) - \nu_t(x_t - a_t))\big)'h_{t-1} - \sum_{t=1}^{T} \big(\nu_t y_t - \lambda_t T(y_t)\big).
\end{aligned}$$

Betrachten wir zunächst das Infimum der erweiterten Lagrangefunktion über alle h und y, so stellen wir fest, dass

$$\begin{aligned}
\inf_{h,y} \hat{L}(h,y,\lambda,\nu) &= \inf_{h_0} \big((1-\nu_0)p_0 - \lambda_1(p_1 + x_1) + \nu_1(x_1 - a_1)\big)h_0 - \sup_{y_0} \big(\nu_0 y_0 - T(y_0)\big) \\
&\quad + \sum_{t=1}^{T} \inf_{h_{t-1}} \big(\lambda_{t-1}p_{t-1} - (\lambda_t(p_t + x_t) - \nu_t(x_t - a_t))\big)'h_{t-1} - \sum_{t=1}^{T} \sup_{y_t} \big(\nu_t y_t - \lambda_t T(y_t)\big).
\end{aligned}$$

gilt. Da die Lagrangefunktion wiederum linear in h ist, ist $D0$ äquivalent zu

$$d^* = \sup_{(\lambda,\nu)} -T^*(\nu) - \sum_{t=1}^{T} \sup_{y_t} \big(\nu_t y_t - \lambda_t T(y_t)\big) \tag{D0'}$$

s.t. $\lambda_t \geq 0$,
$\lambda_{t-1}p_{t-1} = \lambda_t(p_t + x_t) - \nu_t(x_t - a_t), \quad t = 2,\ldots,T$
$(1-\nu_0)p_0 = \lambda_1(p_1 + x_1) - \nu_1(x_1 - a_1).$

Da nach Voraussetzung $\mathbf{dom}(T^*) = \partial T(\mathbb{R}) \subset [0,1)$, ist $\nu_0 = 1$ ausgeschlossen und wir erhalten mit einem ähnlichen Argument wie im Beweis von Satz 4.5, dass alle Lagrangefaktoren $\lambda_t > 0$ sein müssen, andernfalls gilt $d^* = -\infty$. Wir setzen $\tau_t := \frac{\nu_t}{\lambda_t}$ für $t \geq 1$ und $\tau_0 = \nu_0$. Betrachten wir ausschließlich das nullte Wertpapier, folgt für die Lagrangefaktoren λ_t

$$\lambda_t = \frac{\lambda_{t-1}}{1 + r_f(1 - \tau_t)} \quad t = 2,\ldots,T$$

und

$$\lambda_1 = \frac{1 - \tau_0}{1 + r_f 1 - \tau_1}.$$

Somit ist (Do') äquivalent zu

$$d^* = -\inf_{\tau_t \in \mathbf{dom}(T^*), t=0,1,\ldots,T} T^*(\tau_0) + \sum_{t=1}^{T} \frac{(1-\tau_0)\,T^*(\tau_t)}{\prod_{s=1}^{t}(1+r_f(1-\tau_s))} \quad \text{(Do*)}$$

$$\text{s.t.} \quad p_{t-1}^i = \frac{p_t^i + (1-\tau_t)x_t + \tau_t a_t}{1 + r_f(1-\tau_t)} \quad t=1,\ldots,T,\; i=1,\ldots,n.$$

A.7 Beweis des Fundamentalsatzes unter Berücksichtigung einer investorspezifischen Anfangsausstattung

Wir gehen in diesem Abschnitt davon aus, dass jeder Investor über eine bestimmte Anfangsausstattung $w_t \geq 0$ in allen Zeitpunkten $t = 1, \ldots, T$ verfügt und folgenden Optimierungsansatz lösen möchte:

$$p^* := \inf_{h} \; p_0' h_0 + T(-p_0' h_0) \quad \text{(PW)}$$

$$\text{s.t.} \quad \underbrace{(p_t + x_t)' h_{t-1} + w_t - T((x_t - a_t)' h_{t-1} + w_t) - p_t' h_t}_{\delta_t^w(h)} \geq \underbrace{w_t - T(w_t)}_{n_t(w)} \quad t = 1, \ldots, T,$$

was äquivalent ist zu

$$p^* = \inf_{h} \; p_0' h_0 + T(-p_0' h_0) \quad \text{(PW)}$$

$$\text{s.t.} \quad (p_t + x_t)' h_{t-1} + T(w_t) - T((x_t - a_t)' h_{t-1} + w_t) - p_t' h_t \geq 0 \quad t = 1, \ldots, T,$$

Der duale Lagrange-Ansatz lautet somit

$$d^* := \sup_{\lambda = (\lambda_1, \ldots, \lambda_T) \geq 0} \inf_{h} \left(p_0' h_0 - \sum_{t=1}^{T} \lambda_t \left\{ (p_t + x_t)' h_{t-1} + T(w_t) - T((x_t - a_t)' h_{t-1} + w_t) - p_t' h_t \right\} \right). \quad \text{(DW)}$$

Setzen wir nun $y_t := (x_t - a_t)' h_{t-1} + w_t$ für $t = 1, \ldots, T$, so erhalten wir ein zu (DW) äquivalentes Problem durch

$$d^* = \sup_{\lambda \geq 0, \nu} \inf_{h, y} \left(\sum_{t=0}^{T} \lambda_t p_t' h_t + T - \sum_{t=1}^{T} \lambda_t \left\{ (p_t + x_t)' h_{t-1} + T(w_t) - T(y_t) \right\} + \sum_{t=1}^{T} \nu_t \left\{ (x_t - a_t)' h_{t-1} + w_t - y_t \right\} \right), \quad \text{(DW')}$$

wobei wir $\lambda_0 = 1$ gesetzt haben. Da $p_T = p_{T+1} \equiv 0$ folgt durch eine Indexverschiebung der Summen, dass

$$d^* = \sup_{\lambda \geq 0, \nu} \inf_{h, y} \left(\sum_{t=1}^{T} \left\{ \lambda_{t-1} p_{t-1}' h_{t-1} - \lambda_t (p_t + x_t)' - \tfrac{\nu_t}{\lambda_t}(x_t - a_t)' \right\} h_{t-1} + \sum_{t=1}^{T} \lambda_t \left\{ \tfrac{\nu_t}{\lambda_t} y_t - T(y_t) - \tfrac{\nu_t}{\lambda_t} w_t + T(w_t) \right\} \right), \quad \text{(DW')}$$

gilt, was sich durch Betrachtung der einzelnen Infima schreiben lässt als

$$d^* = \sup_{\lambda \geq 0, \tau} \left(\sum_{t=1}^{T} \inf_{h_t} \{\lambda_{t-1} p'_{t-1} - \lambda_t (p_t + x_t)' - \tau_t (x_t - a_t)'\} h_{t-1} + \sum_{t=1}^{T} \lambda_t \{-T^*(\tau_t) + \tau_t w_t - T(w_t)\} \right), \tag{DW'}$$

wobei wir aus Gründen der Illustration $\tau_t := \frac{\nu_t}{\lambda_t}$ gesetzt haben. Da

$$\inf_{h_t} (\lambda_{t-1} p_{t-1} - \lambda_t (p_t + x_t) - \tau_t (x_t - a_t))' h_{t-1} = \begin{cases} 0, & \lambda_{t-1} p_{t-1} = \lambda_t (p_t + x_t) - \tau_t (x_t - a_t) \\ -\infty, & \text{sonst,} \end{cases}$$

gilt, folgt im Falle der Existenz nichtnegativer Lagrange-Multiplikatoren λ_t, unter Beachtung des nullten Wertpapiers, analog zu den vorangegangenen Beweisen der rekursive Zusammenhang

$$\lambda_t = \frac{\lambda_{t-1}}{1 + r_f(1 - \tau_t)} > 0 \quad t = 1, \ldots, T.$$

Im Falle der Nicht-Existenz der Lagrangefaktoren gilt nach Konvention $d^* = \sup_{\lambda \geq 0, \tau} \emptyset = -\infty$. Somit erhalten wir ein zu (DW) äquivalentes duales Lagrangeproblem durch

$$d^* = \sup_{\tau} \sum_{t=1}^{T} \frac{-T^*(\tau_t) + \tau_t w_t - T(w_t)}{\prod_{s=1}^{t} (1 + r_f(1 - \tau_s))} \tag{DW*}$$

$$\text{s.t.} \quad p_{t-1} = \frac{p_t + x_t - \tau_t(x_t - a_t)}{1 + r_f(1 - \tau_t)} \quad t = 1, \ldots, T.$$

Da für $\tau_t \notin \mathbf{dom}(T^*)$ stets $T^*(\tau_t) = \infty$ und somit $d^* = -\infty$ folgt, können wir (DW*) auch schreiben als

$$d^* = \sup_{\tau_t \in \mathbf{dom}(T^*)} \sum_{t=1}^{T} \frac{-T^*(\tau_t) + \tau_t w_t - T(w_t)}{\prod_{s=1}^{t} (1 + r_f(1 - \tau_s))} \tag{DW*}$$

$$\text{s.t.} \quad p_{t-1} = \frac{p_t + x_t - \tau_t(x_t - a_t)}{1 + r_f(1 - \tau_t)} \quad t = 1, \ldots, T.$$

Man beachte, dass im Falle der Nichtzulässigkeit der τ_t weiterhin $d^* = \sup \emptyset = -\infty$ hält.

A.8 Auszug aus den HGB-Einzelabschlüssen 2009-2011 der Apple Retail Germany B.V. & Co.KG

GuV-Rechnung (Angaben in T€)	2015	2014	2013	2012	2011	2010	2009
Umsatzerlöse (GKV)	425 547	358 549	310 348	268 035	174 255	66 070	18 180
Erhöhung oder Verminderung des Bestandes an fertigen und unfertigen Erzeugnissen (GKV)	n.v.	n.v.	n.v.	n.v.	n.v.	n.v.	n.v.
Erhöhung oder Verminderung des Bestands an Tieren	n.v.	n.v.	n.v.	n.v.	n.v.	n.v.	n.v.
andere aktivierte Eigenleistungen (GKV)	n.v.	n.v.	n.v.	n.v.	n.v.	223	n.v.
Gesamtleistung (GKV)	425 547	358 549	310 348	268 035	174 255	66 293	18 180
sonstige betriebliche Erträge (GKV)	n.v.	n.v.	78	8	62	n.v.	383
Materialaufwand (GKV)	291 904	242 703	202 435	204 591	135 916	49 112	14 181
Rohergebnis (GKV)	133 643	115 846	107 990	63 452	38 401	17 182	4 381
Personalaufwand (GKV)	59 995	54 126	49 184	35 602	17 579	8 606	2 648
Abschreibungen (GKV)	14 634	11 824	9 814	7 518	4 162	3 016	1 128
sonstige betriebliche Aufwendungen (GKV)	47 651	43 189	42 670	37 939	20 071	9 120	5 719
Betriebsergebnis (GKV)	11 363	6 707	6 322	-17 607	-3 411	-3 561	-5 114
Finanz- und Beteiligungsergebnis	-245	-437	-550	-1 205	-279	-157	-524
Netto-Beteiligungsergebnis	n.v.	n.v.	n.v.	n.v.	n.v.	n.v.	n.v.
Netto-Zinsergebnis	-245	-437	-550	-1 205	-279	-157	-524
Ergebnis der gewöhnlichen Geschäftstätigkeit	11 118	6 270	5 772	-18 812	-3 690	-3 718	-5 638
Außerordentliches Ergebnis	n.v.	n.v.	n.v.	n.v.	n.v.	n.v.	n.v.
außerordentliche Erträge	n.v.	n.v.	n.v.	n.v.	n.v.	n.v.	n.v.
außerordentliche Aufwendungen	n.v.	n.v.	n.v.	n.v.	n.v.	n.v.	n.v.
Steuern vom Einkommen und Ertrag	1 451	811	728	n.v.	-201	201	n.v.
Sonstige Steuern	n.v.	n.v.	n.v.	n.v.	n.v.	n.v.	n.v.
Verlust- bzw. Gewinnabführung (Tochter)	n.v.	n.v.	n.v.	n.v.	n.v.	n.v.	n.v.
Jahresüberschuss/-fehlbetrag	9 668	5 459	5 044	-18 812	-3 489	-3 920	-5 638
Anzahl der Mitarbeiter	1 231	1 379	1 267	989	487	241	89

Tabelle A.1: Auszug aus der GuV-Rechnung der Apple Retail Germany B.V. & Co.KG von 2009 bis 2011 (entnommen aus der DAFNE-Datenbank).

Passiva (Angaben in T€)	2015	2014	2013	2012	2011	2010	2009
Eigenkapital	0	0	0	0	0	0	0
gezeichnetes Kapital / Kapitalkonto/ Kapitalanteile	25	25	25	25	25	25	25
Gesellschafterdarlehen mit EK-Charakter	n.v.	n.v.	n.v.	n.v.	n.v.	n.v.	n.v.
Genussrechtskapital (Kapitalgesellschaften) mit EK-Charakter	n.v.	n.v.	n.v.	n.v.	n.v.	n.v.	n.v.
Nachrangiges Kapital	n.v.	n.v.	n.v.	n.v.	n.v.	n.v.	n.v.
Einlagen stiller Gesellschafter mit EK-Charakter	n.v.	n.v.	n.v.	n.v.	n.v.	n.v.	n.v.
Kapitalrücklage	n.v.	n.v.	n.v.	n.v.	n.v.	n.v.	n.v.
Rücklagen bei Personengesellschaften	n.v.	n.v.	n.v.	n.v.	n.v.	n.v.	n.v.
Gewinnrücklagen/ Ergebnisrücklagen	n.v.	n.v.	n.v.	n.v.	n.v.	n.v.	n.v.
zur Durchführung der Kapitalerhöhung geleistete Einlagen	n.v.	n.v.	n.v.	n.v.	n.v.	n.v.	n.v.
Unterschiedsbetrag aus der Kapitalkonsolidierung	n.v.	n.v.	n.v.	n.v.	n.v.	n.v.	n.v.
Gewinn- /Verlustvortrag	-22 838	-28 297	-33 341	-14 529	-11 040	-7 121	-1 483
Jahresüberschuss/-fehlbetrag	9 668	5 459	5 044	-18 812	-3 489	-3 920	-5 638
Bilanzgewinn / Bilanzverlust	n.v.	n.v.	n.v.	n.v.	n.v.	n.v.	n.v.
Währungsumrechnungsdifferenzen	n.v.	n.v.	n.v.	n.v.	n.v.	n.v.	n.v.
Ausgleichsposten für Anteile anderer Gesellschafter,	n.v.	n.v.	n.v.	n.v.	n.v.	n.v.	n.v.
Minderheitenanteile und Anteile Dritter							
nicht gedeckter Fehlbetrag	13 145	22 813	28 272	33 316	14 504	11 015	n.v.
nicht durch Eigenkapital gedeckter Fehlbetrag	n.v.	n.v.	n.v.	n.v.	n.v.	n.v.	7 096
sonstiges Eigenkapital	n.v.	n.v.	n.v.	n.v.	n.v.	n.v.	n.v.
Übriges Comprehensive Income (IAS/US-GAAP)	n.v.	n.v.	n.v.	n.v.	n.v.	n.v.	n.v.
Sonderposten mit Rücklageanteil	n.v.	n.v.	n.v.	n.v.	n.v.	n.v.	n.v.
Sonstige Sonderposten	n.v.	n.v.	n.v.	n.v.	n.v.	n.v.	n.v.
Rückstellungen	4 711	8 497	12 018	10 334	8 573	3 284	6 166
Verbindlichkeiten	163 100	172 094	144 849	110 653	72 402	43 785	23 653
davon mit Restlaufzeit bis 1 Jahr	n.v.	n.v.	n.v.	n.v.	n.v.	n.v.	n.v.
davon mit einer Restlaufzeit von 1 bis 5 Jahre	n.v.	n.v.	n.v.	n.v.	n.v.	n.v.	n.v.
davon mit einer Restlaufzeit über 5 Jahre	n.v.	n.v.	n.v.	n.v.	n.v.	n.v.	n.v.
davon Verbindlichkeiten gegenüber Gesellschaftern	n.v.	n.v.	n.v.	n.v.	n.v.	n.v.	n.v.
Anleihen	n.v.	n.v.	n.v.	n.v.	n.v.	n.v.	n.v.
Verbindlichkeiten gegenüber Kreditinstituten	n.v.	n.v.	n.v.	n.v.	n.v.	n.v.	n.v.
erhaltene Anzahlungen auf Bestellungen	n.v.	n.v.	n.v.	n.v.	n.v.	n.v.	n.v.
Verbindlichkeiten aus Lieferungen und Leistungen	151 389	156 253	137 207	103 194	54 237	27 217	22 752
Verbindlichkeiten aus dem Zentralregulierungs- und Delkredergeschäft	n.v.	n.v.	n.v.	n.v.	n.v.	n.v.	n.v.
Verbindlichkeiten aus der Annahme gezogener Wechsel und der Ausstellung eigener Wechsel	n.v.	n.v.	n.v.	n.v.	n.v.	n.v.	n.v.
Verbindlichkeiten gegenüber Gesellschaftern	n.v.	n.v.	n.v.	8	n.v.	n.v.	n.v.
Verbindlichkeiten gegenüber verbundenen Unternehmen	n.v.	n.v.	n.v.	n.v.	13 998	13 996	n.v.
davon Verbindlichkeiten gegenüber Unternehmen, mit denen ein Beteiligungsverhältnis besteht	n.v.	n.v.	n.v.	n.v.	n.v.	n.v.	n.v.
sonstige Verbindlichkeiten	9 579	9 361	5 732	5 131	2 252	1 845	271
Passiver Rechnungsabgrenzungsposten	15 528	12 687	8 028	6 431	3 227	1 065	111
Passive latente Steuern	n.v.	n.v.	n.v.	n.v.	n.v.	726	630
Summe Passiva	183 339	193 278	164 895	127 418	84 202	48 133	29 930

Tabelle A.2: Passiva der Apple Retail Germany B.V. & Co.KG von 2009 bis 2011 (entnommen aus der DAFNE-Datenbank).

Literaturverzeichnis

Kenneth J. Arrow und Gerard Debreu. Existence of an equilibrium for a competitive economy. *Econometrica*, 22:265–290, 1954.

Anthony B. Atkinson, Thomas Piketty, und Emmanuel Saez. Top incomes in the long run of history. *Journal of Economic Literature*, 49(1):3–71, 2011.

Louis Bachelier. Theorie de la speculation. *Annales de l'Ecole Normale Superieur*, 17:21–86, 1900.

Wolfgang Ballwieser, Lutz Kruschwitz, und Andreas Löffler. Einkommensteuer und Unternehmensbewertung: Probleme mit der Steuerreform 2008. *Die Wirtschaftsprüfung*, 60:765–769, 2007.

Suleyman Basak und Benjamin Croitoru. Non-linear taxation, tax-arbitrage and equilibrium asset prices. *Arbitrage and Control Problems in Finance*, 35(2):347–382, 2001.

Suleyman Basak und Michael Gallmeyer. Capital market equilibrium and differential taxation. *Review of Finance*, 7(2):121–159, 2003.

Jörg Baumgarten. Jörg Baumgarten: Der Solidaritätszuschlag - gegenwärtige oder zukünftige kinderfreundliche Reichen- oder Unternehmersteuer? *Die Betriebswirtschaft*, (05):371, 2012.

Hartmut Bieg und Heinz Kußmaul. *Investition*. Vahlens Handbücher der Wirtschafts- und Sozialwissenschaften. Vahlen, München, 2 edition, 2009.

Fischer Black und Myron S. Scholes. The pricing of options and corporate liabilities. *Journal of Political Economy*, 81:637–654, 1973.

Fischer Black und Myron S. Scholes. The effects of dividend yield and dividend policy on common stock prices and returns. *Journal of Financial Economics*, 2:1–22, 1974.

Fischer Black, Michael C. Jensen, und Myron S. Scholes. The capital asset pricing model: some empirical tests. In Michael C. Jensen, editor, *Studies in the Theory of Capital Markets*, pages 79–121. Praeger, New York, 1972.

Robin W. Boadway und Neil Bruce. Depreciation and interest deductions and the effect of the corporation income tax on investment. *Journal of Public Economics*, 19:93–105, 1979.

Dieter Bös und Bernd Genser. Steuertariflehre. *Handwörterbuch der Wirtschaftswissenschaften, pp. 416*, 1977,7:416, 1977.

Stephen P. Boyd und Lieven Vandenberghe. *Convex optimization*. Cambridge University Press, Cambridge, UK and New York, 2004.

David F. Bradford. *Taxation, wealth, and saving*. MIT Press, Cambridge, Mass., 2000.

Karl Bräuer. *Umrisse und Untersuchungen zu einer Lehre vom Steuertarif*, volume 1. Jena : Fischer, Jena, 1927.

Michael J. Brennan. Taxes, market valuation and corporate financial policy. *National tax journal*, 23(4):417–427, 1970.

E. Cary Brown. Business-income taxation and investment incentives. In L.A. Metzler, editor, *Income, Employment, and Public Policy: Essays in Honor of Alvin H. Hansen*, pages 300–316. Norton, New York, 1948.

Jacques Casanova de Seingalt und Arthur Machen. *The Memoires of Casanova, Complete: The Rare Unabridged London Edition Of 1894: plus An Unpublished Chapter of History, By Arthur Symons*. eBook, 2006.

Alain P. Chaboud, Benjamin Chiquoine, Erik Hjalmarsson, und Clara Vega. Rise of the machines: Algorithmic trading in the foreign exchange market. *Journal of Finance*, 69(5):2045 – 2084, 2014.

Antoine Augustin Cournot. *Recherches sur les principes mathématiques de la théorie des richesses*. Paris : Rivière, Paris, 1938.

Robert M. Dammon und Richard C. Green. Tax arbitrage and the existence of equilibrium prices for financial assets. *The Journal of Finance*, 42(5):1143–1166, 1987.

F. Delbaen und W. Schachermayer. A general version of the fundamental theorem of asset pricing. *Mathematische Annalen*, 300(3): 463–520, 1994.

F. Delbaen und W. Schachermayer. The fundamental theorem of asset pricing for unbounded stochastic processes. *Mathematische Annalen*, 312(2):215–250, 1998.

Jaime Cuevas Dermody und Eliezer Zeev Prisman. Term structure multiplicity and clientele in markets with transactions costs and taxes. *Journal of Finance*, 43(4):893–911, 1988.

Jaime Cuevas Dermody und R. Tyrrell Rockafellar. Cash stream valuation in the face of transaction costs and taxes. *Mathematical Finance*, 1(1):31–54, 1991.

P. Dybvig und S. Ross. Arbitrage. In *The New Palgrave Dictionary of Economics*, volume 1, pages 100–106. Milgate, M. and Newman, P., London: Macmillan, 1987.

Philip Dybvig und Stephen A. Ross. Tax clienteles and asset pricing. *The Journal of Finance*, 41:751–62, July 1986.

Jürgen Elstrodt. *Maß- und Integrationstheorie*. Springer-Lehrbuch : Grundwissen Mathematik. Springer, Berlin, 4 edition, 2005.

Eugene F. Fama und Kenneth R. French. Common risk factors in the returns on stocks and bonds. *Journal of Financial Economics*, 33:3–56, 1993.

Milton Friedman. *Capitalism and freedom*, volume 111. University of Chicago Press, Chicago, 1963.

Michael Gallmeyer und Sanjay Srivastava. Arbitrage and the tax code. *Mathematics and Financial Economics*, 4:183–221, 2011.

Mark B. Garman und James A. Ohlson. Valuation of risky assets in arbitrage-free economies with transaction costs. *Journal of Financial Economics*, 9:271–280, 1981.

Adam Gehr. Some tests of the arbitrage pricing theory. *Journal of Midwest Finance Association*, pages 91–105, 1975.

Hélyette Geman. *Mathematical finance: Bachelier Congress, 2000, selected papers from the First World Congress of the Bachelier Finance Society, Paris*. Springer finance. Springer, Berlin, 2002.

Paolo Ghirardato. Coping with ignorance: unforeseen contingencies and non-additive uncertainty. *Economic Theory*, 17(2):247–276, 2001.

M. Barry Goldman, Howard B. Sosin, und Mary Ann Gatto. Path dependent options: Buy at the low, sell at the high. *The Journal of Finance*, 34(5):1111–1127, 1979.

John R. Graham und Clifford W. Smith Jr. Tax incentives to hedge. *Journal of Finance*, 54(6):2241–2262, 1999.

Dwight Grant, Gautam Vora, und David Weeks. Path-dependent options: Extending the monte carlo simulation approach. *Management Science*, 43(11):1589–1602, 1997.

Mark Grinblatt und Sheridan Titman. Factor pricing in a finite economy. *Journal of Financial Economics*, 12(4):497 – 507, 1983.

J. Michael Harrison und Stanley R. Pliska. Martingales and stochastic integrals in the theory of continuous time trading. *Stochastic Processes and their Applications*, 11:215–260, 1981.

Frank Hechtner. Das Gesetz zum Abbau der kalten Progression: Baut die Anhebung des Grundfreibetrags die kalte Progression vollständig ab? *Steuer und Wirtschaft*, 2014,2:132–144, 2014.

Frank Hechtner. *Tarifverwerfungen beim Zusammentreffen von Progressionsvorbehalt und Besteuerung außerordentlicher Einkünfte: Theoretische und empirische Befunde zu arbiträren Grenzsteuersatzverläufen*, Band 2015,34 in *Diskussionsbeiträge des Fachbereichs Wirtschaftswissenschaft der Freien Universität Berlin*. Freie Universität Berlin, Fachbereich Wirtschaftswissenschaft, Berlin, 2015.

Markus Heintzen, Lutz Kruschwitz, Andreas Löffler, und Ralf Maiterth. Die typisierende Berücksichtigung der persönlichen Steuerbelastung des Anteilseigners beim squeeze-out. *Zeitschrift für Betriebswirtschaft*, 78:275–287, 2008.

Jean-Baptiste Hiriart-Urruty. *Convex analysis and minimization algorithms*, volume 305 of *Die Grundlehren der mathematischen Wissenschaften in Einzeldarstellungen*. Springer, Berlin and Heidelberg, 1993.

Jean-Baptiste Hiriart-Urruty und Claude Lemaréchal. *Fundamentals of convex analysis*. Grundlehren Text Editions. Springer, Berlin, 2001.

Stefan Homburg. *Allgemeine Steuerlehre*. Vahlens Handbücher der Wirtschafts- und Sozialwissenschaften. Vahlen, München, 6 edition, 2010.

John C. Hull und Alan White. Efficient procedures for valuing european and american path-dependent options. *The journal of derivatives*, 1993.

Albrecht Irle. *Finanzmathematik:* Die Bewertung von Derivaten. Teubner, Stuttgart, 2 edition, 2003.

Ulf Jakobsson. On the measurement of the degree of progression. *Journal of public economics*, 5(1):161–168, 1976.

Chris Jones und Frank Milne. Tax arbitrage, existence of equilibrium, and bounded tax rebates. *Mathematical Finance*, 2(3):189–196, 1992.

Avner Kalay und Roni Michaely. Dividends and taxes: A reexamination. *Financial Management (Wiley-Blackwell)*, 29(2):55, 2000.

Rolf J. König. Ungelöste Probleme einer investitionsneutralen Besteuerung: Gemeinsame Wurzel unterschiedlicher neutraler Steuersysteme und die Berücksichtigung unsicherer Erwartungen. *Zeitschrift für betriebswirtschaftliche Forschung*, 49:42–63, 1997.

Rolf Jürgen König. *Ausschüttungsverhalten von Aktiengesellschaften, Besteuerung und Kapitalmarktgleichgewicht*. Steuer- und Wirtschaftsverlag, Hamburg, 1990.

David M. Kreps. Arbitrage and equilibrium in economies with infinitely many commodities. *Journal of Mathematical Economics*, 8(1): 15–35, 1981.

Lutz Kruschwitz. *Investitionsrechnung*. R. Oldenbourg, München, 14 edition, 2014.

Lutz Kruschwitz und Sven Husmann. *Finanzierung und Investition*. R. Oldenbourg, München and Wien, 7 edition, 2012.

Lutz Kruschwitz und Andreas Löffler. *Discounted Cash Flow: A Theory of the Valuation of Firms*. John Wiley & Sons, Chichester, 2006.

Lutz Kruschwitz und Andreas Löffler. Do taxes matter in the CAPM? *Business Research*, 2:171–178, 2009.

Harold W. Kuhn. Nonlinear programming: A historical view. *SIGMAP Bull.*, (31):6–18, June 1982.

Heinz Kußmaul. *Betriebswirtschaftliche Steuerlehre*. Lehr- und Handbücher der Betriebswirtschaftslehre. Oldenbourg, München, 4 edition, 2006.

John Lintner. The valuation of risky assets and the selection of risky investments in stock portfolios and capital budgets. *The Review of Economics and Statistics*, 47:13–37, 1965a.

John Lintner. Security prices, risk and maximal gains from diversification. *The Journal of Finance*, 20:587–616, 1965b.

Robert H. Litzenberger und Krishna Ramaswamy. The effect of personal taxes and dividends on capital asset prices: theory and empirical evidence. *Journal of Financial Economics*, 7:163–195, 1979.

Robert H. Litzenberger und Krishna Ramaswamy. Dividends, short selling restrictions, tax-induced investor clienteles and market equilibrium. *The Journal of Finance*, 35:469–482, 1980.

Andreu Mas-Colell, Michael D. Whinston, und Jerry R. Green. *Microeconomic Theory*. Oxford University Press, New York, 1995.

Rajnish Mehra und Edward C. Prescott. The equity premium: a puzzle. *Journal of Monetary Economics*, 15:145–161, 1985.

Albrecht F. Michler und Markus Penatzer. Finanztransaktionssteuer: Zielsetzungen und potenzielle Auswirkungen. *ORDO*, (63):85–107, 2012.

Merton H. Miller und Myron S. Scholes. Dividends and taxes: some empirical evidence. *Journal of Political Economy*, 90:1118–1141, 1982.

Franco Modigliani und Merton H. Miller. Corporate income taxes and the cost of capital: a correction. *American Economic Review*, 53: 433–443, 1963.

Gareth Morgan und Stephen Thomas. Taxes, dividend yields and returns in the uk equity market. *Journal of Banking and Finance*, 22(4): 405 – 423, 1998.

Jan Mossin. Equilibrium in a capital asset market. *Econometrica*, 34: 768–783, 1966.

Chen Nai-Fu. Some empirical tests of the theory of arbitrage pricing. *Journal of Finance*, 38(5):1393 – 1414, 1983.

Chen Nai-Fu, Bruce Grundy, und Robert F. Stambaugh. Changing risk, changing risk premiums, and dividend yield effects. *Journal of Business*, 63(1):51–70, 1990.

Jorge Nocedal und Stephen J. Wright. *Numerical optimization*. Springer series in operations research and financial engineering. Springer, New York, 2. ed. edition, 1999.

OECD. Oecd-beschäftigungsausblick. 2006.

Helga Pollak. Steuertarife. *Handbuch der Finanzwissenschaft*, pages 239–266, 1980.

Gabriel A.D. Preinreich. Models of taxation in the theory of the firm. *Economia Internazionale*, 4:372–397, 1951.

Eliezer Z. Prisman. Valuation of risky assets in arbitrage free economies with frictions. *The Journal of Finance*, 41(3):545–557, 1986.

Daniel Revuz und Marc Yor. *Continuous Martingales and Brownian Motion*. Springer, Berlin and Heidelberg and New York, 3 edition, 1999.

Juliette Evangeline Glyn Rhys-Williams. *Taxation and incentive*. New York: Oxford University Press, 1953.

Ralph Tyrrell Rockafellar. *Convex analysis*. Princeton landmarks an mathematics and physics. Princeton Univ. Press, Princeton and N.J., 10. print and 1. paperback print edition, 1997.

Richard Roll. A critique of the asset pricing theory's tests, part i: on past and potential testability of the theory. *Journal of Financial Economics*, 4:129–176, 1977.

Richard Roll und Stephan A. Ross. An empirical investigation of the arbitrage pricing theory. *Journal of Finance*, 35(5):1073 – 1103, 1980.

Stephen A. Ross. The arbitrage theory of capital asset pricing. *Journal of Economic Theory*, 13:341–360, 1976.

Stephen A. Ross. A simple approach of the valuation of risky streams. *Journal of Business*, 51:452–475, 1978.

Stephen A. Ross. Arbitrage and martingales with taxation. *Journal of Political Economy*, 95:371–393, 1987.

Paul A. Samuelson. Tax deductibility of economic depreciation to insure invariant valuations. *Journal of Political Economy*, 72:604–606, 1964.

Walter Schachermayer. The notion of arbitrage and free lunch in mathematical finance. In Walter Schachermayer, editor, *Aspects of mathematical finance*, pages 15–22. Springer, 2008.

Stephen M. Schaefer. Taxes and security market equilibrium. In William F. Sharpe und Cathryn M. Cootner, editors, *Financial Economics:* Essays in Honor of Paul Cootner, pages 159–178. Prentice-Hall, Englewood Cliffs (NJ), 1982.

Dieter Schneeloch. *Besteuerung und betriebliche Steuerpolitik*, Band 2: Betriebliche Steuerpolitik. Franz Vahlen, München, 2. Auflage, 2002.

Dieter Schneider. *Investition, Finanzierung und Besteuerung*. Gabler, Wiesbaden, 7. Auflage, 1992.

Josef Schosser und Jochen Wilhelm. A note on arbitrage-free asset prices with and without personal income taxes. *Review of Managerial Science*, 1:133–149, 2007.

Schulz. *Der Einfluss von Dividenden auf Aktienrenditen.* Deutscher Universitäts-Verlag, GWV Fachverlage GmbH, Wiesbaden 2006, 2006.

William F. Sharpe. Capital asset prices: a theory of market equilibrium under conditions of risk. *The Journal of Finance,* 19:425–442, 1964.

Robert J. Shiller. Do stock prices move too much to be justified by subsequent changes in dividends? *American Economic Review,* 71: 421–436, 1981.

Günter Siepe. Die Berücksichtigung von Ertragsteuern bei der Unternehmensbewertung. *Die Wirtschaftsprüfung,* 50:1–10 und 37–44, 1997.

Günter Siepe. Kapitalisierungszinssatz und unternehmensbewertung. *Die Wirtschaftsprüfung,* 51:325–338, 1998.

Naum Z. Šor. *Minimization methods for non-differentiable functions,* volume 3 of *Springer series in computational mathematics.* Springer, Berlin, 1985.

Andrew C. Thompson. Valuation of path-dependent contingent claims with multiple exercise decisions over time: The case of take-or-pay. *Journal of Financial and Quantitative Analysis,* 30:271–293, 6 1995.

Franz W. Wagner und Ekkehard Wenger. Theoretische Konzeption und legislative Transformation eines marktwirtschaftlichen Steuersystems in der Republik Kroatien. In Dieter Sadowski, Hans Czap, und Hartmut Wächter, editors, *Regulierung und Unternehmenspolitik,* pages 399–415. Th. Gabler, Wiesbaden, 1996.

Ekkehard Wenger. Gleichmäßigkeit der Besteuerung von Arbeits- und Vermögenseinkünften. *Finanzarchiv,* 41:207–252, 1983.

Jörg Wiese. Unternehmensbewertung mit dem Nachsteuer-CAPM? Working paper 2004 (version vom 10. juni 2004), Fakultät für Betriebswirtschaft der Ludwig-Maximilians-Universität München, 2004.

Jörg Wiese. Das Nachsteuer-CAPM im Mehrperiodenkontext. *FinanzBetrieb,* 8:242–248, 2006.

Luděk Zajíček. On sets of non-differentiabilty of lipschitz and convex functions. *Mathematica Bohemica,* 132:75–85, 2007.